高等职业教育“十二五”规划教材

高职高专机电类教材系列

机械设计基础课程设计

王　军　主编

科学出版社

北　京

内 容 简 介

本书以常见的齿轮减速器为例，系统地介绍了机械传动装置的设计内容、步骤和方法。对课程设计从准备到编写设计计算说明书与准备答辩的全过程作了具体的阐述。内容包括概述、机械传动装置总体设计、传动零件的设计、减速器的结构尺寸、减速器的润滑与密封、装配图的设计与绘制、零件工作图的设计与绘制、编制设计计算说明书与准备答辩、机械设计常用标准和规范等。

本书可作为高等职业学校、高等专科学校、成人高校的机械类、近机械类各专业机械设计基础课程设计的教学用书，也可供有关专业技术人员参考。

图书在版编目(CIP)数据

机械设计基础课程设计/王军主编. —北京：科学出版社，2013
(高等职业教育“十二五”规划教材·高职高专机电类教材系列)
ISBN 978-7-03-037748-7

Ⅰ.①机… Ⅱ.①王… Ⅲ.①机械设计-课程设计-高等职业教育-教材
Ⅳ.①TH122-41

中国版本图书馆 CIP 数据核字（2013）第 121402 号

责任编辑：艾冬冬 李 欣/责任校对：王万红
责任印制：吕春珉/封面设计：耕者设计工作室

科 学 出 版 社 出版
北京东黄城根北街 16 号
邮政编码：100717
http://www.sciencep.com
三河市骏杰印刷有限公司印刷
科学出版社发行 各地新华书店经销
*
2013 年 6 月第 一 版 开本：787×1092 1/16
2021 年 1 月第八次印刷 印张：13 1/2
字数：310 000

定价：36.00 元

(如有印装质量问题，我社负责调换〈骏杰〉)
销售部电话 010-62134988 编辑部电话 010-62135763-2025（VT03）

前　　言

《机械设计基础课程设计》是机械设计基础课程的配套教材。此书是根据教育部制定的《高职高专教育机械设计基础课程教学基本要求》中关于课程设计的要求编写而成。

本书以常见的齿轮减速器为例，系统地介绍了机械传动装置的设计内容、步骤和方法，并注重设计思路和方法的引导，启发学生把先修课程的理论知识融会贯通地应用到设计中去。针对设计中易出现的错误，本书采用插图方式，列举了常见正误结构示例，便于学生对照比较以加深认识，使学生在设计中少走弯路。

本书将课程设计指导书、设计参考图、有关国家标准规范及设计参考资料等有机地结合起来，是一本适用于课程设计的教材。

参加本书编写的有广东轻工职业技术学院的王军、李玉红、严丽、余岩，广东机电职业技术学院的曾德江，浙江师范大学交通学院的金才富。王军担任主编并对全书进行统稿，曾德江担任副主编。

本书由山东科技大学张建中教授审稿，并提出了许多宝贵意见，在此表示衷心的感谢。

由于编者水平所限，书中欠妥之处在所难免，恳请读者给予指正。

目　　录

第1章 概 述

1.1 课程设计的目的

机械设计基础课程设计是机械设计基础课程最后一个重要的实践性教学环节，也是机械类和近机械类专业学生第一次较为全面的机械设计训练。其目的在于：

（1）培养学生综合运用机械设计基础课程及其他先修课程的理论知识和生产实际知识去分析和解决工程实际问题的能力。通过课程设计训练可以巩固、加深有关机械设计方面的理论知识。

（2）学习和掌握一般机械设计的基本方法和步骤。培养独立设计能力，为后续专业课程及毕业设计打好基础、做好准备。

（3）使学生具有运用标准、规范、手册、图册和查阅有关设计资料的能力。

1.2 课程设计的内容

课程设计一般选择由机械设计基础课程所学过的大部分通用机械零件所组成的机械传动装置或简单机械作为设计题目。目前比较成熟的题目是以齿轮减速器为主的机械传动装置，它包括了机械设计基础课程的主要内容。

课程设计的主要内容包括：

（1）传动装置的总体设计：①拟定传动方案；②电动机的选择；③传动装置的运动参数和动力参数的计算。

（2）传动件的设计计算。

（3）绘制减速器装配图。

（4）绘制零件工作图。

（5）编写设计计算说明书。

1.3 课程设计的步骤

课程设计是一次较全面较系统的机械设计训练，因此，机械设计过程的一般步骤为：

（1）设计准备。认真研究设计任务书，明确设计任务和要求；参观模型及实物、观看录像片、拆装减速器、阅读设计资料等，从而熟悉设计对象。

(2) 传动装置的总体设计。拟订传动方案及传动装置的运动简图，选择电动机，计算传动装置运动和动力参数等。

(3) 传动件的设计计算。设计计算带传动、齿轮传动（蜗杆传动）、链传动等的主要参数和几何尺寸。

(4) 装配草图的绘制。绘制装配草图（草图纸），进行轴系部件设计，校核轴和键的强度以及轴承寿命计算，箱体结构及附件的设计。

(5) 装配图的绘制。绘制装配图，选择配合、标注尺寸、编写零件序号，列出明细表、标题栏，书写技术要求和技术特性。

(6) 零件工作图的绘制。齿轮类零件和轴类零件工作图的绘制。

(7) 编写设计计算说明书。包括所有的计算，并附有必要的简图，说明书最后内容应写出设计总结。

(8) 答辩。

1.4 课程设计的要求和注意事项

课程设计是学生第一次接受较全面的设计训练。在设计过程中，学生必须做到严肃认真、刻苦钻研、积极思考、主动提问，及时向指导老师汇报情况，按指导老师的布置循序渐进地进行设计，按时完成设计任务。

在设计过程中，注意处理好以下事项，才能在设计思想、方法和技能上获得较大的锻炼和提高：

(1) 参考已有资料与创新的关系。学生应从具体的设计任务出发，充分利用已有的技术资料，认真分析现有设计方案的特点，从中吸取合理的部分。正确地利用已有资料，既可避免许多重复工作，加快设计进程，同时也是创新的基础和提高设计质量的重要保证。合理的使用各种技术资料正是设计工作能力的重要体现。而任何一项新的设计都有其特定的要求和具体的工作条件，设计时不可盲目地、机械地抄袭现有设计资料。要养成独立思索和观察的习惯，敢于提出问题，勇于创新。

(2) 标准和规范的正确使用。设计时要严格遵守和执行最新国家标准、设计规范。既可减轻设计工作量、节省设计时间、降低设计和制造成本，又可提高设计质量，保证设计的先进性。

(3) 设计计算与结构、工艺要求的关系。设计时的设计计算提供了零件的基本尺寸，同时还应综合考虑结构和工艺要求，进一步确定零件的结构和尺寸，或参考已有资料及经验数据取得有关尺寸，并根据结构和工艺要求确定具体参数，然后进行必要的校核计算。

(4) 正确处理计算与绘图的关系。设计过程是一个边绘图、边计算、边修改的过程。有些零件可以由计算确定零件的基本尺寸，再经草图设计决定具体结构。而有些零件则需要先绘图，取得计算所需条件，再进行必要计算。其计算结果又可能需要修改草图。因此，计算与绘图互为依据，交叉进行。

第2章

传动装置的总体设计

传动装置的总体设计包括拟定传动方案、选择电动机、计算总传动比和分配各级传动比以及计算传动装置的运动和动力参数。

2.1 拟定传动方案

机器一般由原动机、传动装置和工作机三部分组成，其中传动装置是在原动机与工作机之间传递运动和动力，可以改变运动的形式、速度和转矩大小，以满足工作机的需要，是机器的重要组成部分。传动装置的传动方案设计是否合理将直接影响机器的工作性能、机器自重和成本。

在课程设计中，学生应根据设计任务书，拟定传动方案。如果设计任务书中已给定传动方案，学生则应了解和分析这种方案的特点。满足工作机的要求是拟定传动方案的最基本原则。同一种工作机的运动可以由几种不同的传动方案来实现，这就需要把传动方案的特点加以分析比较，从中选择出最符合实际情况的一种传动方案。传动方案除了要满足工作机的性能要求、适应工作条件、工作可靠，还应该具有结构简单、紧凑、成本低、传动效率高和操作维护方便等特点。一种方案要同时满足这些要求往往是有困难的。因此，设计者应统筹兼顾，抓住主要矛盾，有目的地保证重点要求。

图 2-1 为带式运输机的四种传动方案。其传动方案的比较如表 2-1 所述。

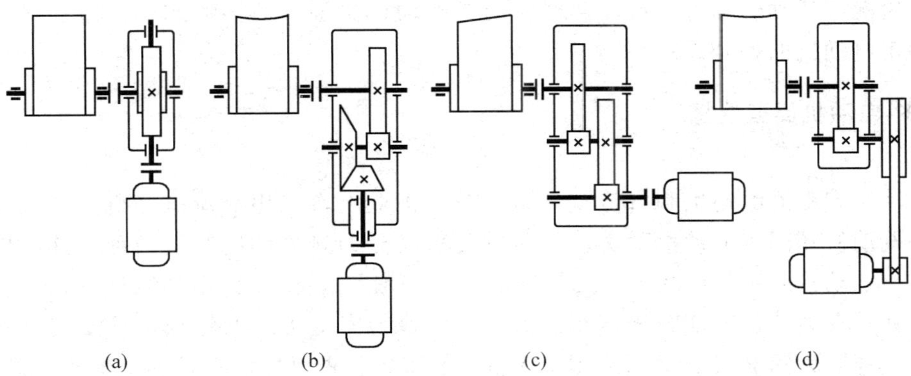

(a) (b) (c) (d)

图 2-1 带式运输机的四种传动方案

表 2-1 传动方案比较

传动方案	特 点
(a)	结构紧凑，若在大功率和长期运转条件下使用，则由于蜗杆传动效率低，功率损失大，很不经济
(b)	宽度尺寸较小，适于在恶劣环境下长期连续工作。但圆锥齿轮加工比圆柱齿轮困难
(c)	与 b 方案比较，宽度尺寸较大，输入轴线与工作机位置是水平布置。宜在恶劣环境下长期工作
(d)	宽度和长度尺寸较大，带传动不适应繁重的工作条件和恶劣的环境。但若用于链式或板式运输机，有过载保护作用

拟定一个合理的传动方案，一定要熟悉各种机械传动的特点，以便合理布置其传动顺序，通常考虑以下几点：

(1) 传动平稳性好，能缓冲吸振，承载能力较低的宜布置在传动装置的高速级。

(2) 传动平稳性差，有冲击的宜布置在低速级。

(3) 蜗杆传动可以实现较大的传动比，适用中、小功率以及间歇运动的场合，但其承载能力较齿轮传动低，宜布置在传动装置的高速级，以获得较小的结构尺寸。

(4) 斜齿轮传动较直齿轮传动平稳，常用在高速级或要求传动平稳的场合。

(5) 当传动中有圆柱齿轮和圆锥齿轮传动时，圆锥齿轮宜布置在高速级，以减小圆锥齿轮的尺寸。

(6) 开式齿轮传动的工作环境一般较差，润滑不良，为减小磨损，宜布置在低速级。

2.2 电动机的选择

电动机是最常用的原动机，是系列化和标准化产品。机械设计中需要根据工作机的工作情况和运动、动力参数，合理地选择电动机类型、结构形式、传递的功率和转速，确定电动机的型号。

2.2.1 电动机类型选择

电动机有交流电动机和直流电动机之分，工业上常采用交流电动机。交流电动机有异步电动机和同步电动机两类，异步电动机又分为笼型和绕线型两种，其中以普通笼型异步电动机应用最广泛。如无特殊需要，一般优先选用 Y 系列笼型三相异步电动机，因其具有高效、节能、噪声小、振动小、运行安全可靠的特点，且安装尺寸和功率等级符合国际标准（IEC），适用于无特殊要求的各种机械设备，如运输机、鼓风机、机床及农业机械和食品机械等。对于经常需要启动、制动和正反转的场合（如起重机），宜选允许有较大振动和冲击，转动惯量小，过载能力大的 YZ 和 YZR 系列起重用三相异步电动机。常用 Y 系列电动机的标准系列见 9.10 节。

2.2.2 电动机的功率确定

电动机的功率选择是否合适将直接影响到电动机的工作性能和经济性能。如果选用的电动机额定功率小于工作机所要求的功率，就不能保证工作机正常工作，甚至使电动机长期过载而过早损坏；如果选用的电动机额定功率大于工作机所要求的功率，则电动机价格高，功率未得到充分利用，从而增加电能消耗，造成浪费。

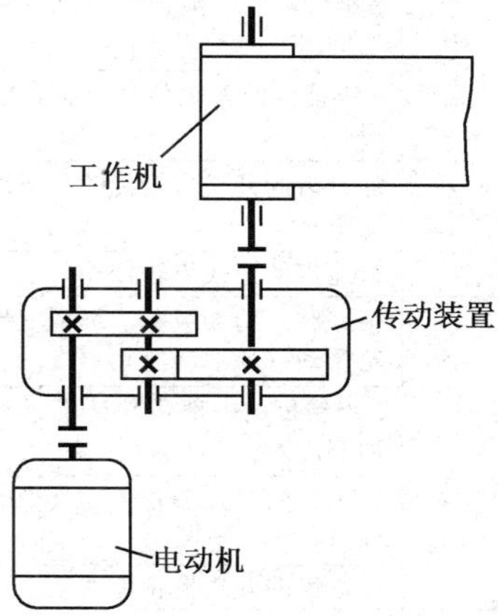

图 2-2 带式运输机

课程设计中，由于设计任务书所给工作机一般为长期连续运转，载荷不变或很少变化的机械，并且传递功率较小，只需使电动机的额定功率 P_m 等于或稍大于电动机的实际输出功率 P_d，即$P_m \geqslant P_d$。这样电动机在工作时就不会过热，一般不需要对电动机进行热平衡计算和校核启动力矩。

如图 2-2 所示的带式运输机，其工作机所需要的电动机输出功率为

$$P_d = \frac{P_w}{\eta} \quad (\text{kW}) \tag{2-1}$$

式中 P_w——工作机所需输入功率（kW）；

η——电动机至工作机之间总效率。

工作机所需功率 P_w 由工作机的工作阻力（F_w 或 T）和运动参数（v 或 n）按下式计算

$$P_w = \frac{F_w v}{1\,000\eta_w} \tag{2-2}$$

或

$$P_w = \frac{T n_w}{9\,550\eta_w} \tag{2-3}$$

式中 F_w——工作机阻力（N）；

v——工作机线速度（m/s）；

T——工作机阻力矩（N·m）；

n_w——工作机转速（r/min）；

η_w——工作机效率。

由电动机至工作机的传动装置总效率 η 按下式计算

$$\eta = \eta_1 \cdot \eta_2 \cdot \cdots \cdot \eta_n \tag{2-4}$$

式中 $\eta_1, \eta_2, \cdots, \eta_n$——传动装置中各传动副（齿轮、蜗杆、带或链传动）、轴承（一对）、联轴器的效率，其数值可由表 2-2 选取。

表 2-2　机械传动效率概略值

类别	传动型式	效率 η
圆柱齿轮传动	很好跑合的 6 级精度和 7 级精度齿轮传动（稀油润滑）	0.98～0.99
	8 级精度的一般齿轮传动（稀油润滑）	0.97
	9 级精度的齿轮传动（稀油润滑）	0.96
	加工齿的开式齿轮传动（干油润滑）	0.94～0.96
	铸造齿的开式齿轮传动	0.90～0.93
圆锥齿轮传动	很好跑合的 6 级和 7 级精度齿轮传动（稀油润滑）	0.97～0.98
	8 级精度的一般齿轮传动（稀油润滑）	0.94～0.97
	加工齿的开式齿轮传动（干油润滑）	0.92～0.95
	铸造齿的开式齿轮传动	0.88～0.92
蜗杆传动	自锁蜗杆	0.4～0.45
	单头蜗杆	0.7～0.75
	双头蜗杆	0.75～0.82
	三头、四头蜗杆	0.8～0.92
	圆弧面蜗杆传动	0.85～0.95
带传动	平带无压紧轮的开式传动	0.98
	平带有压紧轮的开式传动	0.97
	平带交叉传动	0.90
	V 带传动	0.96
链传动	焊接链	0.93
	片式关节链	0.95
	滚子链	0.96
	无声链	0.97
丝杠传动	滑动丝杠	0.3～0.6
	滚动丝杠	0.85～0.95

类别	传动型式	效率 η
绞车卷筒		0.94～0.97
滑动轴承	润滑不良	0.94
	润滑正常	0.97
	润滑特好（压力润滑）	0.98
	液体摩擦	0.99
滚动轴承	球轴承（稀油润滑）	0.99
	滚子轴承（稀油润滑）	0.98
摩擦传动	平摩擦传动	0.85～0.92
	槽摩擦传动	0.88～0.90
	卷绳轮	0.95
联轴器	浮动联轴器	0.97～0.99
	齿轮联轴器	0.99
	弹性联轴器	0.99～0.995
	万向联轴器（$a \leqslant 3°$）	0.97～0.98
	万向联轴器（$a > 3°$）	0.95～0.97
	梅花接轴	0.97～0.98
	液力联轴器（在设计点）	0.95～0.98
复滑轮组	滑动轴承（$i=2\sim6$）	0.98～0.90
	滚动轴承（$i=2\sim6$）	0.99～0.95
减（变）速器	单级圆柱齿轮减速器	0.97～0.98
	双级圆柱齿轮减速器	0.95～0.96
	单级行星圆柱齿轮减速器	0.95～0.96
	单级行星摆线针轮减速器	0.90～0.97
	单级圆锥齿轮减速器	0.95～0.96
	双级圆锥-圆柱齿轮减速器	0.94～0.95
	无级变速器	0.92～0.95
	轧机人字齿轮座（滑动轴承）	0.93～0.95
	轧机人字齿轮座（滚动轴承）	0.94～0.96
	轧机主减速器（包括主联轴器和电机联轴器）	0.93～0.96

计算总效率 η 时需注意以下几点：

（1）轴承效率均指一对轴承的效率。

（2）当资料推荐的效率数值有一个范围时，一般可取中间值。

（3）蜗杆传动效率与蜗杆头数及材料有关，应先初选头数，估计效率，初步设计出蜗杆，蜗轮参数后，再计算效率并验算电动机所需功率。

（4）电动机的额定功率 P_m 应等于或略大于电动机所需功率 P_d，以便电动机工作时不会过热。通常按 $P_m=(1\sim1.3)P_d$ 来确定。

2.2.3 电动机转速的确定

额定功率相同的同类型电动机，可以有不同的转速。如三相异步电动机就有四种常用的同步转速，即 3 000r/min、1 500r/min、1 000r/min、750r/min。电动机的转速高、极数少、外部尺寸和质量小、价格低，但传动装置的传动比大，使传动装置的结构尺寸增大，成本提高；低转速电动机则相反。因此，确定电动机转速时，应按具体情况进行分析比较。一般情况下，宜选用1 000r/min、1 500r/min较合适。

对于多级传动，可以根据工作机的转速及各级传动机构的传动比，推算出电动机转速的可选范围，即

$$n_d = (i_1 \cdot i_2 \cdot \cdots \cdot i_n) n_w \tag{2-5}$$

式中 n_d——电动机可选转速范围；

i_1，i_2，…，i_n——各级传动合理传动比范围；

n_w——工作机转速。

由选定的电动机类型、结构、输出功率和转速查出电动机型号、额定功率、满载转速、外形尺寸、中心高、轴伸尺寸、键连接尺寸等，并将这些参数填入表 2-3 中。

表 2-3 电动机数据

电动机型号	额定功率 P_m/kW	同步转速 n/(r/min)	满载转速 n_m/(r/min)	电动机总重 /N	外伸轴径 /mm	轴中心高 /mm

设计传动装置时，一般按实际的电动机输出功率 P_d 计算，转速按电动机额定功率时的转速 n_m（满载转速）计算。

2.3 总传动比的计算与分配

2.3.1 传动比的计算

电动机确定后，根据电动机的满载转速 n_m 及工作机转速 n_w，可得传动装置的总传动比为

$$i = \frac{n_m}{n_w} \tag{2-6}$$

对于起重绞车和带式输送机 $n_w = \dfrac{60 \times 1\,000 v}{\pi D}$，其中 D 为卷筒直径（mm），v 为工作机线速度（m/s）。

传动装置若由多级传动串联而成，则其总传动比为

$$i = i_1 \cdot i_2 \cdot i_3 \cdot \cdots \cdot i_n \tag{2-7}$$

式中 i_1，i_2，i_3，…，i_n——各级传动比。

2.3.2 传动比的分配

计算出总传动比后，合理地分配各级传动比是传动装置总体设计中的一个重要问题，它将影响到传动装置的外形尺寸、质量和润滑条件。分配各级传动比时主要考虑

以下几点：

(1) 各级各类传动比值可按表 2-4 所示推荐范围选取。

表 2-4 常用传动机构的性能

<table>
<tr><th rowspan="2">选用指标</th><th colspan="7">传动机构</th></tr>
<tr><th>平带传动</th><th>V带传动</th><th>摩擦轮传动</th><th>链传动</th><th colspan="2">齿轮传动</th><th>蜗杆传动</th></tr>
<tr><td>功率/kW
(常用值)</td><td>小
(≤20)</td><td>中
(≤100)</td><td>小
(≤20)</td><td>中
(≤100)</td><td colspan="2">大
(最大达 50 000)</td><td>小
(≤50)</td></tr>
<tr><td>单级传动比</td><td></td><td></td><td></td><td></td><td>圆柱</td><td>圆锥</td><td></td></tr>
<tr><td>常用值</td><td>2～4</td><td>2～4</td><td>≤5～7</td><td>2～5</td><td>3～5</td><td>2～3</td><td>7～40</td></tr>
<tr><td>最大值</td><td>6</td><td>15</td><td>15～25</td><td>10</td><td>10</td><td>6～10</td><td>80</td></tr>
<tr><td>传动效率</td><td>中</td><td>中</td><td>中</td><td>中</td><td colspan="2">高</td><td>低</td></tr>
<tr><td>许用的线速度
/(m/s)</td><td>≤25</td><td>≤25～30</td><td>≤15～25</td><td>≤40</td><td colspan="2">6 级精度
直齿≤18
非直齿≤36
5 级精度达 100</td><td>≤15～35</td></tr>
<tr><td>外廓尺寸</td><td>大</td><td>大</td><td>大</td><td>大</td><td colspan="2">小</td><td>小</td></tr>
<tr><td>传动精度</td><td>低</td><td>低</td><td>低</td><td>中等</td><td colspan="2">高</td><td>高</td></tr>
<tr><td>工作平稳性</td><td>好</td><td>好</td><td>好</td><td>较差</td><td colspan="2">一般</td><td>好</td></tr>
<tr><td>自锁能力</td><td>无</td><td>无</td><td>无</td><td>无</td><td colspan="2">无</td><td>可有</td></tr>
<tr><td>过载保护作用</td><td>有</td><td>有</td><td>有</td><td>无</td><td colspan="2">无</td><td>无</td></tr>
<tr><td>使用寿命</td><td>短</td><td>短</td><td>短</td><td>中等</td><td colspan="2">长</td><td>中等</td></tr>
<tr><td>缓冲、吸振能力</td><td>好</td><td>好</td><td>好</td><td>中等</td><td colspan="2">差</td><td>差</td></tr>
<tr><td>要求制造及安装精度</td><td>低</td><td>低</td><td>中等</td><td>中等</td><td colspan="2">高</td><td>高</td></tr>
<tr><td>要求润滑条件</td><td>不需</td><td>不需</td><td>一般不需</td><td>中等</td><td colspan="2">高</td><td>高</td></tr>
<tr><td>环境适应性</td><td colspan="2">不能接触酸、碱、油类、爆炸性气体</td><td>一般</td><td>好</td><td colspan="2">一般</td><td>一般</td></tr>
</table>

(2) 各级传动的结构尺寸应协调、有利于安装，避免相互干涉。在有带传动的传动装置中，要避免大带轮半径大于减速器输入轴的中心高（图 2-3）而造成安装不便。通常的办法应使带传动比小于齿轮传动比。

(3) 总传动比和中心距都相同而传动比分配不同，则结构尺寸也不同，如图 2-4 所示。

(4) 对于展开式两级齿轮减速器，应使两级的大齿轮直径尽量相近，以便于实现统一的浸油润滑。推荐高速级传动比取 $i_1=(1.3\sim1.5)i_2$（i_1 和 i_2 分别是高速级和低速级的传动比）。

传动装置的实际传动比要由选定的齿轮齿数或带轮的基准直径计算出来，因此很可能与设定的传动比之间有误差。一般允许工作机实际转速与设定转速之间的相对误差为±(3～5)%，否则要重新调整所分配的传动比。

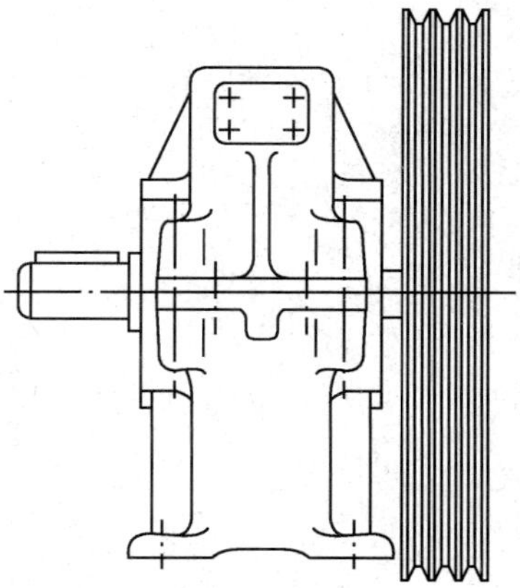

图 2-3　带轮直径过大

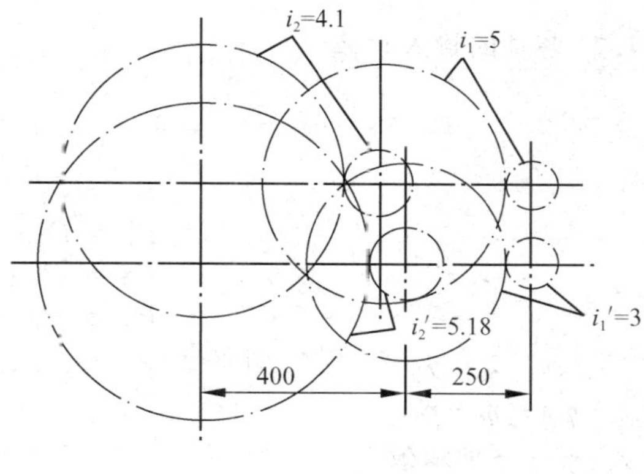

图 2-4　结构尺寸比较

2.4　传动装置的运动和动力参数计算

传动装置的运动和动力参数是指各轴的转速、功率和转矩，这些参数是设计传动零件所必需的已知条件。一般由电动机至工作机之间运动传递路线计算各轴的转速、功率和转矩。下面以图 2-5 所示的带式输送机为例说明计算方法。设：

n_o、n_I、n_{II}、n_w 为电动机轴 o、I、II 轴和工作机（滚筒轴）的转速，(r/min)；

P_o、P_I、P_{II}、P_w 为电动机轴 o、I、II 轴和工作机（滚筒轴）的输入功率，(kW)；

T_o、T_I、T_{II}、T_w 为电动机轴 o、I、II 轴和工作机（滚筒轴）的输入转矩，(N·m)；

P_d 为电动机的输出功率，(kW)；

n_m 为电动机的满载转速，(r/min)；

i_{oI}、$i_{I\,II}$为相邻两轴的传动比；

$\eta_{o\,I}$、$\eta_{I\,II}$、$\eta_{II\,w}$为相邻两轴的效率。

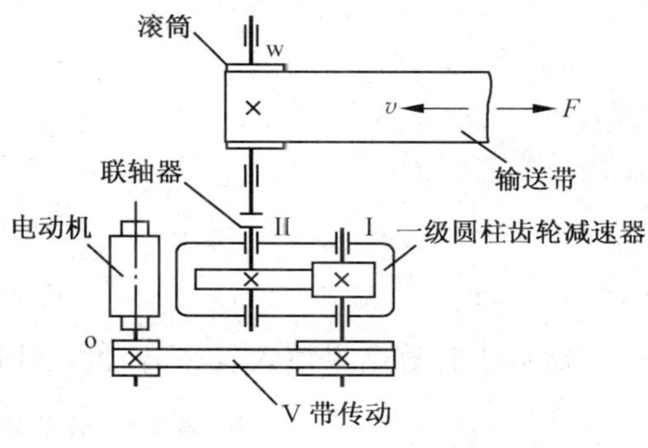

图 2-5　带式输送机

各轴的运动和动力参数计算如下。

2.4.1 各轴的转速

$$n_o = n_m$$

$$n_I = \frac{n_m}{i_{o\,I}} \tag{2-8}$$

$$n_{II} = \frac{n_I}{i_{I\,II}} \tag{2-9}$$

$$n_w = n_{II}$$

2.4.2 各轴的输入功率

$$P_o = P_d$$

$$P_I = P_d \cdot \eta_{oI} \tag{2-10}$$

$$P_{II} = P_I \cdot \eta_{I\,II} \tag{2-11}$$

$$P_w = P_{II} \cdot \eta_{II\,w} \tag{2-12}$$

式中 $\eta_{oI} = \eta_b$，η_b——带传动效率；

$\eta_{I\,II} = \eta_r \cdot \eta_g$；

η_r——轴承效率；

η_g——齿轮传动效率；

$\eta_{II\,w} = \eta_r \cdot \eta_c$；

η_c——联轴器效率。

2.4.3 各轴的转矩

$$T_o = 9550\frac{P_d}{n_m} \tag{2-13}$$

$$T_I = 9550\frac{P_I}{n_I} \tag{2-14}$$

$$T_{II} = 9550\frac{P_{II}}{n_{II}} \tag{2-15}$$

$$T_w = 9550\frac{P_w}{n_w} \tag{2-16}$$

将以上计算结果填入表2-5，供设计传动零件时使用。

表 2-5 传动装置的运动和动力参数

参数	轴名			
	电动机轴 o	I 轴	II 轴	滚筒轴
转速 n/(r/min)				
功率 P/kW				
转矩 T/(N·m)				
传动比 i				
效率 η				

2.5 传动装置的总体设计示例

例 图 2-5 为一带式输送机的运动简图. 已知输送带的有效拉力 $F_w=3\ 000$N，输送带速度 $v=14$m/s，滚筒直径 $D=400$mm，滚筒效率 $\eta_w=0.97$，连续工作，载荷平稳，单向运转，按所给运动简图和条件，试求：

(1) 选择合适的电动机；

(2) 计算传动装置的总传动比，并分配各级传动比；

(3) 计算传动装置的运动参数和动力参数。

解 (1) 选择电动机。

① 选择电动机类型。

按工作要求和条件选取 Y 系列一般用途的全封闭自扇冷鼠笼型三相异步电动机。

② 确定电动机的功率。

工作机所需的功率依式 (2-2) 得

$$P_w=\frac{F_w v}{1\ 000\eta_w}=\frac{3\ 000\times1.4}{1\ 000\times0.97}=4.32(\text{kW})$$

电动机的输出功率依式 (2-1) 得

$$P_d=\frac{P_w}{\eta}$$

式中 η 为电动机至滚筒轴传动装置的总效率，包括 V 带传动、一对齿轮传动、两对滚动轴承及联轴器等的效率，η 值由式 (2-4) 计算如下

$$\eta=\eta_b\cdot\eta_g\cdot\eta_r^2\cdot\eta_c$$

由表 2-2 查得 V 带传动效率 $\eta_b=0.96$，一对圆柱齿轮传动效率 $\eta_g=0.97$，一对滚动球轴承效率 $\eta_r=0.99$，联轴器效率 $\eta_c=0.98$，因此

$$\eta=0.96\times0.97\times0.99^2\times0.98=0.894$$

所以

$$P_d=\frac{P_w}{\eta}=\frac{4.32}{0.894}=4.83(\text{kW})$$

根据 P_d 选取电动机的额定功率 P_m，使 $P_m=(1\sim1.3)P_d=4.83\sim6.279$kW，并由表 2-3 查得电动机的额定功率为 $P_m=5.5$kW。

③ 选择电动机的转速。

先计算工作机主轴的转速，也就是滚筒轴的转速

$$n_w=\frac{60v}{\pi D}=\frac{60\times1.4}{\pi\times400\times10^{-3}}=66.85(\text{r/min})$$

根据表 2-4 确定传动比的范围，取 V 带传动比 $i_b=2\sim4$，单级圆柱齿轮传动比 $i_g=3\sim5$，则总传动比 i 的范围为

$$i=(2\times3)\sim(4\times5)=6\sim20$$

依式 (2-5) 得电动机的转速范围为

$$n' = in_w = (6 \sim 20) \times 66.85 = 401 \sim 1337(\text{r/min})$$

在这个范围内的电动机的同步转速有750r/min和1000r/min两种，综合考虑电动机和传动装置的情况再确定最后的转速。为降低电动机的自重和成本，可选择同步转速为1 000r/min。根据同步转速查表9-103确定电动机的型号为Y132M2-6，其满载转速$n_m = 960$r/min。此外，电动机的中心高，外形尺寸，轴伸尺寸等均可查表9-104或表9-105及表9-106得出。

（2）计算总传动比并分配各级传动比。

① 计算总传动比。依式（2-6）得

$$i = \frac{n_m}{n_w} = \frac{960}{66.85} = 14.36$$

② 分配各级传动比。为使带传动的尺寸不至过大，满足$i_b < i_g$，可取$i_b = 3$，则齿轮的传动比

$$i_g = \frac{i}{i_b} = \frac{14.36}{3} = 4.79$$

（3）计算传动装置的运动和动力参数。

① 各轴的转速。由式（2-8）、式（2-9）得

$$n_{\text{I}} = \frac{n_m}{i_{o\text{I}}} = \frac{n_m}{i_b} = \frac{960}{3} = 320(\text{r/min})$$

$$n_{\text{II}} = \frac{n_{\text{I}}}{i_{\text{I II}}} = \frac{n_{\text{I}}}{i_g} = \frac{320}{4.79} = 66.81(\text{r/min})$$

$$n_w = n_{\text{II}} = 66.81\text{r/min}$$

② 各轴的功率。由式（2-10）～式（2-12）得

$$P_{\text{I}} = P_d \cdot \eta_b = 4.83 \times 0.96 = 4.64(\text{kW})$$

$$P_{\text{II}} = P_{\text{I}} \cdot \eta_r \cdot \eta_g = 4.64 \times 0.99 \times 0.97 = 4.46(\text{kW})$$

$$P_w = P_{\text{II}} \cdot \eta_r \cdot \eta_c = 4.46 \times 0.99 \times 0.98 = 4.33(\text{kW})$$

③ 各轴的转矩。由式（2-13）～式（2-16）得

$$T_o = 9\,550\,\frac{P_d}{n_m} = 9\,550\,\frac{4.83}{960} = 48.05(\text{N} \cdot \text{m})$$

$$T_{\text{I}} = 9\,550\,\frac{P_{\text{I}}}{n_{\text{I}}} = 9\,550\,\frac{4.64}{320} = 138.5(\text{N} \cdot \text{m})$$

$$T_{\text{II}} = 9\,550\,\frac{P_{\text{II}}}{n_{\text{II}}} = 9\,550\,\frac{4.46}{66.8} = 637.6(\text{N} \cdot \text{m})$$

$$T_w = 9\,550\,\frac{P_w}{n_w} = 9\,550\,\frac{4.33}{66.8} = 619.0(\text{N} \cdot \text{m})$$

最后，将所计算的结果填入表2-6。

表 2-6　传动装置的运动参数

参　　数	轴　　名			
	电动机轴 o	I 轴	II 轴	滚筒轴 w
转速 n/(r/min)	960	320	66.81	66.81
功率 P/kW	4.83	4.64	4.46	4.33
转矩 T/(N・m)	48.05	133.5	637.6	619
传动比 i	3	4.79	1	
效率 η	0.96	0.96	0.97	

第 3 章

传动零件的设计

减速器装配图设计前，先进行传动零件的设计计算。传动零件包括减速器外传动零件和减速器内传动零件两部分，具体的设计计算方法按教材所述。下面仅就设计计算时应注意的问题做简要的说明。

3.1 减速器外传动零件的设计

3.1.1 带传动

（1）带传动设计的主要内容：确定带的型号、根数和长度，传动中心距、带轮直径和宽度，作用在轴上力的大小和方向，并验算实际传动比。设计时应注意各有关尺寸的协调问题，如装在电动机轴上的小带轮的孔径与电动机轴径是否一致（图 3-1），大带轮是否过大与机架干涉（图 2-3）等。

（2）带轮的结构形式主要取决于带轮直径的大小，其具体结构尺寸可查教材或设计手册。注意大带轮轴孔直径和宽度（图 3-2）与减速器输入轴轴伸尺寸相适应。带轮轮毂宽度与带轮的轮缘宽度不一定相同，一般轮毂宽度 l 由轴孔直径 d 的大小确定，常取 $l=(1.5 \sim 2)d$。而轮缘宽度取决于传动带的型号和根数。

（3）由带轮直径及滑动率计算实际传动比和大带轮转速，并以此修正减速器传动比和输入转矩。

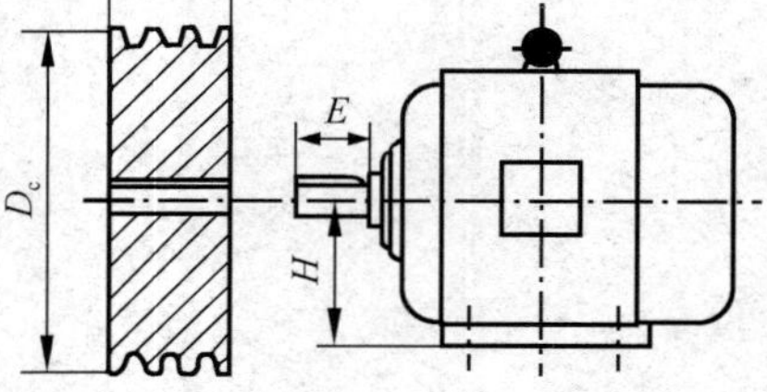

图 3-1　小带轮与电动机示意图

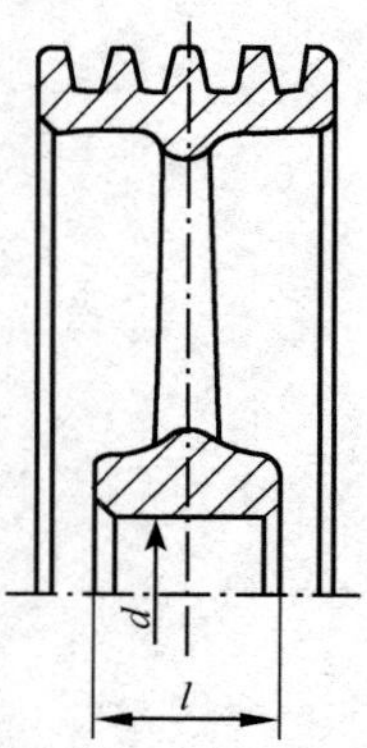

图 3-2　大带轮尺寸

3.1.2 链传动

（1）链传动设计的主要内容为确定链节距、排数和链节数、传动中心距、链轮材料、齿数、轮毂长，作用在轴上力的大小和方向，并验算实际传动比。

（2）如果选用的单列链尺寸过大，应改选双列或多列链，以尽量减小节距。

（3）应注意链轮直径尺寸、轴孔尺寸、轮毂尺寸等，是否与减速器、工作机相适应。

（4）应选定润滑方式和润滑剂牌号。

3.1.3 开式齿轮传动

（1）齿轮传动设计的主要内容：选择齿轮的材料、热处理方法，齿轮的模数、螺旋角、变位系数及几何尺寸，传动的中心距，作用在轴上力的大小和方向，并验算实际传动比。

（2）开式齿轮传动一般布置在低速级，常采用直齿轮。因润滑条件差、磨损严重，因此，开式齿轮传动一般只需要计算轮齿弯曲强度，考虑齿面磨损而引起的轮齿强度减弱，应将计算求得的模数加大10％～20％。

（3）注意选用减磨和耐磨性能较好的材料作为齿轮材料，选择大齿轮材料应考虑毛坯的制作方法。

（4）由于开式齿轮支撑刚度较小，其齿宽系数应取小些，以减轻轮齿载荷集中。

（5）检查齿轮尺寸与工作机是否相适应，有无碰撞现象。由齿数计算实际传动比，考虑是否需要修改减速器的传动比要求。

（6）画出齿轮结构图，标明与减速器输出轴轴头相配合的轮毂尺寸。

3.2 减速器内传动零件的设计

3.2.1 圆柱齿轮传动

（1）选择齿轮材料时，应先估计齿轮直径并注意毛坯制造方法。如果齿轮直径 $d\leqslant 500\text{mm}$ 时，根据设备加工能力，采用锻造或铸造毛坯；当 $d>500\text{mm}$ 时，多用铸造毛坯。如果小齿轮的根圆直径与轴径接近时，齿轮与轴可制成一体，材料应兼顾轴的要求。同一减速器的各级小齿轮（或大齿轮）的材料应尽可能一致，以减少材料牌号和工艺要求。

（2）在齿轮强度计算公式中，载荷和几何参数是用小齿轮输出转矩 T_1 和分度圆直径 d_1（或 mz_1）表示的，因此不论许用应力或齿形系数是用哪个齿轮的，公式中的转矩均应为小齿轮的输出转矩，齿轮直径均应为小齿轮直径，齿数为小齿轮齿数。

(3) 三种齿宽系数 $\psi_d=\dfrac{b}{d_1}$，$\psi_a=\dfrac{b}{a}$，$\psi_m=\dfrac{b}{m}$中，如果已取定其中一种的数值，则因 d_1、a、m 之间有一定的几何关系，所以其他两种就随之而定，不能再任意选定数值。例如，选定 ψ_d 后，则 $\psi_a=\dfrac{2\psi_d}{1+i}$，$\psi_m=z_1\psi_d$。

(4) 齿宽系数 $\psi_d=\dfrac{b}{d_1}$中，d_1 定义为小齿轮直径，b 为一对齿轮的工作宽度，在决定大、小齿轮宽度时，根据 ψ_d 和 d_1 求出齿宽 b 应为一对齿轮的工作宽度，即大齿轮宽度。小齿轮宽度 $b_1=b+(5\sim10)$mm。

(5) 计算齿轮传动的几何尺寸时，应精确到小数点后 2～3 位，角度应精确到秒，而中心距、齿宽以及其他结构尺寸应尽量圆整为整数。斜齿轮传动的中心距应通过改变螺旋角的方法圆整为整数。

3.2.2 圆锥齿轮传动

(1) 圆锥齿轮以大端模数为标准，计算几何尺寸要用大端模数。

(2) 圆锥齿轮的分度圆锥角 δ_1、δ_2 可由传动比确定，应准确计算，不能圆整。

(3) 圆锥齿轮的齿宽按齿宽系数 $\psi_R=\dfrac{b}{R}$求得，并进行圆整，而且大小齿轮宽度相等。

3.2.3 蜗杆传动

(1) 蜗杆传动的中心距应尽量圆整为 0 或 5 结尾的整数。此时，为保证 a、m、q、z_2 的几何关系，常需对蜗杆传动进行变位。

(2) 蜗杆蜗轮材料要求有较好的跑合和耐磨性能，不同的材料，适用的相对滑动速度范围不同，因此选材料时要初估相对的滑动速度。

(3) 蜗杆传动的强度与模数、齿数及蜗杆直径系数有关，而规定的蜗杆直径系数与模数标准值是对应的。

(4) 蜗杆螺旋线方向尽量采用右旋，以便加工。这时蜗轮轮齿方向也应为右旋。蜗杆转动方向由工作机转动方向及蜗杆螺旋线方向来确定。

(5) 蜗杆传动尺寸确定以后，要校验滑动速度及传动效率，并考虑其影响，修正有关计算数据。

(6) 如要进行蜗杆杆体的强度验算或蜗杆传动热平衡计算时，常需要画出装配草图，并确定蜗杆支点距离和箱体轮廓尺寸后，才能进行。

(7) 蜗杆位置在蜗轮上面还是下面则由蜗杆圆周速度来决定，当蜗杆分度圆圆周速度 $v\leqslant4\sim5$m/s 时，蜗杆应放置在蜗轮下面。

第 4 章

减速器的结构尺寸

4.1 减逗器的结构

减速器结构因其类型、用途不同而异。但无论何种类型的减速器，其结构都是由轴系部件、箱体及附件三大部分组成。图 4-1～图 4-3 分别表示为单级圆柱齿轮减速器、圆锥圆柱齿轮减速器、蜗杆减速器的轴测图。图中标出了组成减速器的主要零部件名称、相互关系及箱体的部分结构尺寸。下面对三大部分做简要介绍。

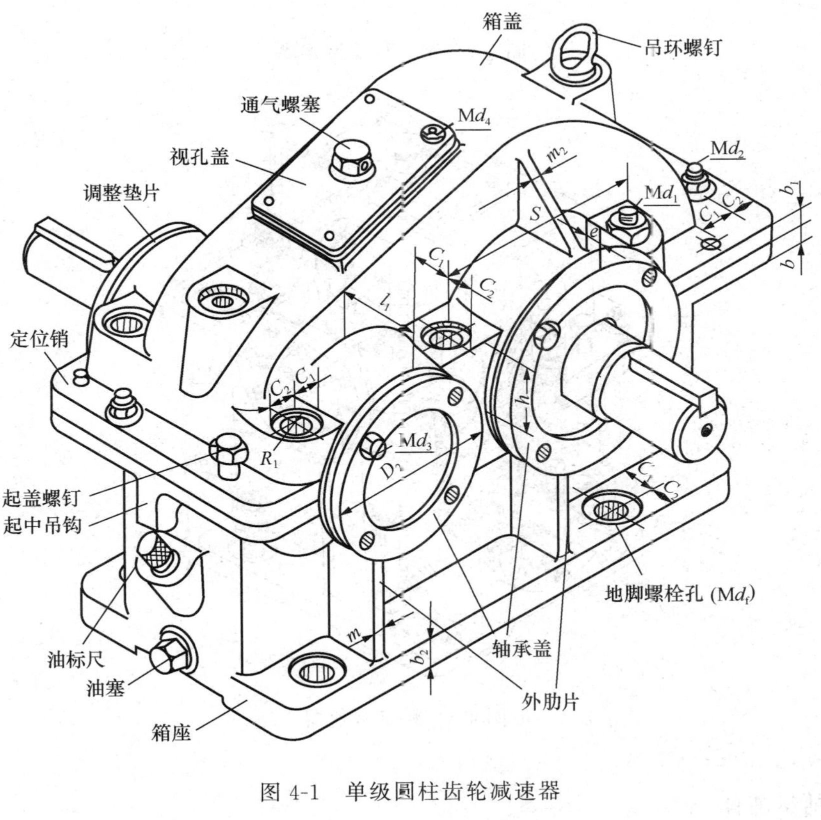

图 4-1 单级圆柱齿轮减速器

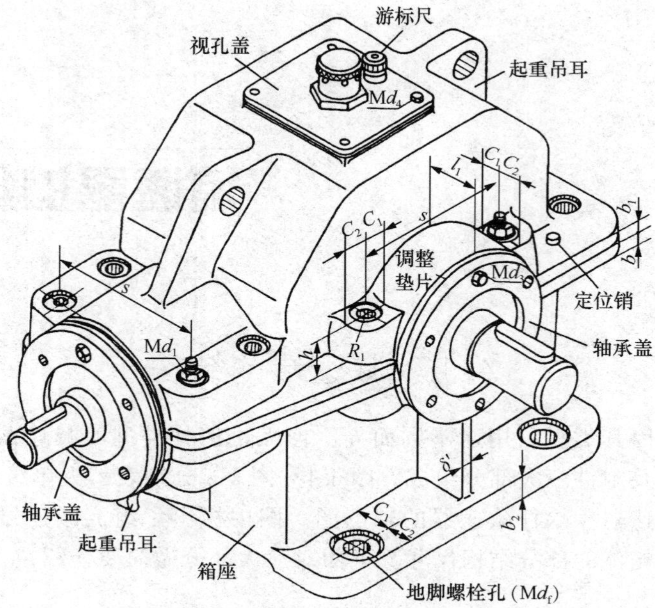

图 4-2　圆锥齿轮减速器

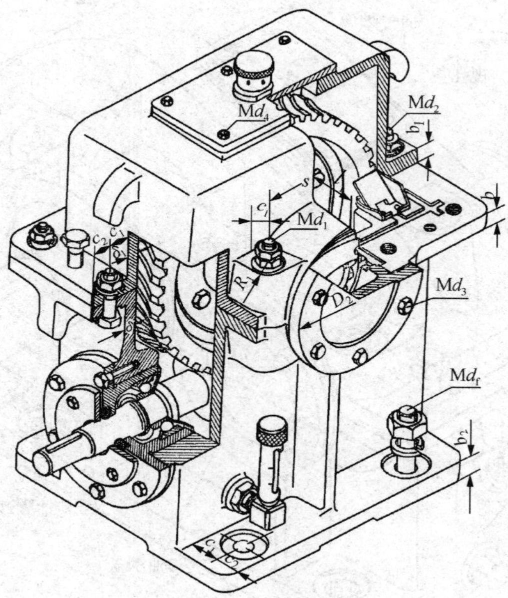

图 4-3　蜗杆减速器

4.1.1 轴系部件

轴系部件包括传动件、轴和轴承组合。

1. 传动件

减速器箱外传动件有链轮、带轮等；箱内传动件有圆柱齿轮、圆锥齿轮、蜗杆传动等。传动件决定减速器的技术特性。通常根据传动件种类确定减速器类型，其基本类型有圆柱齿轮减速器、圆锥齿轮减速器、蜗杆减速器。

2. 轴

传动件装在轴上以实现回转运动和传递功率。减速器普遍采用阶梯轴。传动件和轴多以平键连接。

3. 轴承组合

轴承组合包括轴承、轴承盖、密封装置以及调整垫片等。

1）轴承

轴承是支承轴的部件。由于滚动轴承摩擦因数比普通滑动轴承小，运动精度高，对于同轴径滚动轴承宽度小，可使减速器轴向结构紧凑，润滑、维护简便等，减速器广泛采用滚动轴承（简称轴承）。

2）轴承盖

轴承盖用来固定轴承、承受轴向力，以及调整轴承间隙。轴承盖有嵌入式（图 4-33）和凸缘式（图 4-32）两种。凸缘式调整轴承间隙方便，密封性能好，用的较多。

3）密封

在输入和输出轴外伸处，为防止灰尘、水气及其他杂质浸入轴承，引起轴承急剧磨损和腐蚀，以及防止润滑剂外漏，需在轴承盖中设置密封装置。密封装置可分为接触式密封（如毡圈密封、橡胶圈密封等）和非接触式密封（如油沟密封，迷宫密封等）两大类。

4）调整垫片

为了调整轴承间隙，有时也为了调整传动件的轴向位置，在轴承盖和箱体之间需放置调整垫片。调整垫片由若干薄软钢片组成。

4.1.2 箱体

减速器箱体是用以支持和固定轴系零件，保证传动件的啮合精度，是良好润滑及密封的重要零件。箱体质量约占减速器总质量的 50%。因此，箱体结构对减速器的工作性能、加工工艺、材料消耗、质量及成本等有很大的影响，设计时必须全面考虑。

减速器箱体按毛坯制造工艺和材料种类可以分为铸造箱体（图 4-1～图 4-3）和焊接箱体（图 4-4）。铸造箱体材料一般多用铸铁（HT150、HT120）。铸造箱体较易获得合理和复杂的结构形状，刚度好，易进行切削加工；但制造周期长，质量较大，因而多用于成批生产。焊接箱体比铸造箱体壁厚薄，质量轻 1/4～1/2，生产周期短，多用于单件、小批生产。

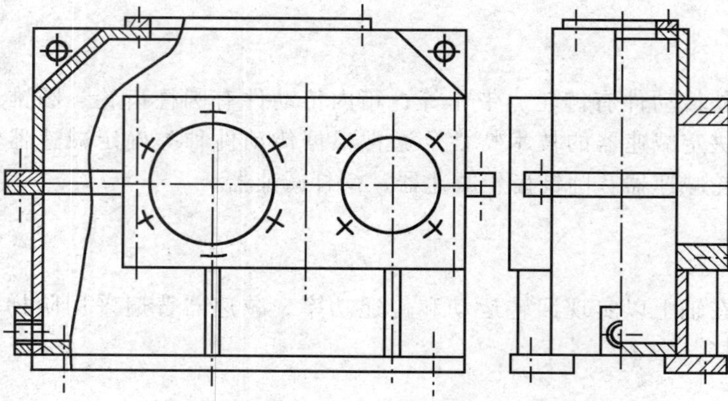

图 4-4　焊接箱体

4.1.3 附件

为了使减速器具备较完善的性能，如注油、排油、通气、吊运、检查油面高度、检查传动件啮合情况、保证加工精度和装拆方便等，在减速器箱体上常需设置某些装置或零件，将这些装置和零件及箱体上相应的局部结构统称为减速器附属装置或简称为附件。它们包括视孔与视孔盖、通气器、油标、放油螺塞、定位销、启盖螺钉、吊运装置、油杯等。

1. 视孔和视孔盖

视孔和视孔盖用于检查传动件的啮合情况，如检查接触斑点和齿侧间隙，并可通过视孔向箱内注入润滑油。视孔平时用视孔盖封住，盖板底部垫有纸质封油垫片以防止漏油。

2. 通气器

通气器用于沟通箱体内、外的气流，使箱体内、外气压平衡，避免在运转过程中，由于箱体内油温升高使内压增大，造成减速器密封处润滑油渗漏。

3. 油标

油标用于检查油面高度，以保证有正常的油量。

4. 放油孔及螺塞

为了换油及清洗箱体时排出污油，在箱座底部设置放油孔。平时放油孔用螺塞堵住，并配有封油垫圈。

5. 启盖螺钉

在箱盖与箱座接合面涂有密封胶或水玻璃时，接合面牢固地“粘接”在一起而不易分开。为此在箱盖凸缘上装有 1～2 个启盖螺钉，以便于启盖。

6. 定位销

为了保证箱体轴承座孔的镗孔精度和装配精度，需在箱体凸缘上安装两个圆锥定位销。定位销孔是在上下箱体接合面经加工并用连接螺栓紧固连接后，在轴承座孔之前加工的。定位销的公称直径（小端直径）范围见表 4-1，并圆整为标准值。

表 4-1　铸铁减速器箱体结构尺寸　　（单位：mm）

<table>
<tr><th rowspan="2">名　　称</th><th rowspan="2">符号</th><th colspan="4">减速器类型及尺寸关系</th></tr>
<tr><th colspan="2">齿轮减速器</th><th>圆锥齿轮减速器</th><th>蜗杆减速器</th></tr>
<tr><td rowspan="4">箱座壁厚</td><td rowspan="4">δ</td><td>一级</td><td>$0.025a+1\geqslant 8$</td><td rowspan="3">$0.0125(d_{1m}+d_{2m})+1\geqslant 8$
或 $0.01(d_1+d_2)+1\geqslant 8$
d_1、d_2——小、大圆锥齿轮的大端直径
d_{1m}、d_{2m}——小、大圆锥齿轮的平均直径</td><td rowspan="3">$0.04a+3\geqslant 8$</td></tr>
<tr><td>二级</td><td>$0.025a+3\geqslant 8$</td></tr>
<tr><td>三级</td><td>$0.025a+5\geqslant 8$</td></tr>
<tr><td colspan="4">考虑铸造工艺，所有壁厚都不应小于 8</td></tr>
<tr><td rowspan="3">箱盖壁厚</td><td rowspan="3">δ_1</td><td>一级</td><td>$(0.8\sim0.85)\delta\geqslant 8$</td><td rowspan="3">$(0.8\sim0.85)\delta\geqslant 8$</td><td rowspan="3">蜗杆在上：
$\approx\delta$
蜗杆在下：
$=0.85\delta\geqslant 8$</td></tr>
<tr><td>二级</td><td>$(0.8\sim0.85)\delta\geqslant 8$</td></tr>
<tr><td>三级</td><td>$(0.8\sim0.85)\delta\geqslant 8$</td></tr>
<tr><td>箱座凸缘厚度</td><td>b</td><td colspan="4">1.5δ</td></tr>
<tr><td>箱盖凸缘厚度</td><td>b_1</td><td colspan="4">$1.5\delta_1$</td></tr>
<tr><td>箱座底凸缘厚度</td><td>b_2</td><td colspan="4">2.5δ</td></tr>
<tr><td>地脚螺栓直径</td><td>d_f</td><td colspan="2">$0.036a+12$</td><td>$0.018(d_{1m}+d_{2m})+1\geqslant 12$
或 $0.015(d_1+d_2)-1\geqslant 12$</td><td>$0.036a+12$</td></tr>
<tr><td>地脚螺栓数目</td><td>n</td><td colspan="2">$a\leqslant 250$ 时，$n=4$
$a>250\sim500$ 时，$n=6$
$a>500$ 时，$n=8$</td><td>$n=\frac{\text{箱座底凸缘周长之半}}{200\sim300}\geqslant 4$</td><td>4</td></tr>
<tr><td>轴承旁连接螺栓直径</td><td>d_1</td><td colspan="4">$0.75d_f$</td></tr>
<tr><td>箱盖与箱座连接螺栓直径</td><td>d_2</td><td colspan="4">$(0.5\sim0.6)d_f$</td></tr>
<tr><td>连接螺栓 d_2 的间距</td><td>l</td><td colspan="4">150～200</td></tr>
<tr><td>轴承端盖螺钉直径</td><td>d_3</td><td colspan="4">$(0.4\sim0.5)d_f$</td></tr>
<tr><td>视孔盖螺钉直径</td><td>d_4</td><td colspan="4">$(0.3\sim0.4)d_f$</td></tr>
<tr><td>定位销直径</td><td>d</td><td colspan="4">$(0.7\sim0.8)d_2$</td></tr>
<tr><td>d_f、d_1、d_2 至外箱壁距离</td><td>c_1</td><td colspan="4">见表 4-2</td></tr>
<tr><td>d_f、d_2 至凸缘边缘距离</td><td>c_2</td><td colspan="4">见表 4-2</td></tr>
<tr><td>轴承旁凸台半径</td><td>R_1</td><td colspan="4">c_2</td></tr>
<tr><td>凸台高度</td><td>h</td><td colspan="4">根据低速级轴承座外径确定，以便于扳手操作为准（图 4-10）</td></tr>
<tr><td>外箱壁至轴承座端面距离</td><td>l_1</td><td colspan="4">$c_1+c_2+(5\sim8)$</td></tr>
<tr><td>大齿轮齿顶圆（蜗轮外圆）与内机壁距离</td><td>Δ_1</td><td colspan="4">$\geqslant\delta$</td></tr>
<tr><td>齿轮端面与内机壁距离</td><td>Δ_2</td><td colspan="4">$\geqslant\delta$</td></tr>
<tr><td>箱盖、箱座肋厚</td><td>m_1、m</td><td colspan="4">$m_1\approx0.85\delta_1$　$m\approx0.85\delta$</td></tr>
<tr><td>轴承端盖外径</td><td>D_2</td><td colspan="4">凸缘式端盖：$D+(5\sim5.5)d_3$；嵌入式端盖：$1.25D+10$，D——轴承外径</td></tr>
<tr><td>轴承旁连接螺栓距离</td><td>s</td><td colspan="4">尽量靠近，以 d_1 和 d_3 互不干涉为准，一般取 $s\approx D_2$</td></tr>
</table>

注：多级传动时，a 取低速级中心距。对圆锥-圆柱齿轮减速器，按圆柱齿轮传动中心距取值。

7. 起吊装置

起吊装置用于吊运箱盖、箱座或整个减速器，包括吊环螺钉、吊耳、吊钩等。

8. 油杯

油杯用来给轴承加润滑脂。

4.2 减速器箱体的结构

4.2.1 箱体的结构形式

箱体的主要作用是支撑和固定轴系零部件，保证在外载荷作用下传动件运动准确可靠，并具有良好的润滑和密封条件。箱体常采用铸铁铸造，特别是在批量生产中。铸造箱体具有良好的刚性和吸振性，易于机加工，其缺点是质量较大。对于单件或小批量生产，特别是大型减速器，也可采用焊接箱体，它质量轻，生产周期短，但焊接中容易产生热变形，故要求有较高的技术水平，并且在焊接后需进行退火处理。箱体结构有剖分式和整体式两种结构形式，对齿轮减速器，在没有特殊要求时，都采用剖分面沿齿轮轴线水平面的剖分式结构。蜗杆减速器箱体既可采用沿蜗轮轴线水平剖分的结构，也可采用整体式结构。剖分式结构其安装维护方便，因此得到了广泛的应用。图 4-1～图 4-3中箱体均为剖分式结构。一般减速器只有一个剖分面，而对于大型立式减速器，为便于制造和安装，也可采用两个剖分面。

4.2.2 箱体结构尺寸

箱体结构尺寸及相关零件的尺寸关系经验值见表 4-1、图 4-5 和表 4-2，结构尺寸需圆整。

表 4-2 c_1、c_2 值 （单位：mm）

螺栓直径	M8	M10	M12	(M14)	M16	(M18)	M20	(M22)	M24	(M27)	M30
$c_1 \geqslant$	13	16	18	20	22	24	26	30	34	36	40
$c_2 \geqslant$	11	14	16	18	20	22	24	26	28	32	34
沉头座直径	18	22	26	30	33	36	40	43	48	53	61

注：带括号者为第 2 系列。

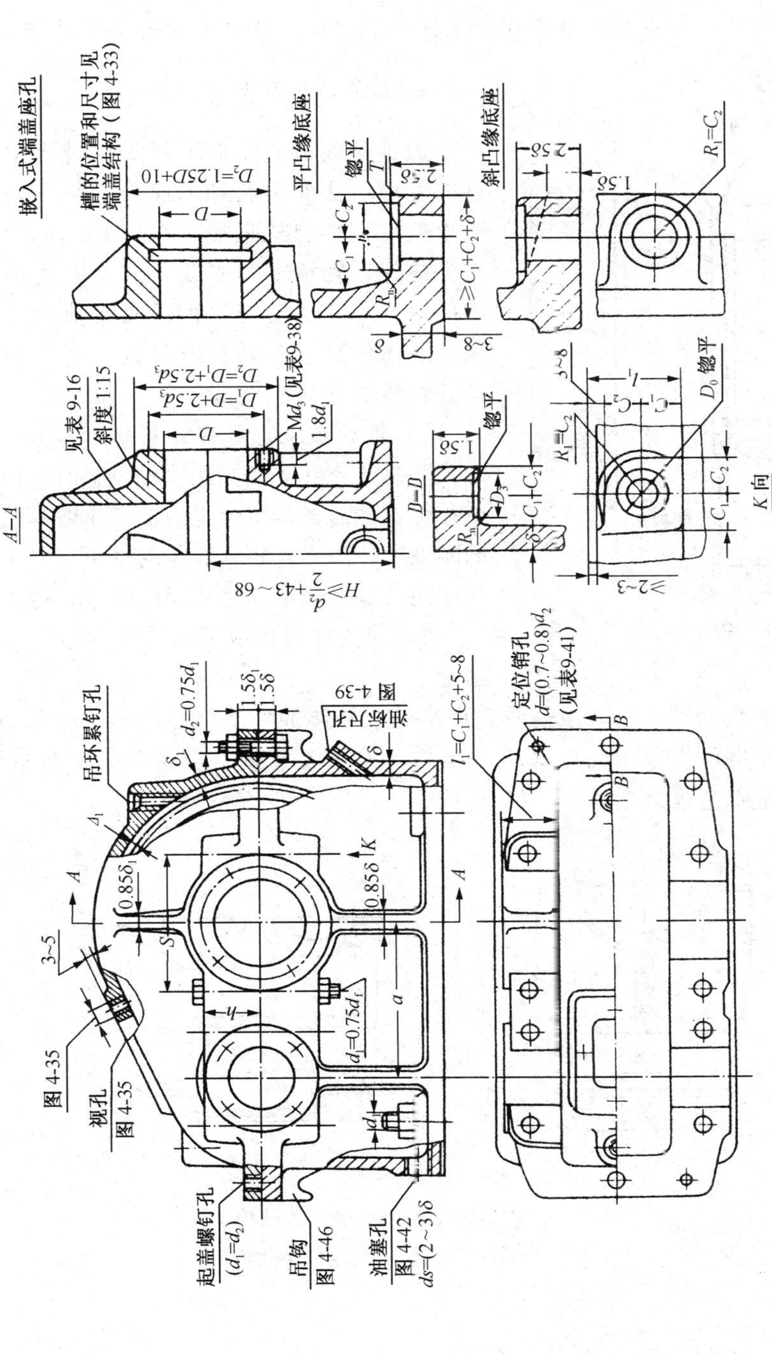

图 4-5　圆柱齿轮减速器箱体结构尺寸（对照表 4-1）

4.2.3 箱体结构设计应满足的基本要求

设计箱体结构，要保证箱体有足够的刚度、可靠的密封和良好的工艺性。

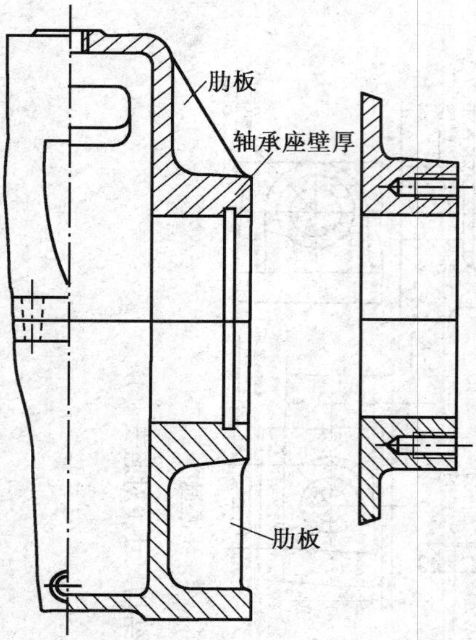

图 4-6 轴承座孔

1. 箱体的刚度

为了避免箱体在加工和工作过程中产生不允许的变形，从而引起轴承座中心线歪斜，使齿轮产生偏载，影响减速器正常工作，在设计箱体时，首先应保证轴承座的刚度。为此应使轴承座有足够的壁厚，并加设支撑肋板或在轴承座处采用凸壁式箱体结构，当轴承座是剖分式结构时，还要保证箱体的连接刚度。

1) 轴承座应有足够的壁厚

当轴承座孔采用凸缘式轴承盖时，由于安装轴承盖螺钉的需要，所确定的轴承座壁厚已具有足够的刚度。使用嵌入式轴承盖的轴承座时，一般应取与使用凸缘式轴承盖时相同的壁厚，见图 4-6。

2) 加支撑肋板或采用凸壁式箱体提高轴承座刚度

为提高轴承座刚度，一般减速器采用平壁式箱体加外肋结构，见图 4-7(a)。

大型减速器也可以采用凸壁式箱体结构，见图 4-7(b)，其刚度大，外表整齐、光滑，但箱体制造工艺复杂。

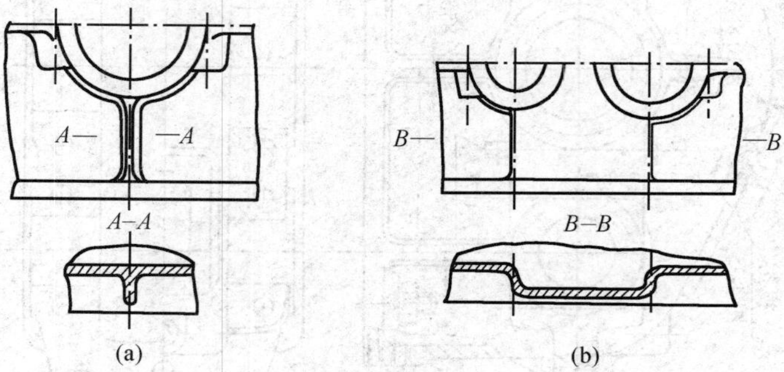

图 4-7 提高轴承座刚度的箱体结构

(a) 平壁式箱体加外肋；(b) 凸壁式箱体

3) 为提高剖分式轴承座刚度设置凸台

为提高剖分式轴承座的连接刚度，轴承座孔两侧的连接螺栓要适当靠近，相应在孔两旁设置凸台。

（1）s 值的确定。轴承座孔两侧螺栓的距离 s 不宜过大也不宜过小，一般取 $s=D_2$，D_2 为凸缘式轴承盖的外圆直径。s 过大（图 4-8），不设凸台，轴承座刚度差；s 过小（图 4-9），螺栓孔可能与轴承盖螺孔干涉，还可能与输油沟干涉，为保证扳手空间将会不必要地加大凸台高度。

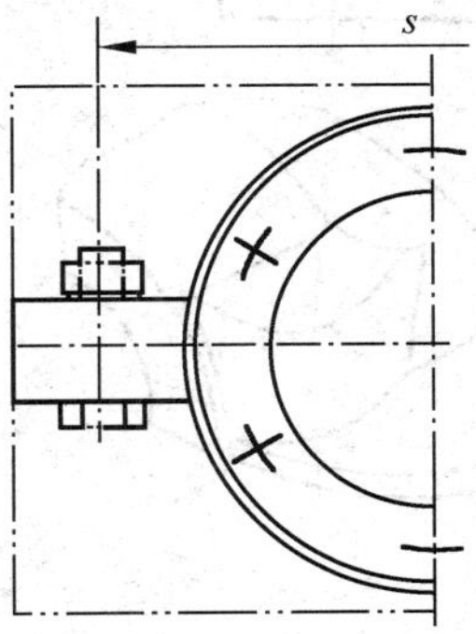

图 4-8　s 值过大

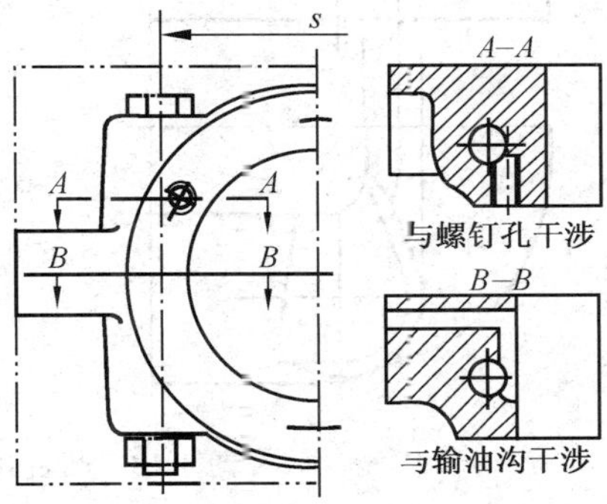

图 4-9　s 值过小

（2）凸台高度 h 值的确定。凸台高度 h 由连接螺栓中心线位置（s 值）和保证装配时有足够的扳手空间（c_1 值）来确定，其确定过程见图 4-10。为制造加工方便，各轴承座凸台高度应当一致，并且按最大轴承座凸台高度确定。

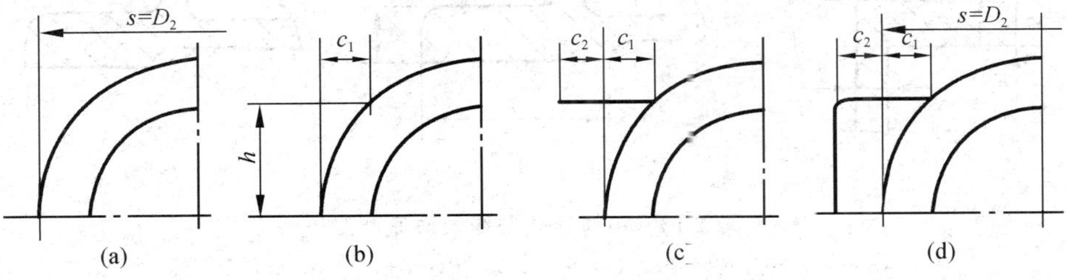

图 4-10　凸台高度的确定过程

凸台结构三视图关系如图 4-11 所示。位于高速级一侧箱盖凸台与箱壁结构的视图关系如图 4-12 所示（凸台位置在箱壁外侧）。

4）凸缘应有一定厚度

为了保证箱盖与箱座的连接刚度，箱盖与箱座的连接凸缘应较箱壁 δ 厚些，约为 1.5δ，见图 4-13（a）。

为了保证箱体底座的刚度，取底座凸缘厚度为 2.5δ，底面宽度 B 应超过内壁位置，一般 $E=c_1+c_2+2\delta$；c_1、c_2 为地脚螺栓扳手空间的尺寸。图 4-13（b）为正确结构，图 4-13（c）所示结构是不正确的。

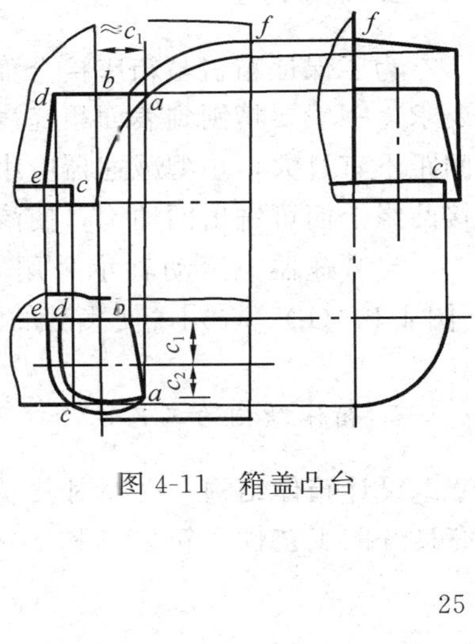

图 4-11　箱盖凸台

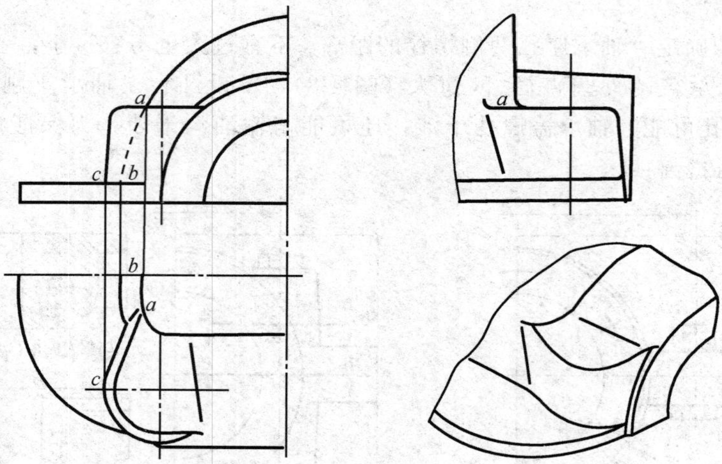

图 4-12　凸台在箱壁外侧

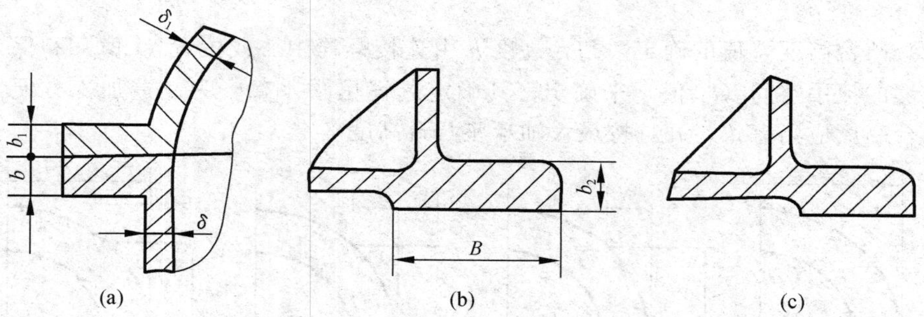

图 4-13　箱体连接凸缘及底座凸缘

(a) $b_1=1.5\delta_1$，$b=1.5\delta$；(b) $b_2=2.5\delta$，$B=c_1+c_2+2\delta$；(c) 不正确

2. 箱体的密封

为了保证箱盖与箱座接合面的密封，对接合面的几何精度和表面粗糙度应有一定要求，一般要精刨到表面粗糙度值小于 $R_a=1.6\mu m$，重要的需刮研。凸缘连接螺栓的间距不宜过大，小型减速器应小于 100～150mm，为了提高接合面的密封性，在箱座连接凸缘上面可铣出回油沟，使渗向接合面的润滑油流回油池，见图 4-14 (a)。

当减速器中滚动轴承采用飞溅润滑或刮板润滑时，常在箱座结合面上制出油沟[图 4-14 (b)、(c)]，使飞溅的润滑油沿箱盖壁汇入油沟流入轴承室。

3. 箱体结构的工艺性

设计箱体结构，必须对其制造工艺要求和过程有清楚的了解，才能使设计的箱体有良好的工艺性。箱体结构工艺性对箱体制造质量、成本、检修维护等有直接影响，

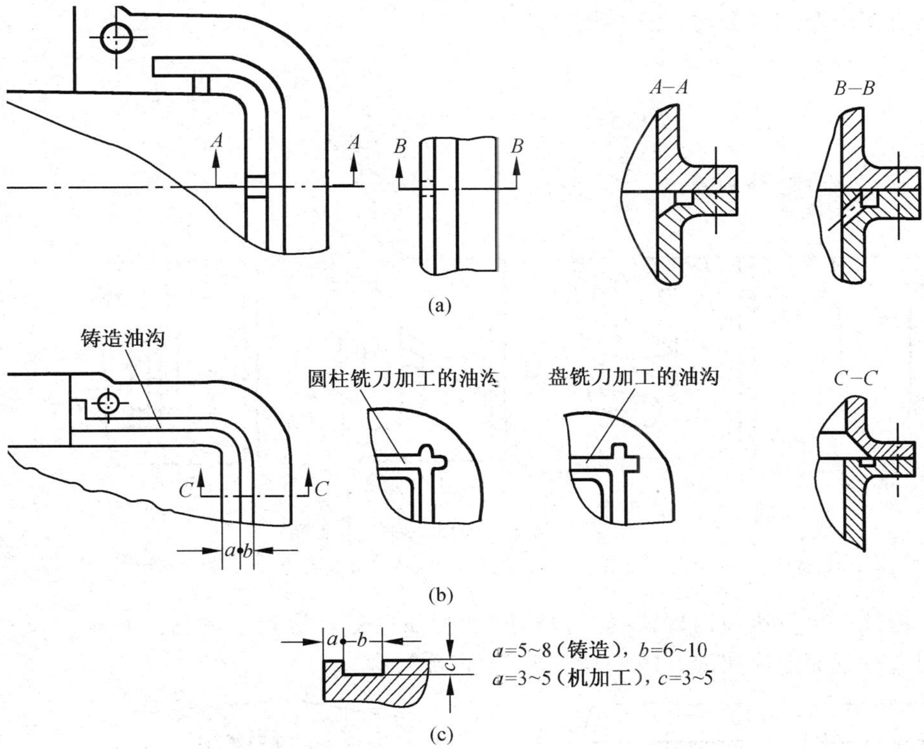

图 4-14　回泊沟和输油沟

（a）回油沟；（b）输油沟；（c）油沟的断面尺寸

医此设计时应十分重视。

1）铸造工艺性

在设计铸造箱体时，应力求壁厚均匀，过渡平缓，金属无局部积聚，起模容易等。

（1）为保证液态金属流动通畅，铸件壁厚不可过薄。

（2）为避免缩孔或应力裂纹，壁与壁之间应采用平缓的过渡结构。

（3）为避免金属积聚，两壁间不宜采用锐角连接，图 4-15（a）为正确结构，图 4-15（b）为不正确结构。

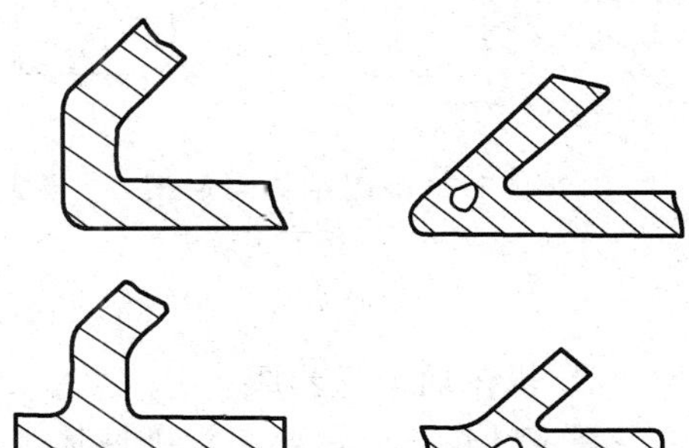

图 4-15　两壁连接

（a）王确；（b）不正确

（4）设计铸件应考虑起模方便。为便于起模，铸件沿起模方向应有（1∶10）～（1∶20）的斜度。铸造箱体沿起模方向有凸起结构时，将需在模型上设置活块，使造型中起模复杂，见图 4-16，故应尽量减少凸起结构。当有多个凸起部分时，应尽量将其连成一体，见图 4-17（b），以便起模。

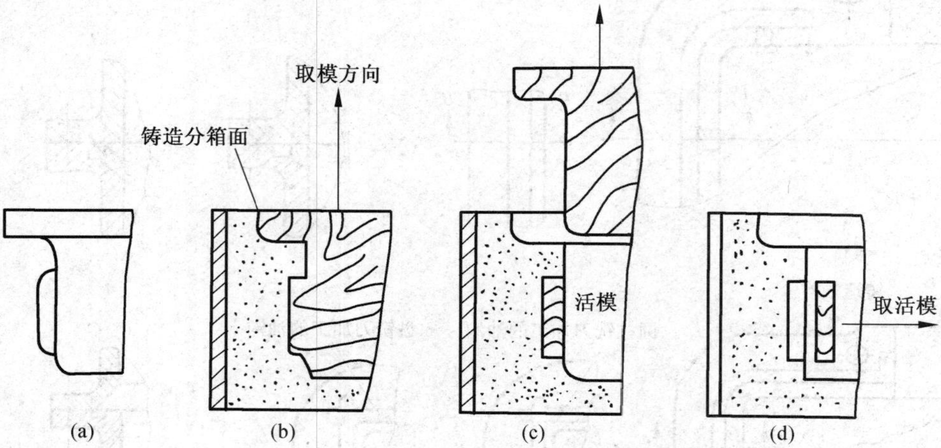

图 4-16　凸起结构与起模——需用活模

（a）铸件；（b）整体木模不能取出；（c）取出主体，留下活模；（d）取出活模

（5）铸件应尽量避免出现狭缝，因这时砂型强度差，易产生废品。图 4-18（a）中两凸台距离过近而形成狭缝，图 4-18（b）为正确结构。

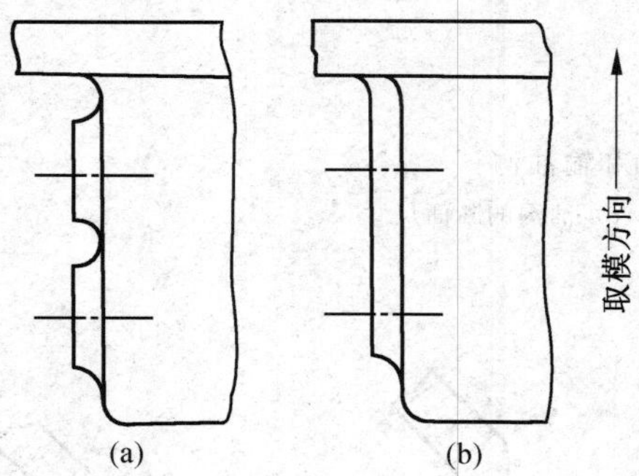

图 4-17　凸起结构与起模——凸起连接不用活模

（a）不好；（b）好

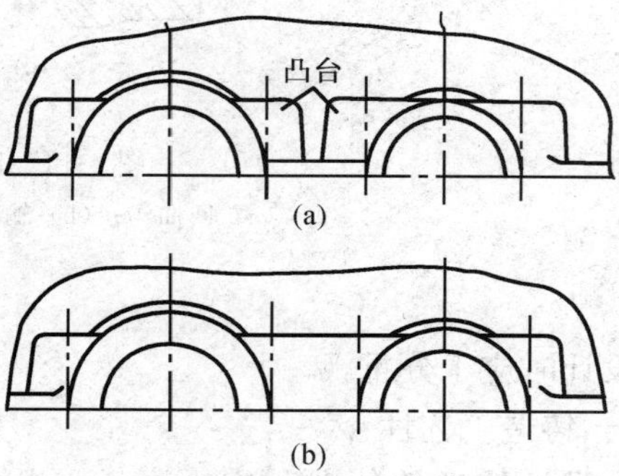

图 4-18　凸台设计避免狭缝

（a）不正确；（b）正确

2）机械加工工艺性

在设计箱体时，要注意机械加工工艺性要求，尽可能减少机械加工面积和刀具的调整次数，加工面和非加工面必须严格区分开等。

（1）箱体结构设计要避免不必要的机械加工。图 4-19 为箱座底面结构。支撑地脚底面宽度 B ［$B=c_1+c_2+2\delta$，见图 4-13（b）］具有足够的刚度。这一宽度值也能满足减速器安装时对支撑面宽度的要求，若再增大宽度从而增大机械加工面积是不经济的。图 4-19（a）中全部进行机械加工的底面结构是不正确的。中、小型箱座多采用图 4-19（b）的结构形式，大型箱座则采用图 4-19（c）的结构形式。

（2）为了保证加工精度和缩短加工时间，应尽量减少机械加工过程中刀具的调整

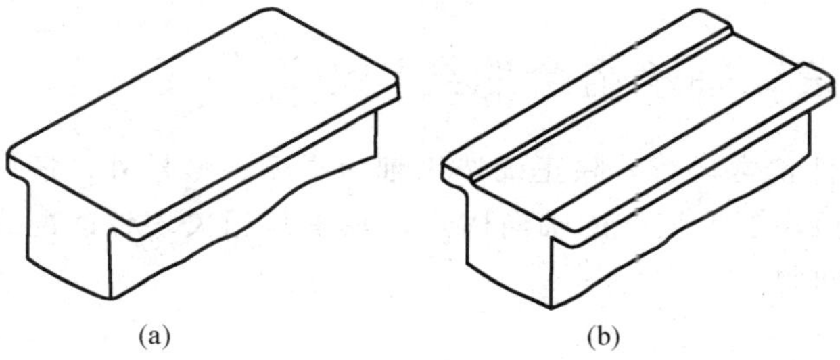

图 4-19　箱座底面结构

（a）不正确；（b）中、小型；（c）大型

次数。

例如，同一轴线的两轴承座孔直径宜取相同值，以便于镗削和保证镗孔精度；又如，各轴承座孔外端面应在同一平面上，见图 4-20（b），图 4-20（a）是不正确的。

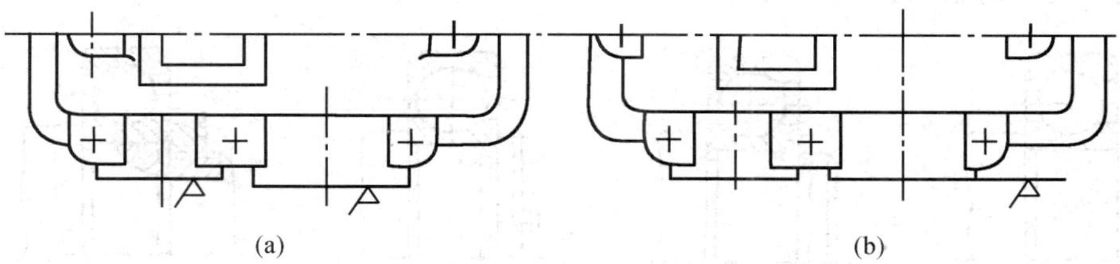

图 4-20　箱体轴承座端面结构

（a）不正确；（b）正确

（3）设计铸造箱体时，箱体上的加工面与非加工面应严格分开，并且不应在同一平面内，如箱体与轴承端盖的结合面，视孔盖、油标和放油塞结合处，与螺栓头部或螺母接触处，都应做出凸台（凸起高度 h），见图 4-21；也可将与螺栓头部或螺母的接触面锪出沉头座坑。

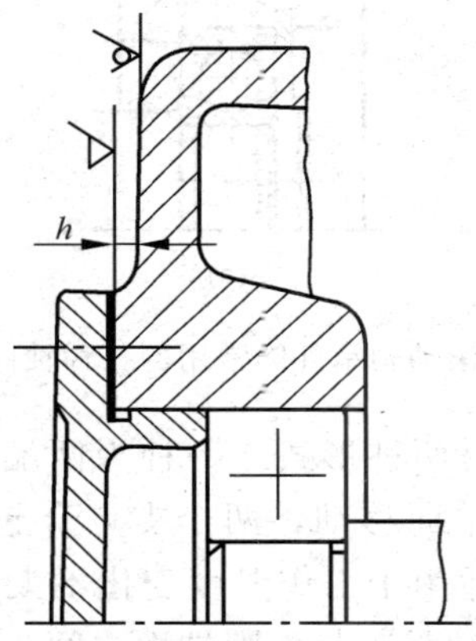

图 4-21　加工表面与非加工表面应当分开

4.3　滚动轴承组合的结构设计

为了保证轴与轴上旋转零件正常运行，除正确选用轴承类型、型号外，还应解决轴承组合的结构问题，其中包括，轴承组合的轴向固定，轴承与相关零件的配合，间隙调整、装拆、润滑等一系列问题。

4.3.1 轴系部件的轴向固定

图 4-22 为单个滚动轴承内圈常用的四种轴向固定方法：图 4-22（a）为利用轴肩作为单向固定，它能承受大的单向的轴向力；图 4-22（b）为利用轴肩和轴用弹性挡圈做双向固定，挡圈能承受的轴向力不大；图 4-22（c）为利用轴肩和轴端挡板做双向固定，挡板能承受中等的轴向力；图 4-22（d）为利用轴肩和圆螺母、止动垫圈做双向固定，能承受大的轴向力。

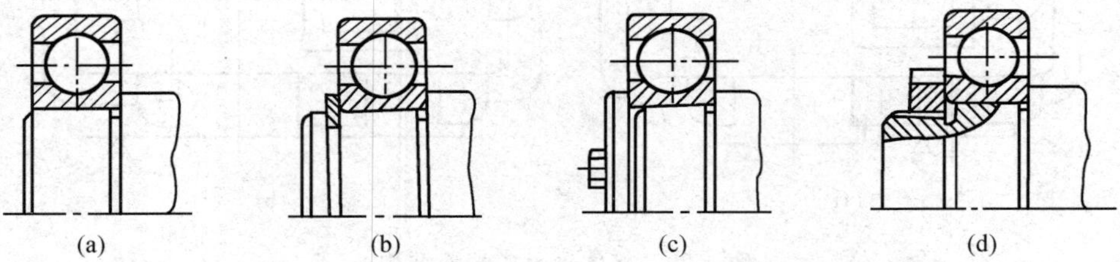

图 4-22　滚动轴承内圈常用的四种轴向固定方法

图 4-23 为滚动轴承外圈常用的三种轴向固定方法：图 4-23（a）为利用轴承盖做单向固定，能承受大的轴向力；图 4-23（b）为利用孔内凸肩和孔用弹性挡圈做双向固定，挡圈能承受的轴向力不大；图 4-23（c）为利用孔内凸肩和轴承盖做双向固定，能承受大的轴向力。

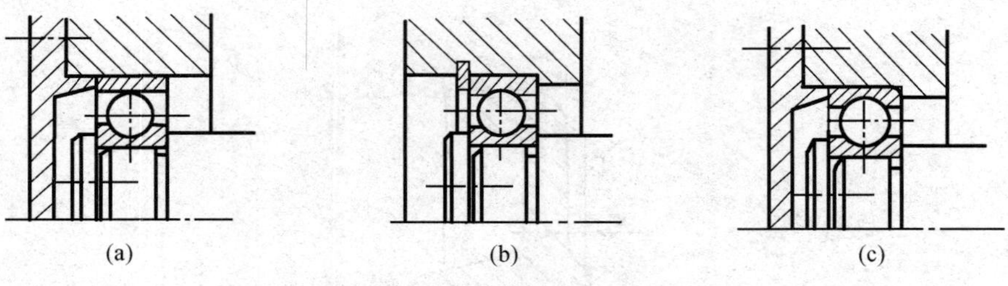

图 4-23　滚动轴承外圈常用的三种轴向固定方法

滚动轴承组合的轴向固定有两种形式：一种为两端固定如图 4-24 所示，轴的两个支点分别限制轴在不同方向的单向移动，两个支点合起来便可限制轴的双向移动，这种固定方式称为两端固定。它适用于工作温度变化不大的短轴。考虑到轴因受热伸长，对于深沟球轴承（6 类），可在轴承盖与外圈端面之间，留出热补偿间隙 0.2～0.3mm。

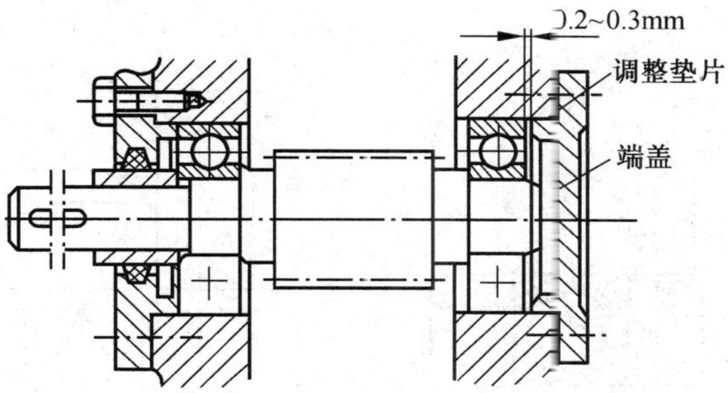

图 4-24　两端固定方法

另一种为如图 4-25 所示的为一端固定（一端游动）。轴的两个支点中只有一个支点（左端）限制轴的双向移动，另一个支点则可做轴向移动，一端固定方式适用于温度变化较大的长轴。

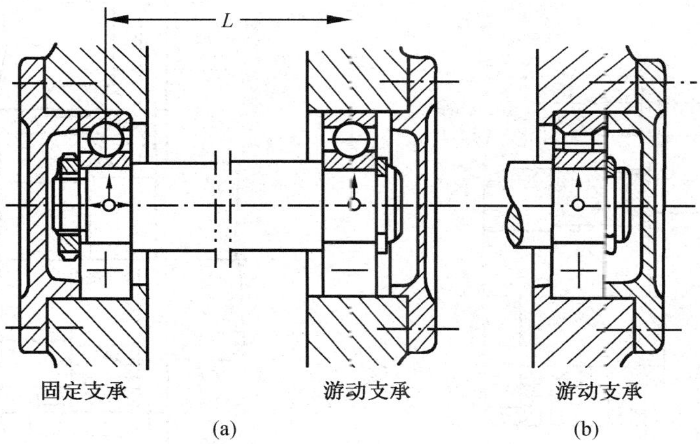

图 4-25　一端固定方法

两支点的轴承组合，既要保证轴向固定，又要允许有小量的伸缩余地，作为热膨胀的补偿。

轴承盖与轴承外端面间，靠加减轴承盖与机座间调整垫片的厚度，用来补偿轴系零件轴向尺寸制造误差、调整轴承游隙和少量调整齿轮的轴向位置。

4.3.2 确定轴承在箱体座孔中的轴向位置

轴承的轴向位置与轴承的润滑方式有关。当轴承采用脂润滑时，为防止箱内润滑油进入轴承，造成润滑脂稀释而流出，通常在箱体轴承座内端面一侧装设封油环。其结构尺寸和安装位置见图 4-26 及图 4-27（a）；当轴承采用机体内的润滑油润滑时，轴承内侧端面与箱体内壁可重合或留少许距离，取 0～3mm，如图 4-28（a）所示。

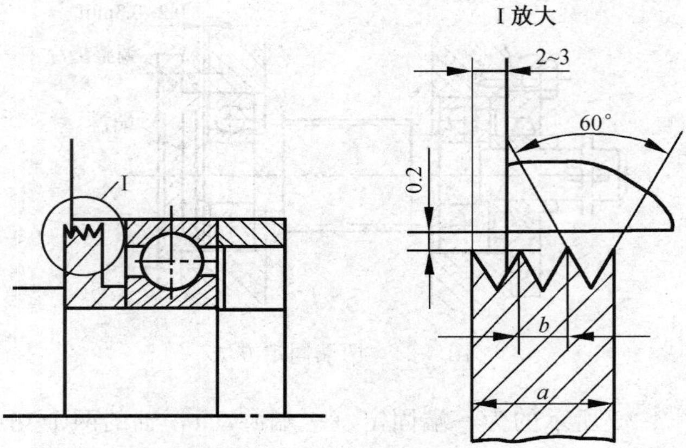

$a=6\sim9$mm；$b=2\sim3$mm

图 4-26　封油环

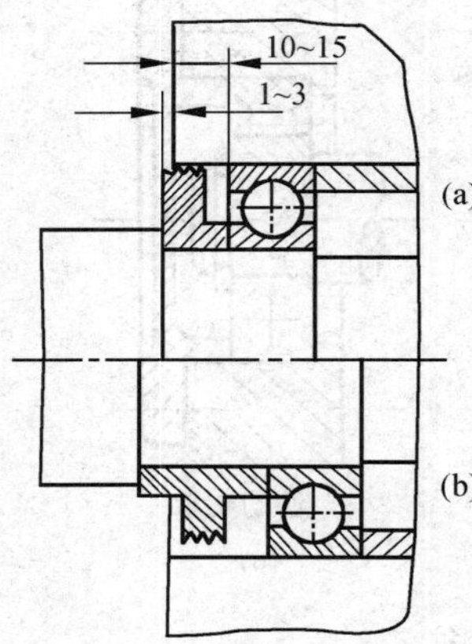

图 4-27　脂润滑时封油环和轴承位置

（a）正确；（b）不正确

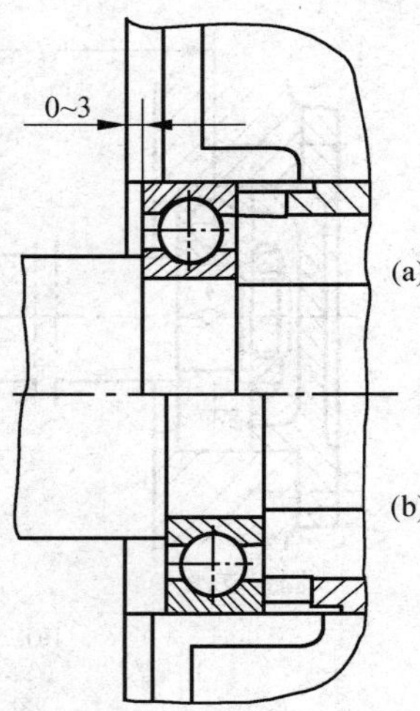

图 4-28　油润滑时的轴承位置

（a）正确；（b）不正确

4.3.3　滚动轴承的配合

为了防止轴承内圈与轴、外圈与外壳孔在机器运转时产生不应有的相对滑动，必须选择正确的配合。通常轴与内圈采用适当的紧配合是防止轴与内圈相对滑动的最简单而有效的方法。特别是对于轴承的薄壁套圈，采用适当的紧配合可使轴承套圈在运转时受力均匀，以致轴承的承载能力得到充分的发挥。但是轴承的配合又不能太紧，因内圈的弹性膨胀和外圈的收缩而使轴承径向游隙减小以致完全消除，从而影响正常运转。

由于滚动轴承是标准件，它在公差与配合方面有下述特点：①轴承内孔与轴的配合采用基孔制，轴承外圈与轴承座孔的配合采用基轴制；②轴承是外购件，配合不需标注轴承内径和外径的公差符号，其标注如图 4-29 所示。

选择轴承配合时应考虑的因素有：

（1）载荷的大小、方向和性质。承载较大的，选较紧的配合；承受旋转载荷的，选较紧的配合；承受局部载荷的，选较松的配合（如外圈不动，内圈随轴转动的向心轴承，若载荷方向不变，则外圈承受局部载荷选择松的配合，内圈承受旋转载荷应选较紧的配合）。

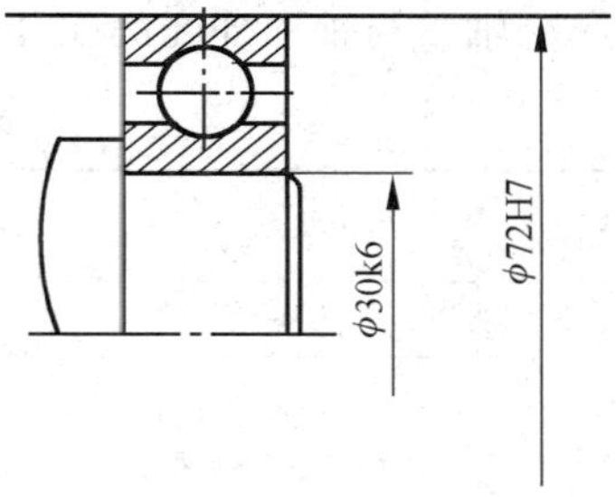

图 4-29　滚动轴承的配合标注

（2）经常装拆的，要选间隙配合或过渡配合，以便装拆。

（3）游动支承轴承的外圈选间隙配合，使外圈能沿轴向游动，但不能转动。

（4）转速较高、振动强烈的，选过盈配合。由于内圈、外圈都是薄壳元件，一般不宜选过盈量太大的配合。轴常用 n6、m6、k6、js6 等公差带；座孔常用 J7、J6、H7、G7 等公差带。

轴承与轴和外壳配合的常用公差带见图 4-30 和图 4-31。

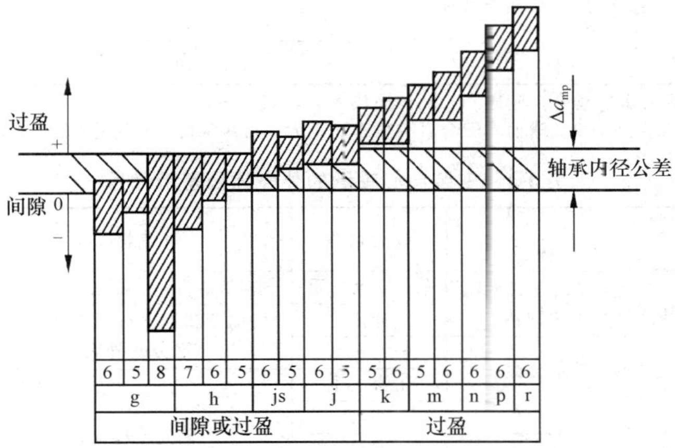

图 4-30　轴承与轴配合的常用公差带关系

注：Δd_{mp}为轴承内圈单一平面平均内径的偏差

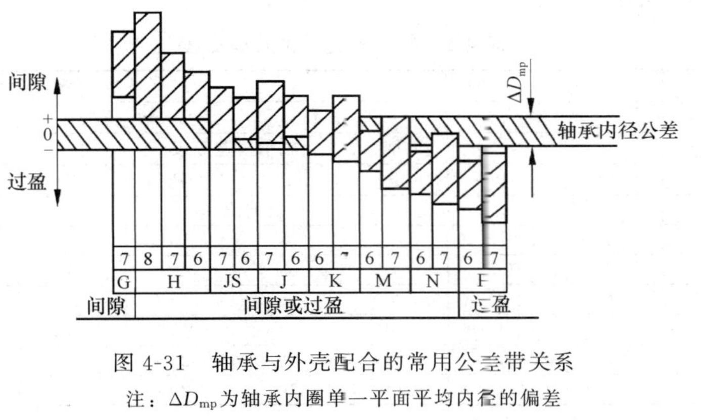

图 4-31　轴承与外壳配合的常用公差带关系

注：ΔD_{mp}为轴承内圈单一平面平均内径的偏差

轴承与轴和外壳的配合详见表 4-3～表 4-6。

表 4-3　安装向心轴承的轴公差带代号

运转状态		载荷状态	深沟球轴承 角接触球轴承	圆柱滚子轴承 圆锥滚子轴承	调心滚子 轴　承	公差带
说　明	举　例		轴承公称内径 d/mm			
内圈相对于载荷方向旋转或摆动	传送带、机床（主轴）、泵、通风机	轻 $P_r \leqslant 0.07C_r$	≤18 ＞18～100 ＞100～200	— ≤40 ＞40～140	— ≤40 ＞40～140	h5 j6① k6①
	变速箱、一般通用机械、内燃机木工机械	正常 $P_r=(0.07\sim0.15)C_r$	≤18 ＞18～100 ＞100～140 ＞140～200	— ≤40 ＞40～100 ＞100～140	— ≤40 ＞40～100 ＞100～140	j5，js5 k5② m5 m6
	破碎机、铁路车辆、轧机	重 $P_r>0.15C_r$		＞50～140 ＞140～200	＞50～100 ＞100～140	n6 p6
内圈相对于载荷方向静止	静止轴上的各种轮子	所有载荷	所有尺寸			f6，g6①
	张紧滑轮、绳索轮					h6，j6
仅受轴向载荷			所有尺寸			j6，js6

① 凡对精度有较高要求的场合，应用 j5，k5，…代替 j6，k6，…。
② 单列圆锥滚子轴承、角接触球轴承配合对游隙影响不大，可用 k6、m6 代替 k5、m5。

表 4-4　安装向心轴承的外壳孔公差带代号

运转状态		载荷状态	其他状况	公差带①	
说　明	举　例			球轴承	滚子轴承
外圈相对于载荷方向静止	一般机械、电动机、铁路机车车辆轴箱	轻、正常、重	轴向易移动，可采用剖分式外壳	H7，G7②	
		冲击	轴向能移动，可采用整体或剖分式外壳	J7，JS7	
外圈相对于载荷方向摆动	曲轴主轴承、泵、电动机	轻、正常			
		正常、重	轴向不移动，采用整体式外壳	K7	
		冲击		M7	
外圈相对于载荷方向旋转	张紧滑轮、轴毂轴承	轻		J7	K7
		正常		K7，M7	M7，N7
		重		—	N7，P7

① 并列公差带随尺寸的增大从左至右选择，对旋转精度有较高要求时，可相应提高一个公差等级。
② 不适用于剖分式外壳。

表 4-5　轴和外壳孔的形位公差

基本尺寸/mm		圆柱度				端面圆跳动			
		轴　颈		外壳孔		轴　肩		外壳孔肩	
		轴承公差等级							
		/P0	/P6	/P0	/P6	/P0	/P6	/P0	/P6
大　于	至	公差值/μm							
18	30	4	2.5	6	4	10	6	15	10
30	50	4	2.5	7	4	12	8	20	12
50	80	5	3	8	5	15	10	25	15
80	120	6	4	10	6	15	10	25	15
120	180	8	5	12	8	20	12	30	20
180	250	10	7	14	10	20	12	30	20

表 4-6 配合表面的表面粗糙度

配合表面	轴承公差等级	配合表面的尺寸公差等级	轴承公称内径或外径/mm	
			至 80	大于 80～500
			表面粗糙度参数 R_a/μm	按 GB 1031—1983
轴 颈	/P0	IT6	1	1.6
	/P6	IT5	0.63	1
外壳孔	/P0	IT7	1.6	2.5
	/P6	IT6	1	1.6
轴和外壳孔肩端面	/P0		2	2.5
	/P6		1.25	2

注：轴承装在紧定套或退卸套上时，轴颈表面粗糙度 R_a 值不大于 2.5μm。

4.3.4 轴承盖的结构和尺寸

轴承盖用于固定轴承，调整轴承间隙及承受轴向载荷，多用铸铁制造。结构形式分凸缘式（图 4-32）和嵌入式（图 4-33）两种。每种形式中，按是否有通孔又分为透盖［图 4-32（c）及图 4-33（c）］和闷盖［图 4-32（a）、（b）及图 4-33（a）、（b）］。嵌入式轴承盖有装 O 形密封圈和无密封圈两种。前者密封性能好，用于油润滑，后者用于脂润滑。

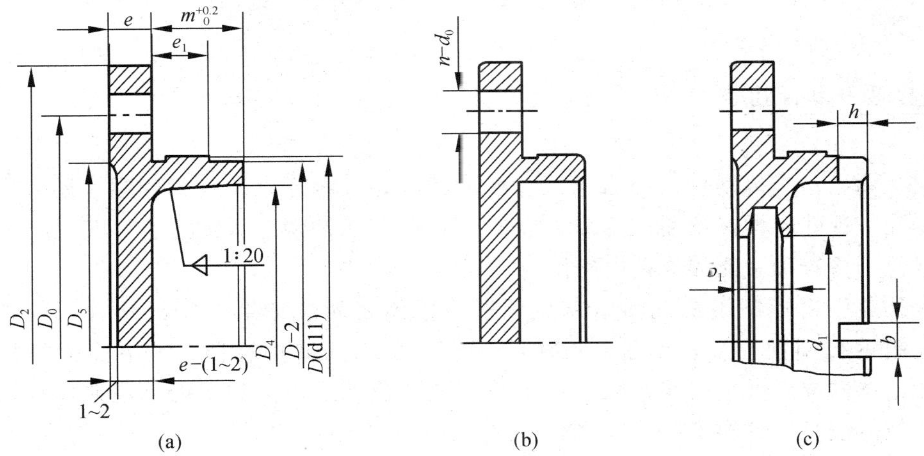

图 4-32 凸缘式轴承盖

$e=1.2d_3$，d_3 为螺钉直径；$D_0=D+(2\sim2.5)d_3+2s_2$（有套杯）；s_2 为套杯厚度；
$D_0=D+(2\sim2.5)d_3$（无套杯）；$D_2=D_0+(2.5\sim3)d_3$；$D_4=(0.85\sim0.9)D$；$D_5=D_0-(2.5\sim3)d_3$；
$d_0=d_3+1\sim2$mm，$D\leqslant100$mm 时，$n=4$；$D>100$mm 时，$n=6$；$b=8\sim10$mm；$h=(0.8\sim1)b$；
m 由结构确定；d_1、b_1 由密封装置确定

凸缘式轴承盖调整轴承间隙方便，密封性能好，应用广泛。嵌入式轴承盖不用螺钉连接，结构简单，但座孔中须镗削环形槽，加工麻烦。该结构调整轴承间隙不便，

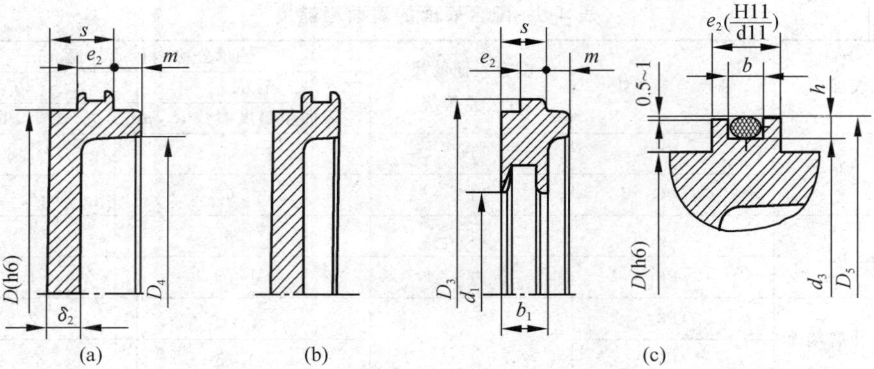

图 4-33　嵌入式轴承盖

用 O 形密封圈：$e_2=8\sim12$mm；$s=15\sim20$mm，$D_5=D_m$；$\delta_2=8\sim10$mm　不用密封圈：$e_2=5\sim8$mm；$s=10\sim15$mm；$D_3=D+e_2$；$D_4=(0.85\sim0.9)D$；m 由结构确定；d_1，b_1 由密封装置确定；D_m 为 O 形密封圈的外径 b、h 由 O 形密封圈截面直径确定

主要用于要求质量轻的运行设备的减速器上。

轴承盖多为铸件，绘图时须注意区分毛坯面与加工面。单件、小批生产时，可降低对铸造毛坯的精度要求，采用全部机械加工结构，如图 4-32（b）所示。

4.4　减速器附件的结构设计

4.4.1 视孔和视孔盖

视孔用于检查传动件的啮合情况、润滑状态、接触斑点及齿侧间隙，还可用来注入润滑油。视孔应设在箱盖的上部，以便于观察传动件啮合区的位置，其尺寸应足够大，以便于检查和手能伸入箱内操作。

视孔盖可用轧制钢板或铸铁制成，它和箱体之间应加纸质密封垫片，以防止漏油。轧制钢板制视孔盖，见图 4-34（a）及图 4-35，其结构轻便，上下面无须机械加工，无论单件或成批生产均常采用；铸铁制视孔盖，见图 4-34（b），需制木模，且有较多部位需进行机械加工，故应用较少。

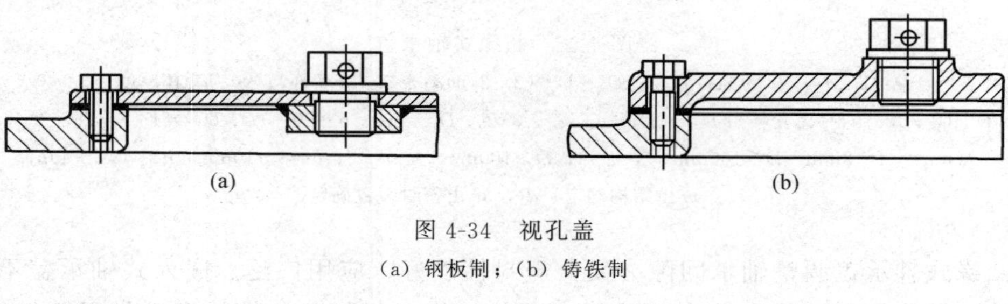

图 4-34　视孔盖

（a）钢板制；（b）铸铁制

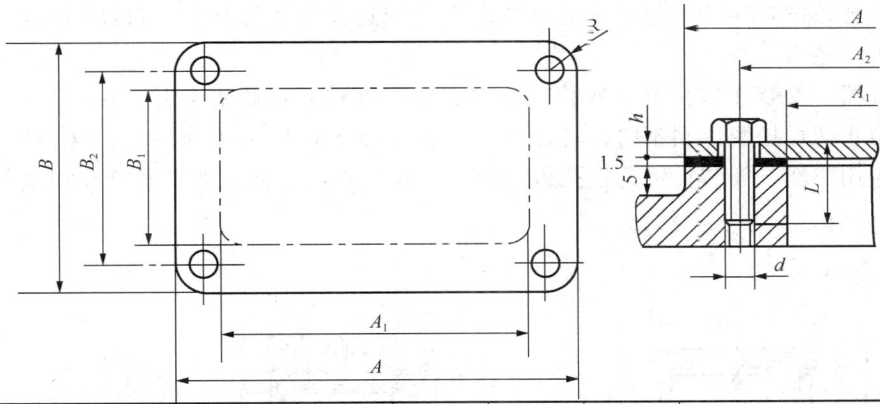

A	B	A_1	B_1	A_2	B_2	h	R	螺钉		
								d	L	个数
115	90	75	50	95	70	3	10	M8	15	4
160	135	100	75	130	105	3	15	M10	20	4
210	160	150	100	180	130	3	15	M10	20	6
260	210	200	150	230	180	4	20	M12	25	8
360	260	300	200	330	230	4	25	M12	25	8
460	360	400	300	430	330	6	30	M12	25	8

图 4-35　视孔及视孔盖

4.4.2 通气器

通气器用于通气，使箱内外气压一致，以避免由于运转时箱内油温升高、内压增大，从而引起减速器润滑油的渗漏。

图 4-36 为简易式通气器，其通气孔不直接通向顶端，以免灰尘落入，所以用于较

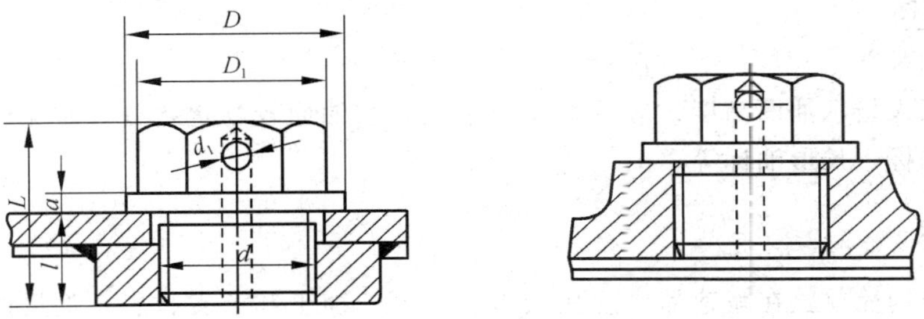

（单位：mm）

d	D	D_1	S	L	l	a	d_1
M12×1.25	18	16.5	14	19	10	2	4
M16×1.5	22	19.6	17	23	12	2	5
M20×1.5	30	25.4	22	28	15	4	6
M22×1.5	32	25.4	22	29	15	4	7
M27×1.5	38	31.2	27	34	18	4	8

图 4-36　简易式通气器

清洁的场合。图4-37 为有过滤网式通气器。当减速器停止工作后，过滤网可阻止灰尘随空气进入箱内。

通气器多安装在视孔盖上或箱盖上。安装在钢板制视孔盖上时，用一个扁螺母固定，为防止螺母松脱落到箱内，将螺母焊在视孔盖上，见图 4-34（a）。这种形式结构简单，应用广泛。安装在铸造视孔盖或箱盖上时，要在铸件上加工螺纹孔和端部平面，见图 4-34（b）。

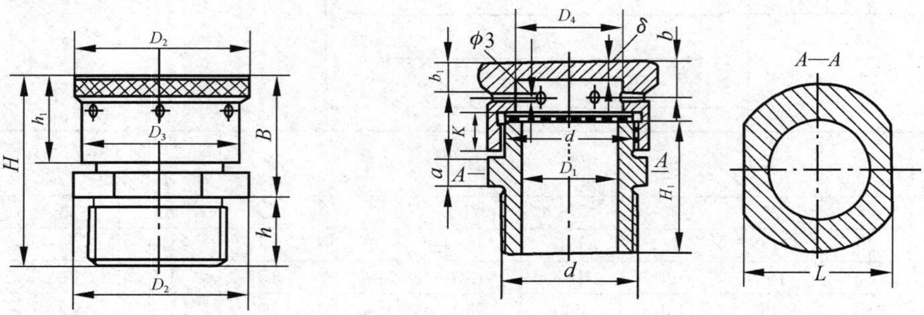

（单位：mm）

d	D_1	B	H	h	D_2	H_1	a	δ	K	b	h_1	b_1	D_3	D_4	L	孔数
M27×1.5	15	≈30	≈45	15	36	32	6	4	10	8	22	6	32	18	32	6
M36×2	20	≈40	≈60	20	48	42	8	4	12	11	29	8	42	24	41	6
M48×3	30	45	70	25	62	52	10	5	15	13	32	10	56	36	45	8

图 4-37　有过滤网式通气器

4.4.3 油标

油标用来指示油面高度，应设置在便于检查和油面较稳定之处。常见的油标有油尺、圆形油标、长形油标等。

1. 油尺

油尺结构简单，在减速器中应用较多。为便于加工和节省材料，油尺的手柄和尺杆常由两个元件铆接或焊接在一起，见图 4-38。油尺在减速器上安装，可采用螺纹连接，也可采用 H9/h8 配合装入。检查油面高度时拔出油尺，以杆上油痕判断油面高度。油尺上两条刻线的位置，分别对应最高和最低油面，见图 4-39。如果需要在运转过程中检查油面，为避免因油搅动影响检查效果，可在油尺外装隔离套，见图 4-40。

油尺多安装在箱体侧面，设计时应合理确定油标尺插孔的位置及倾斜角度，既要避免箱体内的润滑油溢出，又要便于油标尺的插取及油标尺插孔的加工，见图4-41。当箱座较矮不便采用侧装时，可采用图 4-38（a）所示的带有通气器的直装式油尺。

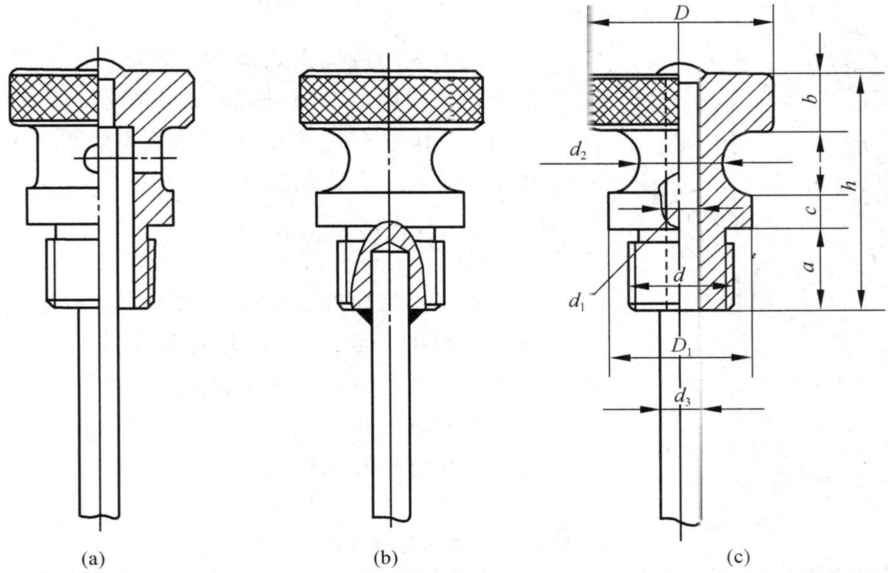

（单位：mm）

d	d_1	d_2	d_3	h	a	b	c	D	D_1
M12	4	12	6	28	10	6	4	20	16
M16	4	16	6	35	12	8	5	26	22
M20	6	20	8	42	15	10	6	32	26

图 4-38　油尺

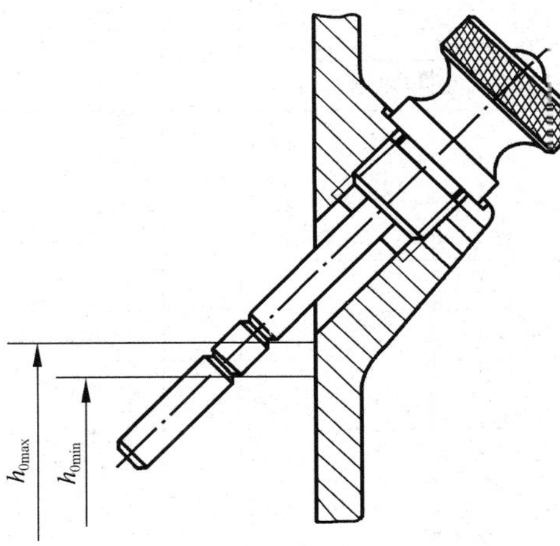

图 4-39　油尺的刻线

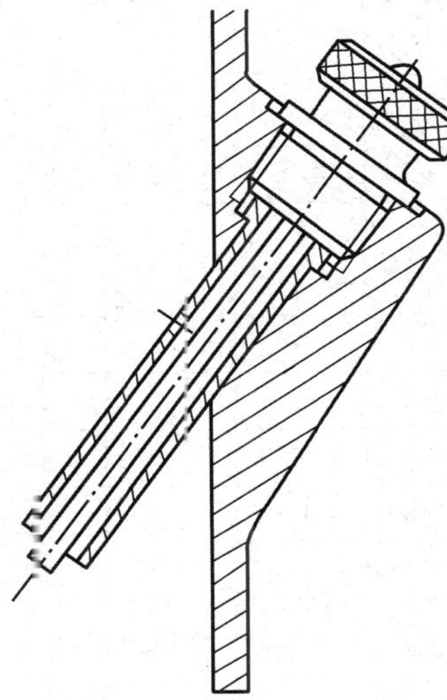

图 4-40　带隔离套的油尺

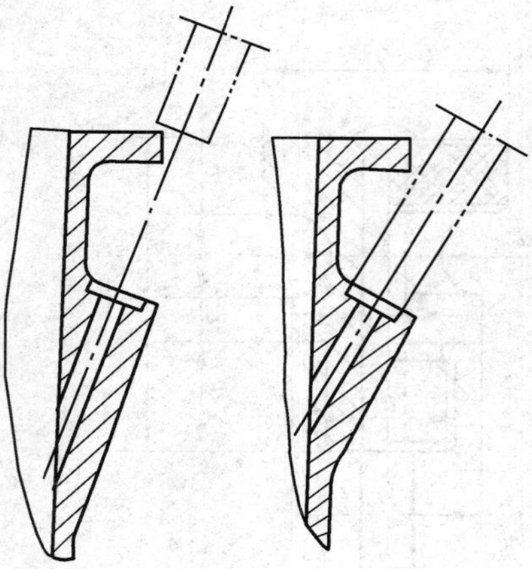

图 4-41　油尺座的位置

（a）不正确；（b）正确

2. 圆形及长形油标

油尺为间接检查式油标。圆形、长形油标为直接观察式油标，可随时观察油面高度，其结构尺寸见表 4-7 和表 4-8。油标安装位置不受限制，当箱座高度较小时，宜选用油标。

4.4.4 放油孔和螺塞

为了将污油排放干净，应在油池的最低位置处设置放油孔（图 4-42），并安置在减速器不与其他部件靠近的一侧，以便于放油。

平时放油孔用螺塞堵住，并配有封油垫圈。螺塞及封油垫片的结构尺寸见图 4-43。

表 4-7　压配式圆形油标　　（单位：mm）

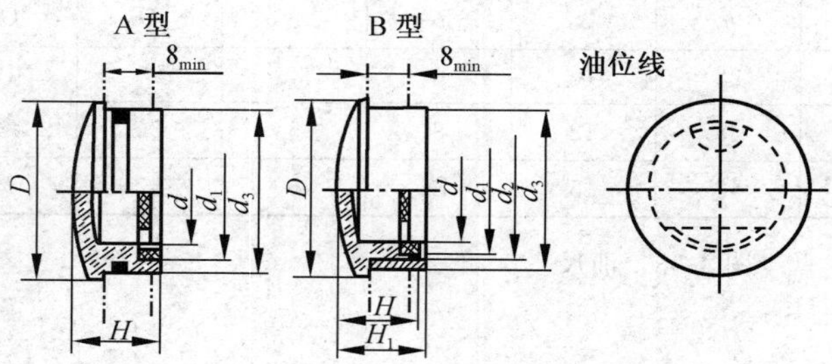

标记示例：

视孔 d=32mm，A 型压配式圆形油标的标记：

油标　A32　GB 1160.1—1989

d	D	d_1		d_2		d_3		H	H_1	O 形橡胶密封圈（GB 3452.1—1992）
		基本尺寸	极限偏差	基本尺寸	极限偏差	基本尺寸	极限偏差			
12	22	12	−0.050 −0.160	17	−0.050 −0.160	20	−0.065 −0.195	14	16	15×2.65
16	27	18		22	−0.065 −0.195	25				20×2.65
20	34	22	−0.065 −0.195	28		32	−0.080 −0.240	16	18	25×3.55
25	40	28		34	−0.080 −0.240	38				31.5×3.55
32	48	35	−0.080 −0.240	41		45		18	20	38.7×3.55
40	58	45		51	−0.100 −0.290	55				48.7×3.55
50	70	55	−0.100 −0.290	61		65	−0.100 −0.290	22	24	—
63	85	70		76		80				

表 4-8　长形油标　　　　　　　　（单位：mm）

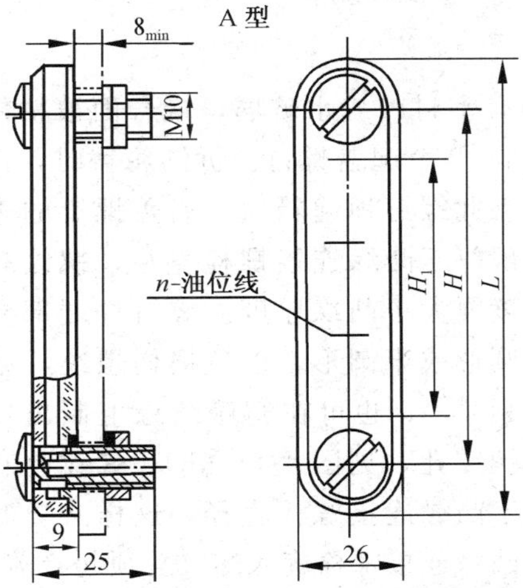

H 基本尺寸	H 极限偏差	H_1	L	n（条数）
80	±0.17	40	110	2
100		60	130	3
125	±0.20	80	155	4
160		120	190	6

O形橡胶密封圈（GB 3452.1—1992）	六角螺母（GB 6172—1986）	弹性垫圈（GB 861—1987）
10×2.65	M10	10

标记示例：
H=80mm，A 型长形油标的标记：
油标 A80 GB 1161—1989

注：B 型长形油标见 GB 1161—1989。

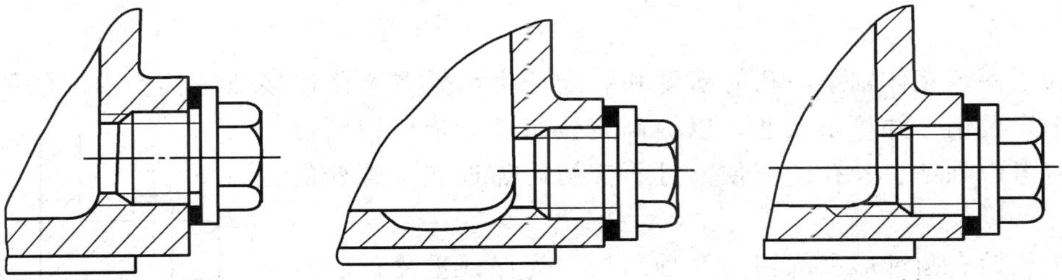

(a)　　(b)　　(c)

图 4-42　放油孔的位置

（a）不正确；（b）正确；（c）可行（有半边孔攻螺纹工艺性较差）

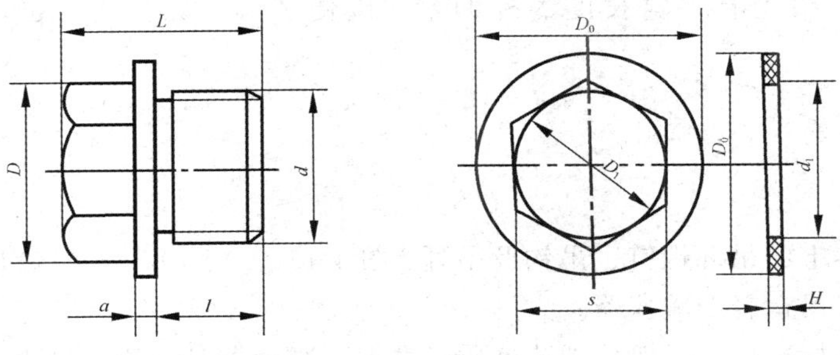

（单位：mm）

d	D_0	L	l	a	D	s	d_1	H
M14×1.5	22	22	12	3	19.6	17	15	2
M16×1.5	26	23	12	3	19.6	17	17	2
M20×1.5	30	28	15	4	25.4	22	22	2
M24×2	34	31	16	4	25.4	22	26	2.5
M27×2	38	34	18	4	31.2	27	29	2.5

图 4-43　螺塞及封油垫圈

4.4.5 启盖螺钉

为防止漏油，在箱体与箱盖接合面处常涂有密封胶或水玻璃，接合面被粘住不易分开。为便于开启箱盖，可在箱盖凸缘上装设 1～2 个起盖螺钉。拆卸箱盖时，可先拧动此螺钉顶起箱盖。启盖螺钉的直径一般等于凸缘连接螺栓直径，螺纹有效长度要大于凸缘厚度。螺钉杆端部要做成圆形或半圆形，以免损伤螺纹，见图 4-44（a）；也可在箱座凸缘上制出启盖用螺纹孔，见图 4-44（b）。螺纹孔直径等于凸缘连接螺栓直径，这样必要时可用凸缘连接螺栓旋入螺纹孔顶起箱盖。

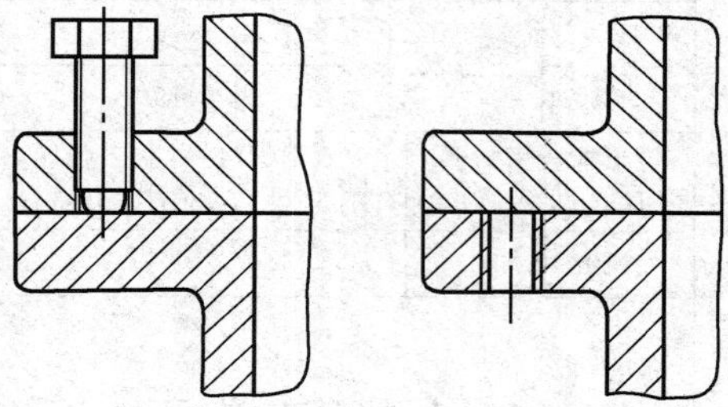

图 4-44　启盖螺钉和启盖螺孔

4.4.6 定位销

为了保证箱体轴承座孔的精度和装配精度，需在箱体连接凸缘长度方向的两端安置两个定位销，并尽量远些，以提高定位精度。定位销的位置还应考虑到钻、铰孔的方便，且不应妨碍邻近连接螺栓的装拆。

定位销有圆锥形和圆柱形两种结构。为保证重复拆装时定位销与销孔的紧密性和便于定位销拆卸，应采用圆锥销。一般取定位销直径 $d=(0.7\sim0.8)\ d_2$，d_2 为箱盖箱座连接凸缘螺栓直径。其长度应大于上下箱连接凸缘的总厚度，并且装配成上、下两头均有一定长度的外伸量，以便装拆，见图 4-45。

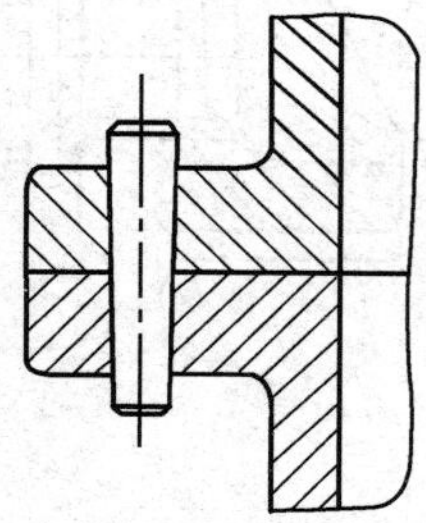
图 4-45　定位销

4.4.7 起吊装置

设置在箱盖上的吊环螺钉、吊钩及吊耳［图 4-46（a）、(b)］，一般是用来吊运箱盖的，也可以用来吊运轻型减速器。

吊环螺钉为标准件，一般按减速器质量选取。减速器参考质量见表 4-9。

采用 A 型吊环螺钉时（表 9-32），箱体螺纹孔口处要有局部扩大的圆柱孔。

在箱盖上直接铸出吊钩或吊耳，可避免采用吊环螺钉时在箱盖上进行机械加工，但吊钩或吊耳的铸造工艺较螺孔座复杂些。

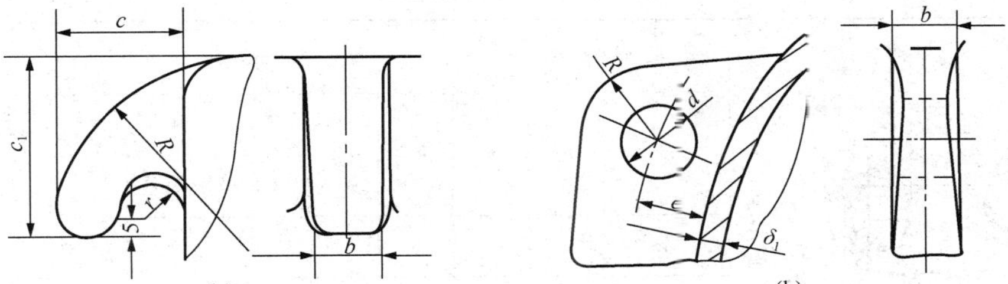

(a)

$b=(1.8\sim2.5)\delta_1$
$c=(4\sim5)\delta_1$
$c_1=(1.3\sim1.5)c$
$r=0.2c$ $R\approx c_1$

(b)

$d=b=(1.8\sim2.5)\delta_1$
$R=(1.0\sim1.2)d$
$e=(0.8\sim1.0)d$

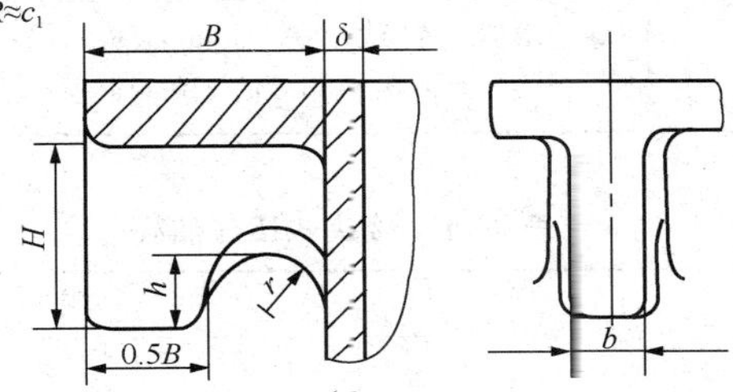

(c)

$B=c_1+c_2$（c_1、c_2 值见表 4-2）；$H=0.8\delta$
$h=0.5H$；$r=0.25\delta$；$b=(1.8\sim2.5)\delta$

图 4-46　起吊装置

（a）箱盖上的吊钩；（b）箱盖上的吊耳；（c）箱座上的吊钩

表 4-9　减速器质量 *m*

一级圆柱齿轮减速器（a—中心距）					
a/mm	100	150	200	250	300
m/kg	32	85	155	260	350

二级圆柱齿轮减速器						
a/mm	100×150	150×200	175×250	200×300	250×350	250×400
m/kg	135	230	305	490	725	980

二级同轴圆柱齿轮减速器						
a/mm	100	150	200	250	300	350
m/kg	120	180	330	500	600	800

圆锥齿轮减速器（R—锥距）					
R/mm	100	150	200	250	300
m/kg	50	60	100	190	290

圆锥圆柱齿轮减速器					
R/mm	100	100	150	200	250
a/mm	150	200	250	300	400
m/kg	180	300	400	600	800

蜗杆减速器						
a/mm	100	120	150	180	210	250
m/kg	65	80	160	330	350	540

箱座吊钩在两端凸缘的下部，是用来吊运整台减速器或箱座零件的，其宽度一般与箱壁外凸缘宽度相等，见图 4-46（c）。

4.4.8 油杯

轴承采用脂润滑时，有时需在轴承座相应部位安装油杯，其结构见表 4-10～表 4-13。

表 4-10　直通式压注油杯

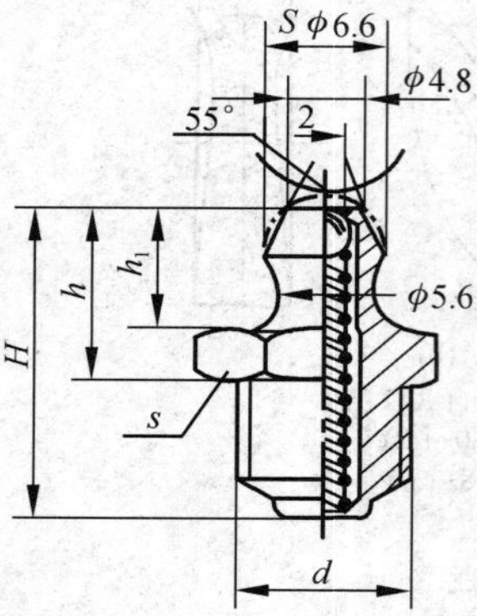

尺　寸/mm						
d	H	h	h_1	s		钢球（按 GB 308—1989）
				基本尺寸	极限偏差	
M6	13	8	6	8	0 －0.22	3
M8×1	16	9	6.5	10		
M10×1	18	10	7	11		

标记示例：连接螺纹 M10mm×1mm，直通式压注油杯的标记：

油杯 M10×1　GB 1152—1989

表 4-11　接头式压注油杯

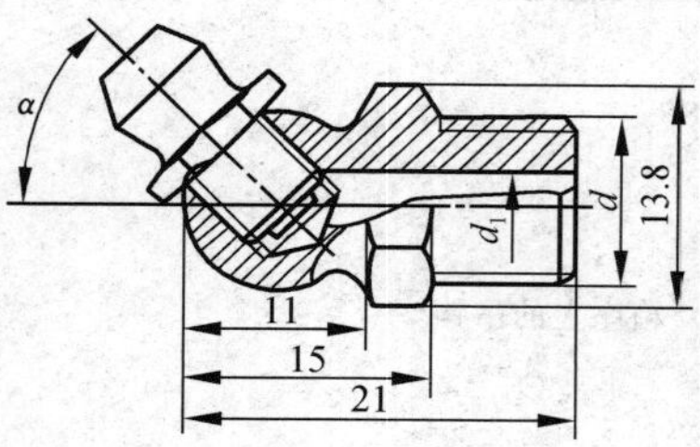

尺　寸/mm					
d	d_1	α	s		直通式压注油杯（GB 1152—1974）
			基本尺寸	极限偏差	
M6	3	45°、90°	11	0 －0.22	M6
M8×1	4				
M10×1	5				

标记示例：连接螺纹 M10mm×1mm，45°接头式压注油杯的标记：

油杯 45°M10×1　GB 1153—1989

表 4-12　压配式压注油杯　（单位：mm）

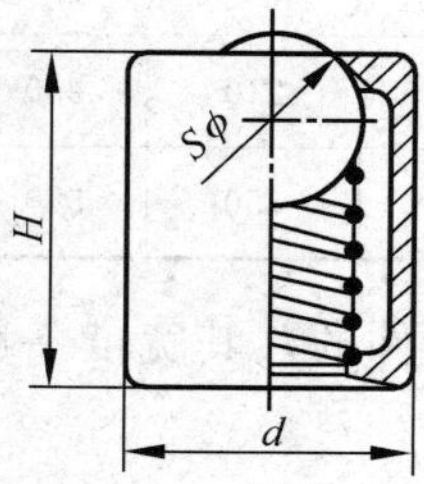

d		H	钢球直径（按 GB 308—1989）
基本尺寸	极限偏差		
6	＋0.040 ＋0.028	6	4
8	＋0.049 ＋0.004	10	5
10	＋0.058 ＋0.040	12	6
16	＋0.063 ＋0.045	20	11
25	＋0.085 ＋0.064	30	13

标记示例：d＝6mm 压配式压注油杯的标记：

油杯 6　GB 1155—1989

表 4-13　旋盖式油杯　　（单位：mm）

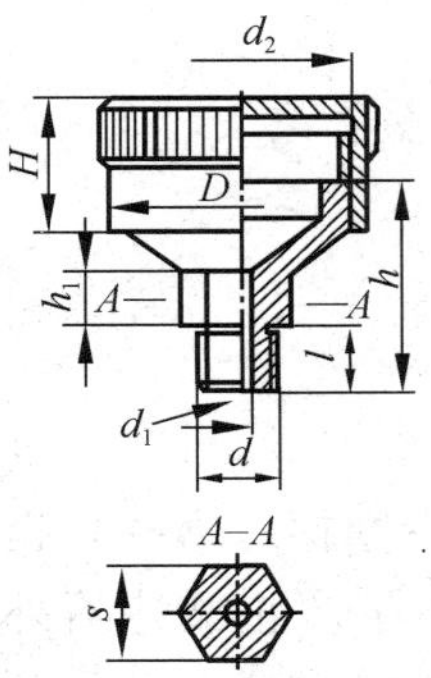

最小容量 /cm³	d	l	H	h	h_1	d_1	D		L (max)	s	
							A 型	B 型		基本尺寸	极限偏差
1.5	M8×1	8	14	22	7	3	16	18	33	10	0 −0.22
3	M10×1		15	23	8	4	20	22	35	13	0 −0.27
6		12	17	26			26	28	40		
12	M14×1.5		20	30	10	5	32	34	47	18	
18			22	32			36	40	50		
25			24	34			41	44	55		
50	M16×1.5		30	44			51	54	70	21	0 −0.33
100			38	52			68	68	85		
200	M24×1.5	16	48	64	16	6	—	86	105	30	—

标记示例：最小容量 25cm³，A 型旋盖式油杯的标记：

油杯 A25　GB 1154—1989

第5章

减速器的润滑与密封

减速器中的传动零件齿轮与轴承必须有良好的润滑，以便减少摩擦、磨损，提高传动效率，同时还可以起到冷却、防锈、延长使用寿命等作用。为了防止减速器外部灰尘、水分及其他杂物进入，并阻止减速器内润滑剂的流失，减速器应具有良好的密封性。

5.1　减速器的润滑

减速器的润滑方式很多，如油脂润滑、浸油润滑、压力润滑、飞溅润滑等。下面分别介绍各种润滑方式。

5.1.1　齿轮传动和蜗杆传动的润滑

除少数低速、小型减速器采用脂润滑外，绝大多数减速器的齿轮传动和蜗杆传动都采用油润滑，其主要润滑方式如下。

1. *浸油润滑*

当齿轮圆周速度 $v\leqslant 12$m/s 时，蜗杆圆周速度 $v\leqslant 10$m/s 时，通常采用浸油润滑［图 5-1（a）］。大齿轮浸入油中的深度约为一个齿高，但不能小于 10mm。在多级齿轮传动中，可以采用带油轮带到没浸入油池的轮齿齿面上［图 5-1（b）］，齿轮运转时就把润滑油带到啮合区，同时还将油甩到齿轮箱内壁散热降温。对蜗杆传动减速器，当蜗杆圆周速度 $v\leqslant 4\sim 5$m/s 时，建议采用下置式蜗杆传动［图 5-1（c）］。

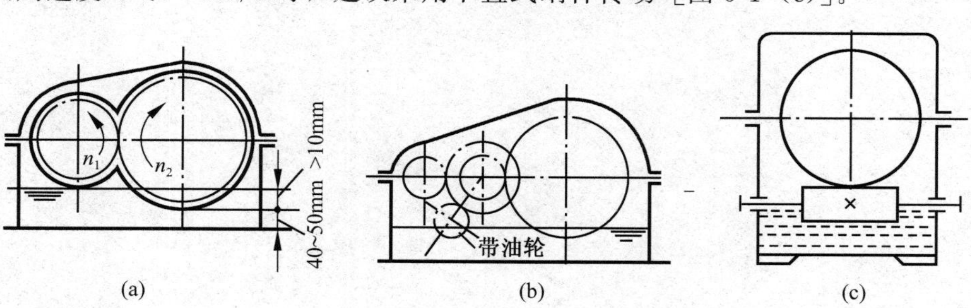

图 5-1　浸油润滑

2. 喷油润滑

当齿轮圆周速度 $v>12\text{m/s}$ 或蜗杆圆周速度 $v>10\text{m/s}$ 时，齿轮搅油剧烈会使油温升高、油起泡沫和氧化等降低润滑性能，且黏附在齿面上的润滑油由于离心力过大而被甩掉，送不到啮合区，所以不宜采用油池润滑。通常采用喷油润滑［图 5-2（a）、（b）］，用油泵将润滑油通过管道和喷嘴直接喷到啮合区。

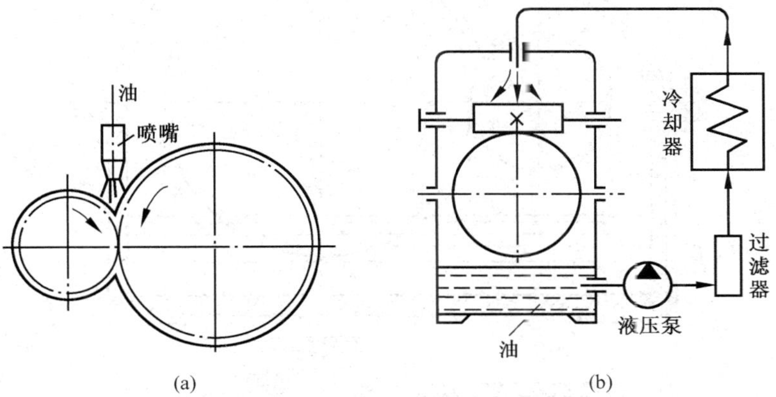

图 5-2　喷油润滑

浸油润滑的换油时间一般为半年左右，主要取决于油中杂质多少及油被氧化、污染的程度。喷油润滑效果好，润滑油可以不断冷却和过滤，但需专门的管路、滤油器、冷却及油量调节装置，因而价格较高。

5.1.2 滚动轴承的润滑

滚动轴承通常采用油润滑或脂润滑。减速器中的滚动轴承常用减速器内用于润滑齿轮（或蜗轮）的油来润滑，其常用的润滑方法有以下几种：

1. 飞溅润滑

减速器中只要有一个浸油齿轮的圆周速度 $v\geqslant1.5\sim2\text{m/s}$，就可采用飞溅润滑。当圆周速度 $v>3\text{m/s}$ 时，飞溅的油可形成油雾并能直接溅入轴承室。为使润滑可靠，常在箱座结合面上制出输油沟，让溅到箱盖内壁上的油汇集在油沟内，而后流入轴承室进行润滑（图 5-3）。图中在箱盖内壁与其接合面相接触处须制出倒棱，以便油液流入油沟。

采用飞溅润滑时，如果为斜齿圆柱齿轮传动，而小齿轮直径又小于轴承座孔直径时，则应在小齿轮轴滚动轴承面向箱内的一侧装设挡油环，以防止斜齿轮啮合时，将油池中不清洁的热油挤入轴承内（图 5-4）。

2. 刮板润滑

浸油齿轮的圆周速度 $v<1.5\sim2\text{m/s}$ 时，油飞溅不起来；下置式蜗杆的圆周速度

$v>2m/s$ 时，因蜗杆的位置太低，且与蜗轮轴线成空间垂直方向安置，故飞溅的油难以进入蜗轮轴轴承内。此时可采用刮板润滑（图 5-5）。图中则把刮下的油直接送入轴承内，刮板润滑装置中，刮油板与轮缘之间应保持一定的间隙。

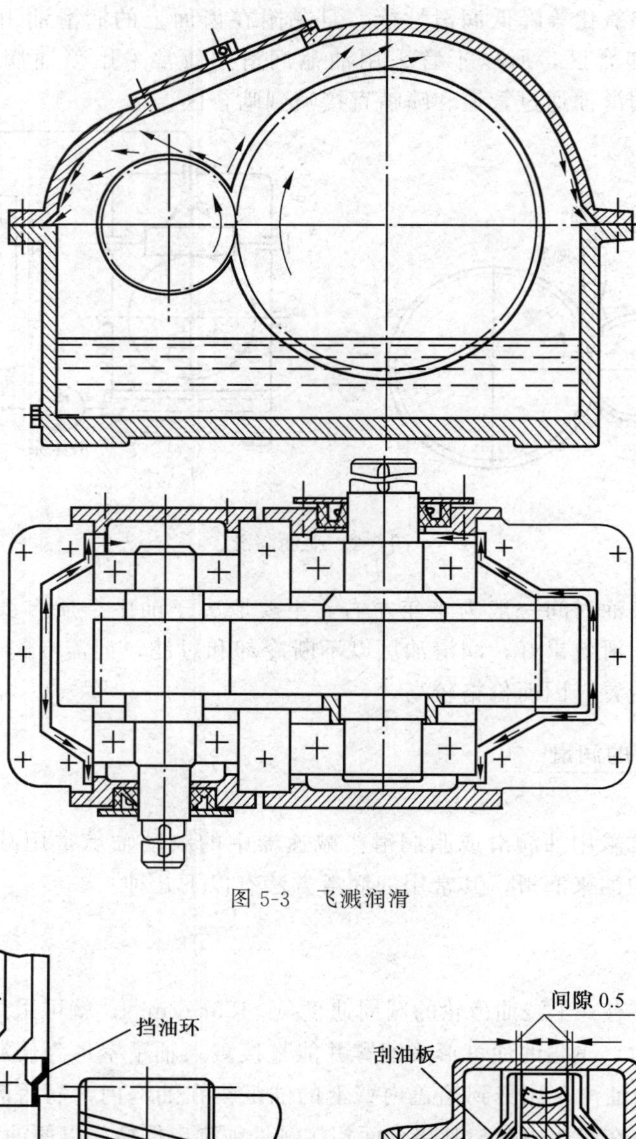

图 5-3　飞溅润滑

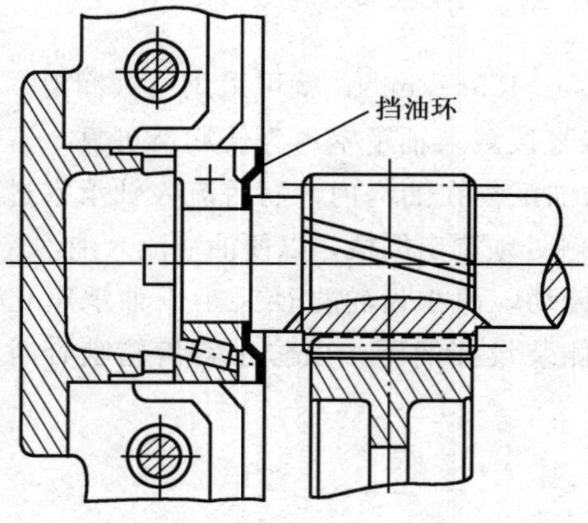

图 5-4　轴承室的挡油环结构

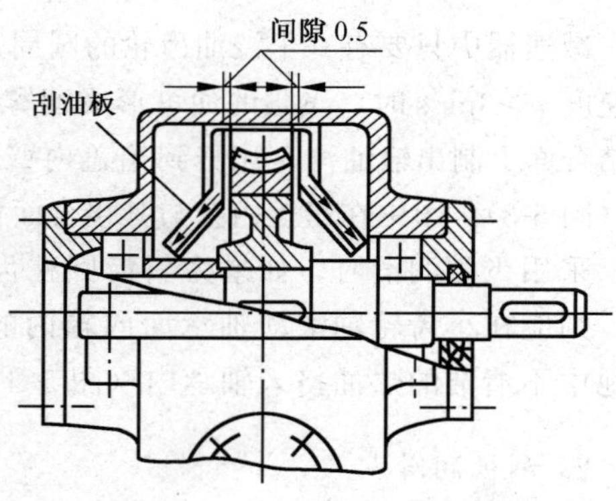

图 5-5　刮板润滑

3. 浸油润滑

下置式蜗杆的轴承常浸在油中润滑。此时油面一般不应高于轴承最下面滚动体的中心，以免油搅动的功率损耗太大。

4. 润滑脂润滑

减速器中浸油齿轮的圆周速度太低（$v<1.5\sim2\mathrm{m/s}$）时，难以飞溅形成油雾，或难以将油导入轴承内，或难以使轴承浸油润滑时，这时可采用润滑脂润滑。

脂润滑方式较简单，密封和维护方便，只需在初装配时和每隔一定时期（通常每年 1～2 次）将润滑脂填充到轴承室即可（添加周期见表 5-1）。但润滑脂黏性大，高速时摩擦损失大，散热效果较差，且润滑脂在较高温度时易变稀而流失。故润滑脂只用于轴颈转速低、温度不高的场合。

表 5-1 加脂周期推荐值

dn/(mm · r/min)	50 000	100 000	200 000	300 000	400 000
加脂周期（月）	36	18	6	2	1

注：d 为轴承内径（mm）；n 为工作转速（r/min）。

填入轴承室中的润滑脂应适量，过多易发热，过少则达不到预期的润滑效果。通常的填充量为轴承室空间的 1/3～1/2 为宜。

润滑脂一般定期用油脂枪将润滑脂通过油杯或油嘴压注到轴承部位，油杯或油嘴一般安装在轴承的上部，工作时轴承运动发热，油脂受热会自动向轴承渗透，图 5-6是润滑脂装置，其中图 5-6（a）是旋套式注油油杯，图 5-6（b）是旋盖式油杯。具体尺寸见表 4-13。

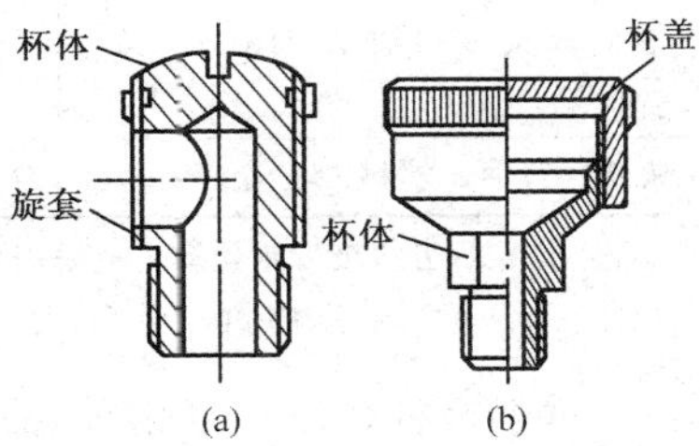

图 5-6 润滑脂装置

采用润滑脂润滑时，为防止箱内的润滑油飞溅到轴承内使润滑脂稀释或变质，并防止润滑油带入金属屑或其他污物，应在轴承向着箱体内壁一侧安装密封装置，最常见的密封装置参见图 5-12。

选择滚动轴承润滑方式时，dn 值（d 为轴承内径，n 为转速）是个重要参数。表 5-2列出各种润滑方式许用的 dn 值的大致范围，供选择润滑方式时作参考。

表 5-2 滚动轴承采用不同润滑方式时的 dn 许用值 （单位：mm · r/min）

轴承类型	润滑方式				
	脂润滑	浸油、飞溅润滑	滴油润滑	喷油润滑	油雾润滑
深沟球轴承、调心球轴承、角接触球轴承、圆柱滚子轴承	<180 000	250 000	400 000	600 000	>600 000
圆锥滚子轴承	100 000	160 000	230 000	300 000	
推力球轴承	40 000	60 000	120 000	150 000	

5.1.3 润滑剂的选择

润滑剂的选择与传动类型、载荷性质、工作条件、转动速度等多种因素有关。一般按下述原则选择：

1. 润滑油的选择

减速器中齿轮、蜗杆、蜗轮和轴承大都依靠箱体中的油进行润滑，这时润滑油的选择主要考虑箱内传动零件的工作条件，适当考虑轴承的工作情况。

对于闭式齿轮传动，润滑油黏度推荐值见表5-3。

表 5-3 闭式齿轮传动的润滑油黏度推荐值 （单位：mm^2/s）

齿轮材料及热处理	齿面硬度	齿轮圆周速度 v/(m/s)						
		＜0.5	0.5～1.0	1.0～2.5	2.5～5.0	5.0～12.5	12.5～25	＞25
钢：调质	HBS＜280	266 (32)	177 (21)	118 (11)	82	59	44	32
	HBS280～350	266 (32)	266 (32)	177 (21)	118 (11)	82	59	44
钢：整体淬火，表面淬火或渗碳淬火	HRC40～64	444 (52)	266 (32)	266 (32)	177 (21)	118 (11)	82	59
铸铁，青铜，塑料		177	118	82	59	44	32	—

注：1. 对于多级齿轮传动，应采用各级传动圆周速度的平均值选取润滑油黏度。

2. 表中括号内为100℃时的黏度，不带括号的为50℃时的黏度。

对于蜗杆传动，润滑油黏度推荐值见表5-4。

表 5-4 蜗杆传动的润滑油黏度推荐值

滑动速度 v/(m/s)	0～1	＞1～2.5	0～5	＞5～10	＞10～15	＞15～25	＞25
工作条件	重型	重型	中型	—	—	—	—
运动黏度 cSt	444 (52)	266 (32)	177 (21)	118 (11)	82	59	44
润滑方式	· 浸油润滑			浸油或喷油润滑	喷油压力 p/(N/mm²)		
					0.07	0.2	0.3

注：1. 表中括号内为100℃时的黏度，不带括号的为50℃时的黏度。

2. 在确定了润滑油的黏度之后，查表9-61选取润滑油牌号。

2. 润滑脂的选择

润滑脂主要用于减速器中滚动轴承的润滑，也用于开式齿轮传动和开式蜗杆传动的润滑。润滑脂主要根据工作温度和工作环境选择。球轴承用润滑脂的选择见表5-5。滚子轴承用润滑脂的选择见表5-6。

表 5-5　球轴承用润滑脂的选择

轴承工作温度/℃	dn/(mm · r/min)	干燥环境使用	潮湿环境使用
0～40	<80 000	钙基 2 号　钠基 2 号	钙基 2 号
	>80 000	钙基 2 号　钙基 3 号 钠基 2 号　钠基 3 号	钙基 2 号　钙基 3 号
40～80	<80 000	钠基 2 号　钠基 3 号	ZL-2，ZL-3
	>80 000	钠基 2 号　钠基 3 号	ZL-2，ZL-3
80～120	>80 000	钠基 3 号　钠基 4 号	ZL-1，ZL-2，ZL-3，ZL-4

表 5-6　滚子轴承用润滑脂的选择

轴承转速 n/(r/min)	轴承工作温度/℃	
	0～60	>60
<30 000	钙基 2 号	钠基 3 号，ZL-2，ZL-3
30 000～50 000	钙基 1 号	钠基 2 号，ZL-2，ZL-3
>50 000	钙基 1 号	钠基 2 号，ZL-2，ZL-3

润滑脂的牌号、性质及用途见表 9-56。

5.2　减速器的密封

减速器需密封的部位一般有轴伸出处、轴承室内侧、箱体结合面和轴承盖、窥视孔和放油孔的结合面等处。

下面介绍几种常用密封装置。

5.2.1　轴伸出处的密封

轴伸出处密封的作用是使滚动轴承与箱外隔绝，防止润滑油（脂）漏出和箱外杂质、水及灰尘等侵入轴承室，避免轴承急剧磨损和腐蚀。

1. 毡圈密封

如图 5-7 所示，利用密封元件实现轴承与外界隔离。图 5-7（b）的结构便于定期更换毡圈及调整径向密封力，以保持密封性及延长使用寿命。

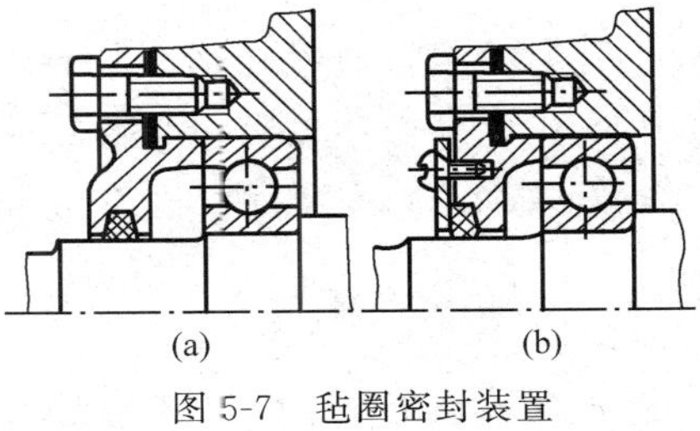

(a)　(b)

图 5-7　毡圈密封装置

毡圈密封结构简单、价廉、安装方便，对轴颈接触面的摩擦较严重，毡圈寿命短。主要用于脂润滑、接触处线速度 $v<5$m/s，工作温度小于 60℃ 的场合。

毡圈和槽的尺寸系列见表 9-52。

2. O 形橡胶圈密封

利用箱体上沟槽使O形橡胶圈受到压缩而实现密封，在介质作用下产生自紧作用而增强密封效果。O形橡胶圈有双向密封的能力，其密封结构简单。

O形橡胶圈的尺寸系列见表 9-53。

3. 唇形密封圈密封

利用耐油橡胶圈唇形结构部分的弹性和螺旋弹簧圈的扣紧力，使唇形部分紧贴轴表面而实现密封。图 5-8（a）为唇部背着轴承，其主要作用是防止外界灰尘和水进入轴承与箱体内；图 5-8（b）为采用双向密封形式，即两个密封圈相对安装，同时具备防漏和防尘能力。

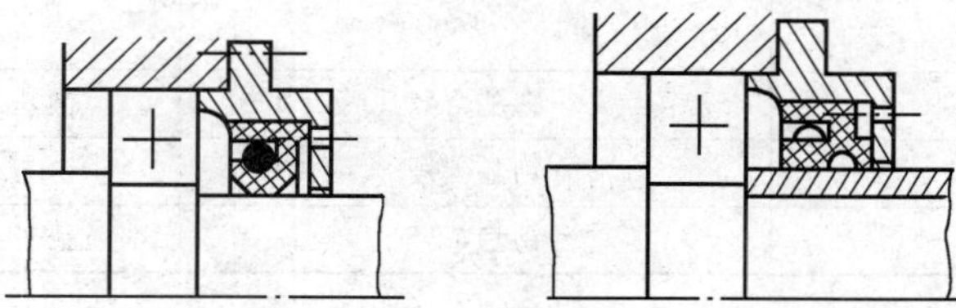

(a) (b)

图 5-8 唇形密封圈密封装置

唇形密封圈密封效果比毡圈密封好，工作可靠，常用于接触处线速度 $5<v<10$m/s，工作温度为－40～100℃的情况下。

唇形密封圈和槽的尺寸系列见后面的表 9-55。

4. 沟槽密封

非接触式密封装置在工作过程中不与运动件接触，避免了轴颈与密封件间的摩擦、磨损和发热，适用于高速工作环境。常用的有沟槽密封和迷宫密封两种。

沟槽密封是通过在运动构件与固定件之间设计较长的环状间隙（0.1～0.3mm）和不少于 3 个的环状沟槽，并填满润滑剂来达到密封的目的（图5-9），这种方式适用于脂润滑和低速油润滑，且工作环境清洁的轴承。

5. 迷宫密封

迷宫密封是通过在运动构件与固定件之间构成迂回曲折的小缝隙来实现密封的（图 5-10），缝隙中填满润滑脂，对各种润滑剂均有良好的密封效果，对防尘和防漏也有较好效果，圆周速度可达 30m/s。密封可靠，但结构复杂。

6. 组合式密封

根据轴承工作条件和密封要求，利用上述密封方式的特点，联合几种密封方式为组合式密封装置。图 5-11（a）为沟槽-迷宫组合密封装置；图 5-11（b）为迷宫-唇形密封圈组合密封装置。

各密封方式都可以组合，但非接触式密封间的组合尤为普通。组合式密封可使密封更为有效和可靠，常用于密封要求高的场合。

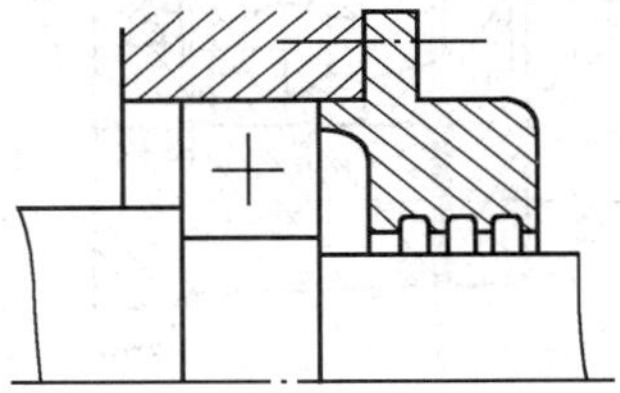

图 5-9　沟槽密封

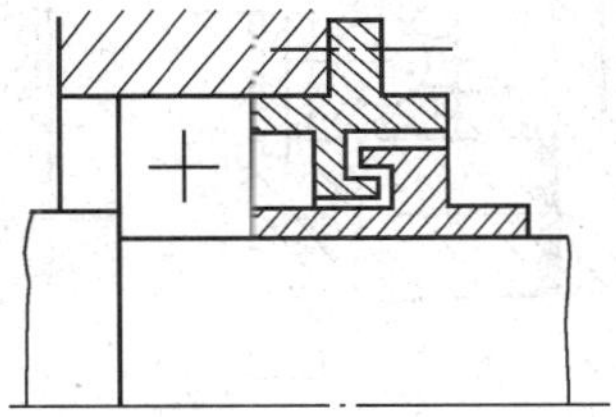

图 5-10　迷宫密封

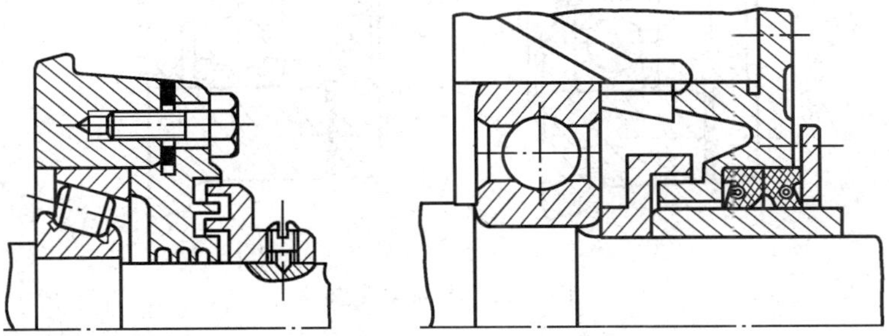

(a)　(b)

图 5-11　组合式密封装置

5.2.2 轴承室内侧的密封

该密封按其作用可分为封油环和挡油环两种。

1. 封油环

封油环用于脂润滑轴承，其作用是使轴承室与箱体内部隔开，防止轴承内的油脂流入箱内及箱内润滑油溅入轴承室而稀释、带走油脂。图 5-12（a）～（c）为固定式封油环，其结构尺寸可参照上述轴伸出处的密封装置确定；图 5-12（d）和（e）为旋转式封油环，它利用离心力作用甩掉从箱壁流下的油以及飞溅起来的油和杂质，其封油效果比固定式好，是最常用的封油装置。封油环制成齿状，封油效果更好，其结构尺寸和安装方式见图 4-26 和图 4-27。

2. 挡油环

挡油环用于油润滑轴承，防止过多的油、杂质进入轴承室内和啮合处的热油冲入轴承内（图 5-13）。挡油环与轴承座孔之间应留有不大的间隙，以便让一定量的油能溅入轴承室进行润滑。

还有一种类似于挡油环的装置［图 5-13（c)]，其作用是使轴承室内保留适量的润滑油，常用于经常启动的油润滑轴承。储油环高度以不超过轴承最低滚动体中心为宜。

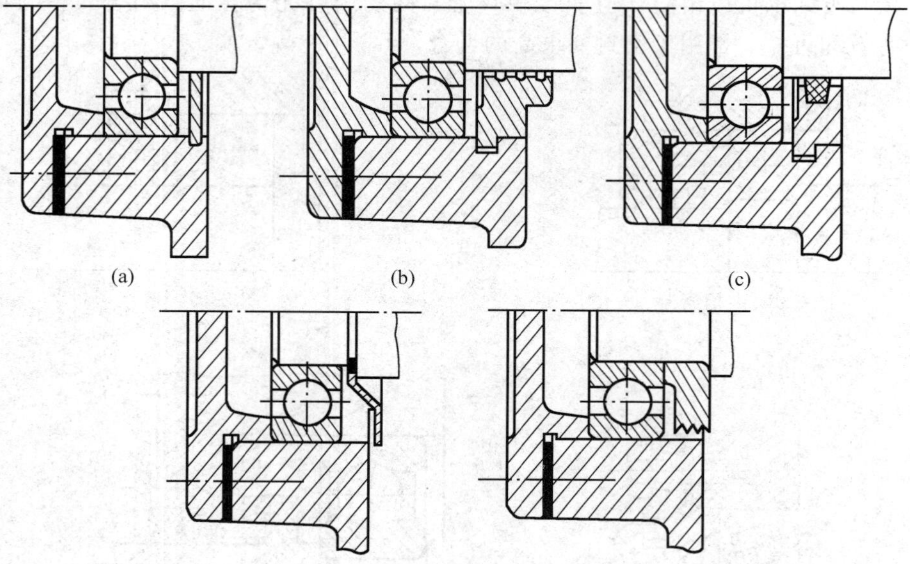

(a) (b) (c) (d) (e)

图 5-12　封油环装置

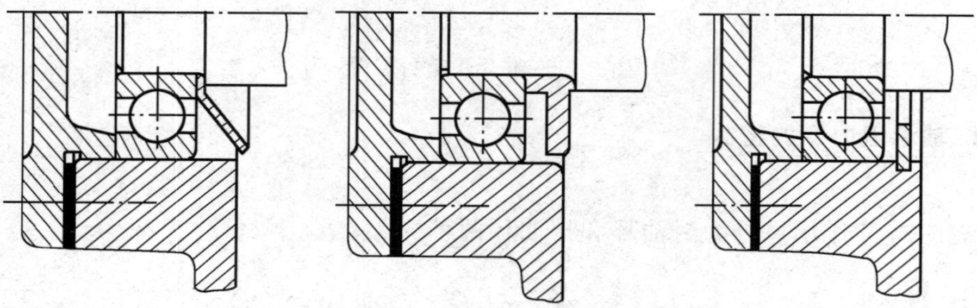

(a) (b) (c)

图 5-13　挡油环及储油环装置

5.2.3 箱盖与箱座接合面的密封

常用的密封方法是在结合面上涂密封胶（601 密封胶、7302 密封胶及液体尼龙密封胶等）或水玻璃，也可在结合面上同时开回油沟。回油沟上应开回油道，让渗入接合面缝隙中的油可通过回油沟及回油道流回箱内油池以增加密封效果。

少数也在接合面上开槽，并在槽内嵌耐油橡皮条进行密封。

为保证轴承与座孔的配合要求，一般禁止用在结合面上加垫片的方法来密封。

另外，凸缘式轴承端盖的凸缘，窥视孔盖板以及油塞等与箱座、箱盖的配合处均需装纸封油环或皮封油环以保证密封效果良好。

第6章

装配图的设计及绘制

机械设计中的装配图设计及绘制是整个机械设计过程中非常重要的工作环节。装配图是用来表达机械中各零部件之间相互装配位置和尺寸关系，各零部件的结构形状的图样；是用来了解该机械装置总体布局、性能、工作状态、安装要求、制造工艺的图样；也是绘制零件工作图，进行零件制造和组装、调试、维修的关键性技术文件。

装配图是在基本确定设计方案，绘制出装配草图的基础上设计的。由于大部分零件的结构和尺寸都是在设计与绘制装配图的过程中决定的，所以在这个阶段要综合考虑机械的工作要求以及零件材料强度和刚度、加工方法、装拆顺序、位置调整、润滑和密封、日常维护和经济性等各方面的因素，并用各种视图表达方法表达清楚。完整的机械系统装配图的主要内容包括：

（1）完整表达各零部件的装配特征、结构和位置及主要配合装配尺寸（图 6-1～图 6-7是常见减速器的典型结构图）。

（2）图中无法用图形表达的技术细节以技术要求、技术特性表的方式，用文字表达。

（3）对所有零部件进行编号，制作明细表，填写标题栏。

设计及绘制装配图，涉及的内容较多，设计过程比较复杂。需进行结构设计和强度校核计算，因此，必须做到“主次分明，粗细有序，由主到次，由粗到细”。设计和绘制是在“计算、绘图、修改”反复循环进行中追求更好的方法而逐步完善的。

装配图的设计及绘制一般按下列四个步骤进行：

（1）根据设计任务要求，进行装配图设计准备，确定初步方案。

（2）根据初步确定方案，进行设计及绘制装配草图（包括主要零部件的选用，非标件的结构设计和强度校核）。

（3）检查和完善修改装配草图。

（4）完成机械的装配图。

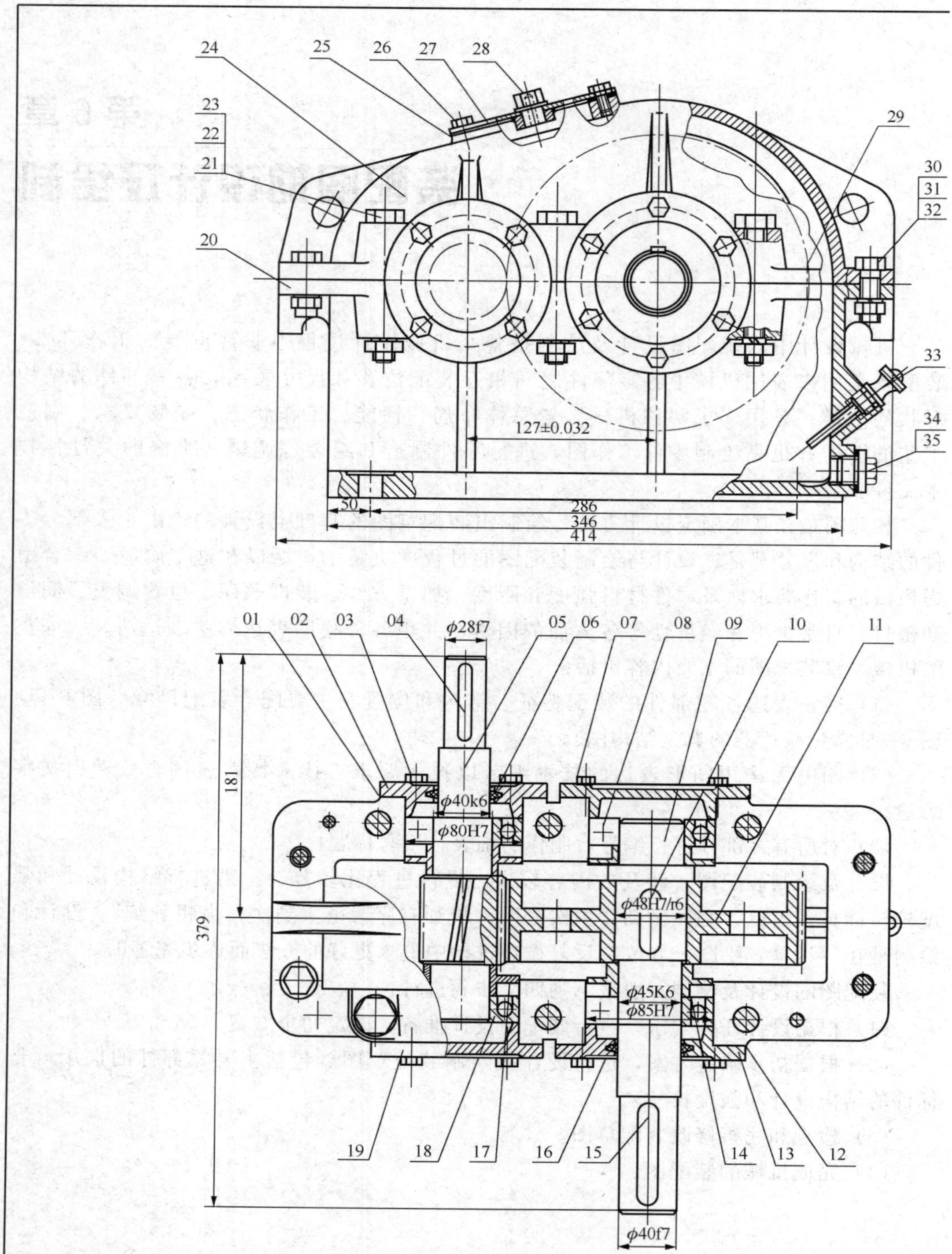
24
25
26
27
28
23
22
21
20
29
30
31
32
33
34
35
127±0.032
50
286
346
414
01
02
03
04
ϕ28f7
05
06
07
08
09
10
11
181
379
ϕ40k6
ϕ80H7
ϕ48H7/r6
ϕ45K6
ϕ85H7
19
18
17
16
15
14
13
12
ϕ40f7

图 6-1　单级斜齿

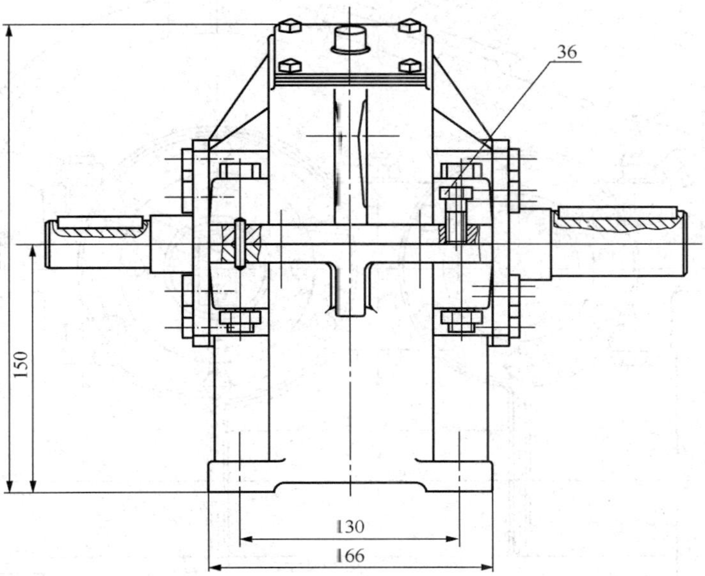

技术特性

输入功率：3.7kW；高速轴转速：480r/min；传动比：4.38

技术要求

1. 装配前，所有零件用煤油清洗，滚动轴承用汽油清洗，机体内不许有任何杂物存在。内壁涂上不被机油浸蚀的涂料两次；
2. 啮合侧隙用铅丝检验不小于 0.16mm，铅丝不得大于最小侧隙的四倍；
3. 用涂色法检验斑点。按齿高接触斑点不小于 40%；按齿长接触斑点不小于 50%。必要时可用研磨或刮后研磨以便改善接触情况；
4. 应调整轴承轴向间隙：ϕ30 为 0.05～0.1mm，ϕ45 为 0.08～0.15mm；
5. 检查减速器剖分面、各接触面及密封处，均不许漏油。剖分面允许涂以密封油漆或水玻璃，不允许使用任何填料；
6. 箱座内装 150 号机械油至油标尺上刻度线；
7. 表面涂灰色防锈油漆。

序号	代号	名称及规格	数量	材料	单件重量	总计重量	备注
24		箱盖	1	HT200			
23	GB/T 5782—2000	螺栓 M14×125	6	Q235			
22	GB/T 93—2002	垫圈 14	6	65Mn			
21	GB/T 6170—2000	螺母 M14	6	Q235			
20		箱座	1	HT200			
19		轴承端盖	1	HT200			
18	GB/T 297—1994	轴承 7206	2	组合件			
17		封油环	2	Q235			
16	JB/ZQ 4606—1986	毡封油圈	1	半粗羊毛毡			
15	GB 1096—2003	键 12×100	1	45			
14		封油环	2	Q235			
13		轴承端盖	1	HT200			
12		调整垫片	2 组	08F			
11		大齿轮 Mn=3，Z=92	1	40Cr			
10	GB 1096-2003	键 14×50	1	45			
09		轴	1	40Cr			
08	GB/T 297—1994	轴承 7309	2	组合件			
07		轴承端盖	1	HT200			
06	JB/ZQ 4606—1986	毡封油圈	1	半粗羊毛毡			
05		齿轮轴 Mn=3，Z=21	1	40Cr			
04	GB 1096—2003	键 8×7×50	1	45			
03	GB/T 5783—2000	螺栓 M10×25	20	Q235			
02		轴承端盖	1	HT200			
01		调整垫片	2 组	08F			

序号	代号	名称及规格	数量	材料	单件重量	总计重量	备注
36	GB/T 5782—2000	螺栓 M10×25	1	Q235			
35		螺塞	1	Q235			
34		垫片	1	石棉橡胶纸			
33		油标尺	1	组合件			
32	GB/T 6170—2000	螺母 M12	4	Q235			
31	GB/T 93—2002	垫圈 12	4	65Mn			
30	GB/T 5782—2000	螺栓 M12×50	4	Q235			
29	GB/T 117—2000	销钉 8×35	2	45			
28		通气器	1	Q235			
27		窥视孔盖板	1	Q215			
26	GB/T 5783—2000	螺栓 M6×20	4	Q235			
25		垫片	1	石棉橡胶纸			

标记	处数	分区	更改文件号	签名	年月日	总 装 图	(单位名称)
							单级斜齿圆柱齿轮减速器
设计	(签名)	(年月日)	标准化	(签名)	(年月日)	阶段标记 质量 比例	
制图						1∶2	
审核							
工艺			批准			共 张 第 张	

圆柱齿轮减速器（脂润滑轴承）

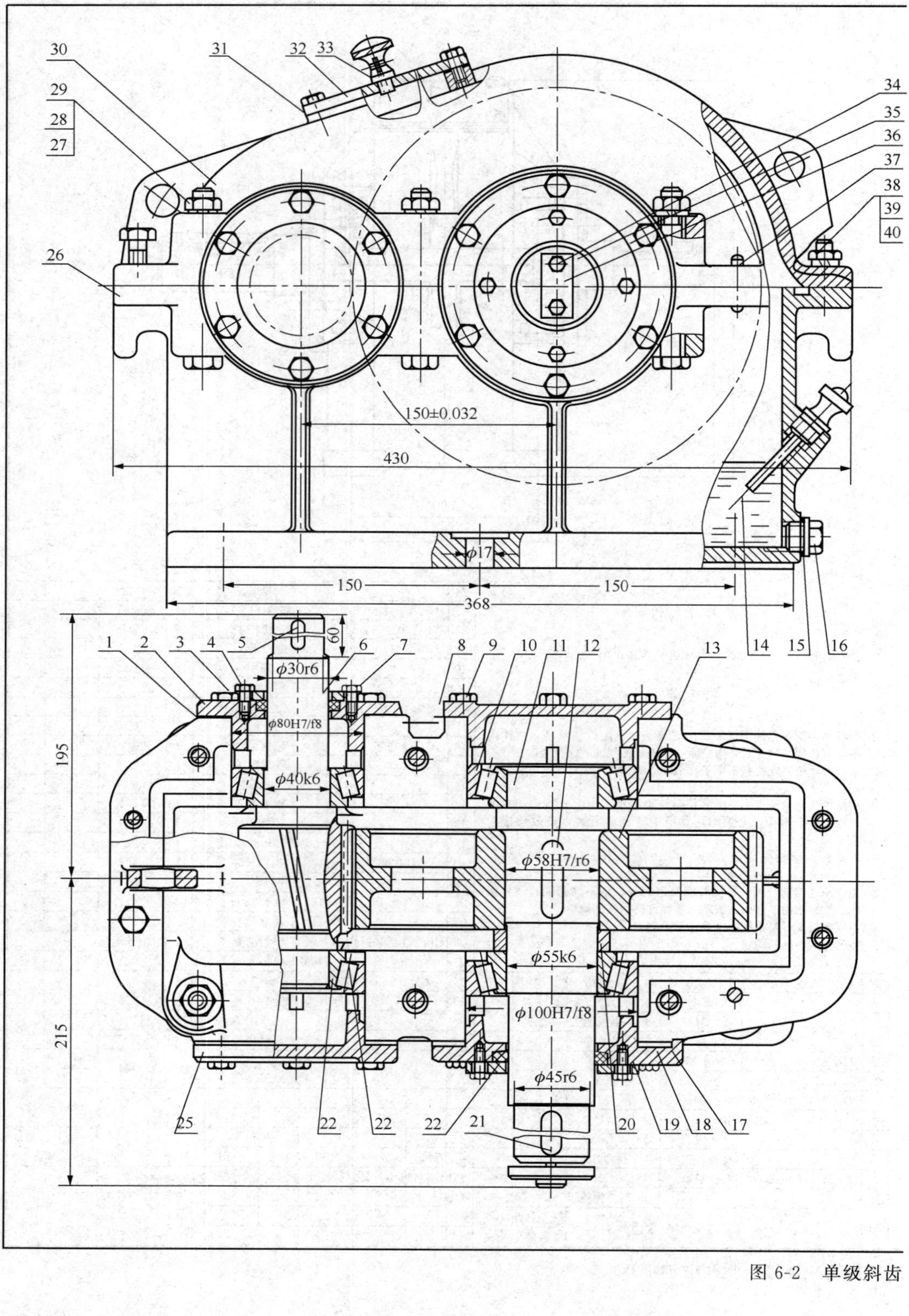

30
31
32
33
29
28
27
34
35
36
37
38
39
40
26
150±0.032
430
ϕ17
150
150
368
14
15
16
195
60
1
2
3
4
5
6
7
8
9
10
11
12
13
ϕ30r6
ϕ80H7/f8
ϕ40k6
ϕ58H7/r6
ϕ55k6
ϕ100H7/f8
ϕ45r6
215
25
22
22
22
21
20
19
18
17

图 6-2　单级斜齿

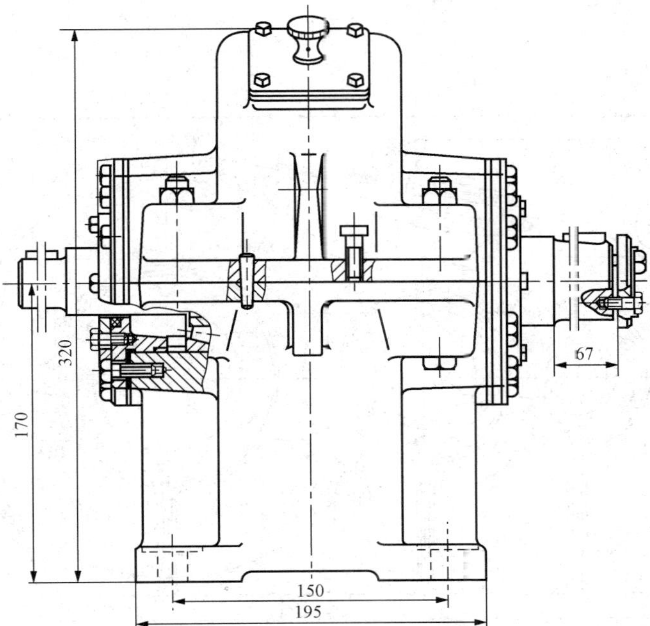

技术特性

功率：4kW；高速轴转速：572r/min；传动比：3.95

技术要求

1. 装配前，所有零件用煤油清洗，滚动轴承用汽油清洗，机体内不许有任何杂物存在。内壁涂上不被机油浸蚀的涂料两次。
2. 啮合侧隙用铅丝检验不小于 0.16mm，铅丝不得大于最小侧隙的四倍。
3. 用涂色法检验斑点。按齿高接触斑点不小于 40%；按齿长接触斑点不小于 50%。必要时可用研磨或刮后研磨以便改善接触情况。
4. 应调整轴承向间隙：ϕ40 为 0.05～0.1mm，ϕ55 为 0.08～0.15mm。
5. 检查减速器剖分面、各接触面及密封处，均不许漏油。剖分面允许涂以密封油漆或水玻璃，不允许使用任何填料。
6. 机座内装 150 号机械油至规定高度。
7. 表面涂灰色油漆。

序号	代号	名称	数量	材料	单件	总计	
					质量		
40	GB 93—2002	垫圈	2	65Mn			
39	GB 170—2000	螺母 M10	2	Q235			
38	GB 5782—2000	螺母 M10×35	3	Q235			
37	GB 117—2000	销 8×30	2	35			
36		止动垫片	1	Q215			
35		轴端挡圈	1	Q215			
34	GB 5782—2000	螺钉 M6×20	2	Q235			
33		通气器	1	Q235			
32		窥视孔盖	1	Q215			
31		垫片	1	石棉橡胶纸			
30		1	机盖	HT200			

（标题栏）

序号	代号	名称	数量	材料	单件	总计	
					质量		
29	GB/T 93—2002	垫圈	6	65Mn			
28	GB 6170—2000	螺母 M12	6	Q235			
27	GB 5782—2000	螺栓 M12×100	6	Q235			
26		机座	1	HT200			
25		轴承端盖	1	HT150			
24		轴承 7208E	2				
23		挡油环	2	Q235A			
22		毡封油圈	1	半粗羊毛毡			
21	GB 1096—2002	键 14×9×56	1	45			
20		定位环	1	Q235			
19		密封盖	1	Q235			
18		轴承端盖	1	HT150			
17		调整垫片	2 组	08F			
16		螺塞	1	Q235			
15		垫片	1	石棉橡胶纸			
14	组合件	油标尺	1				
13		大齿轮 Mn=3；z=79	1	40			
12	GB 1096—2003	键 16×10×56	1	45			
11		轴	1	45			
10		轴承 721[illegible]E	2				
9	GB 5782—2000	螺钉 M8×25	24	Q235			
8		轴承端盖	1	HT200			
7		毡封油圈	1	半粗羊毛毡			
6	Mn=3；z=20	齿轮轴	1	45			
5	GB 1096—2003	键 8×7×50	1	45			
4	GB 5782—2000	螺钉 M6×16	12	Q235			
3		密封盖	1	Q235			
2		轴承端盖	1	HT200			
1		调整垫片	2 组	08F			

（标题栏）

圆柱齿轮减速器（油润滑轴承）

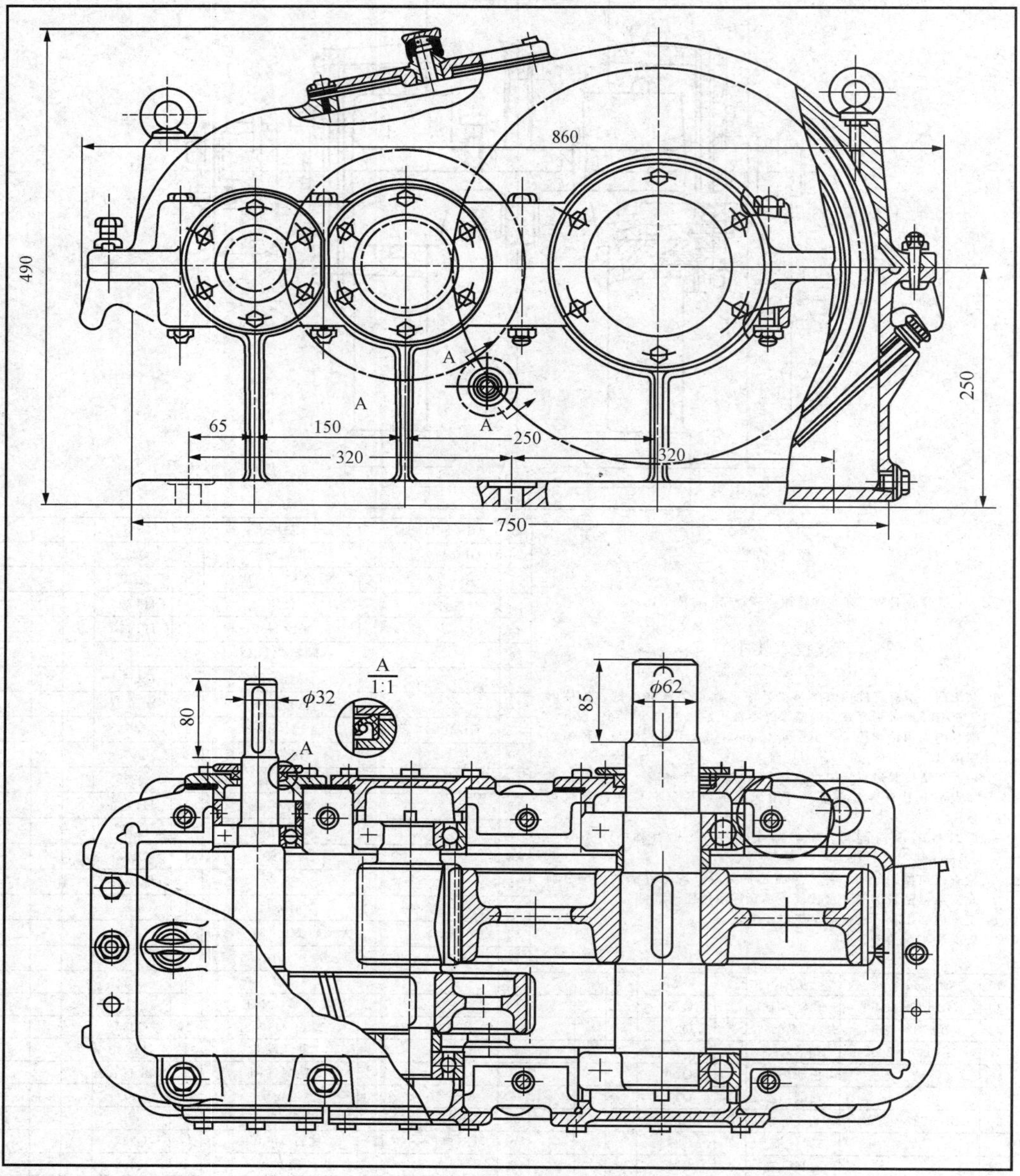

图 6-3　展开式两级圆柱齿轮减速器

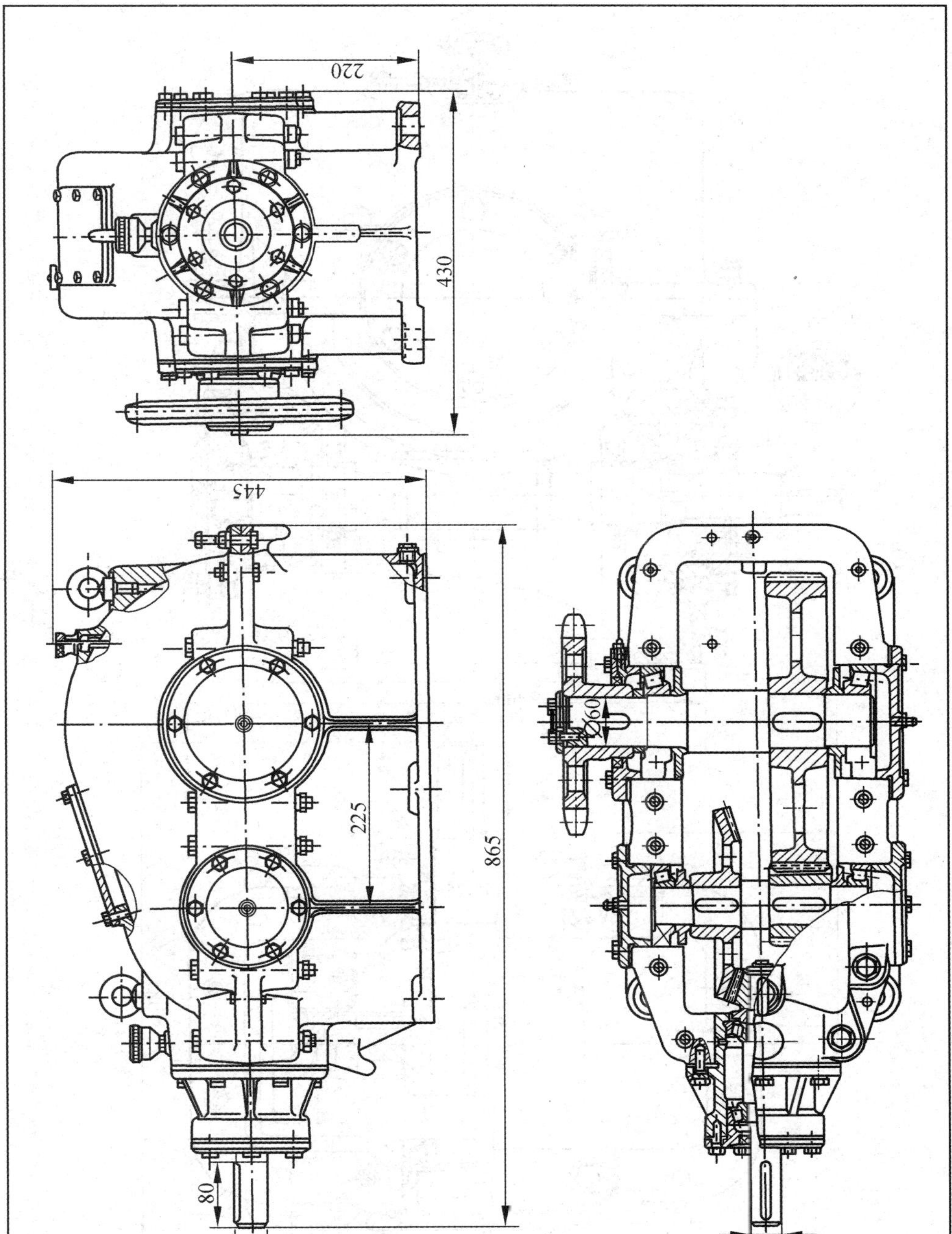

图6-4　圆锥圆柱齿轮减速器

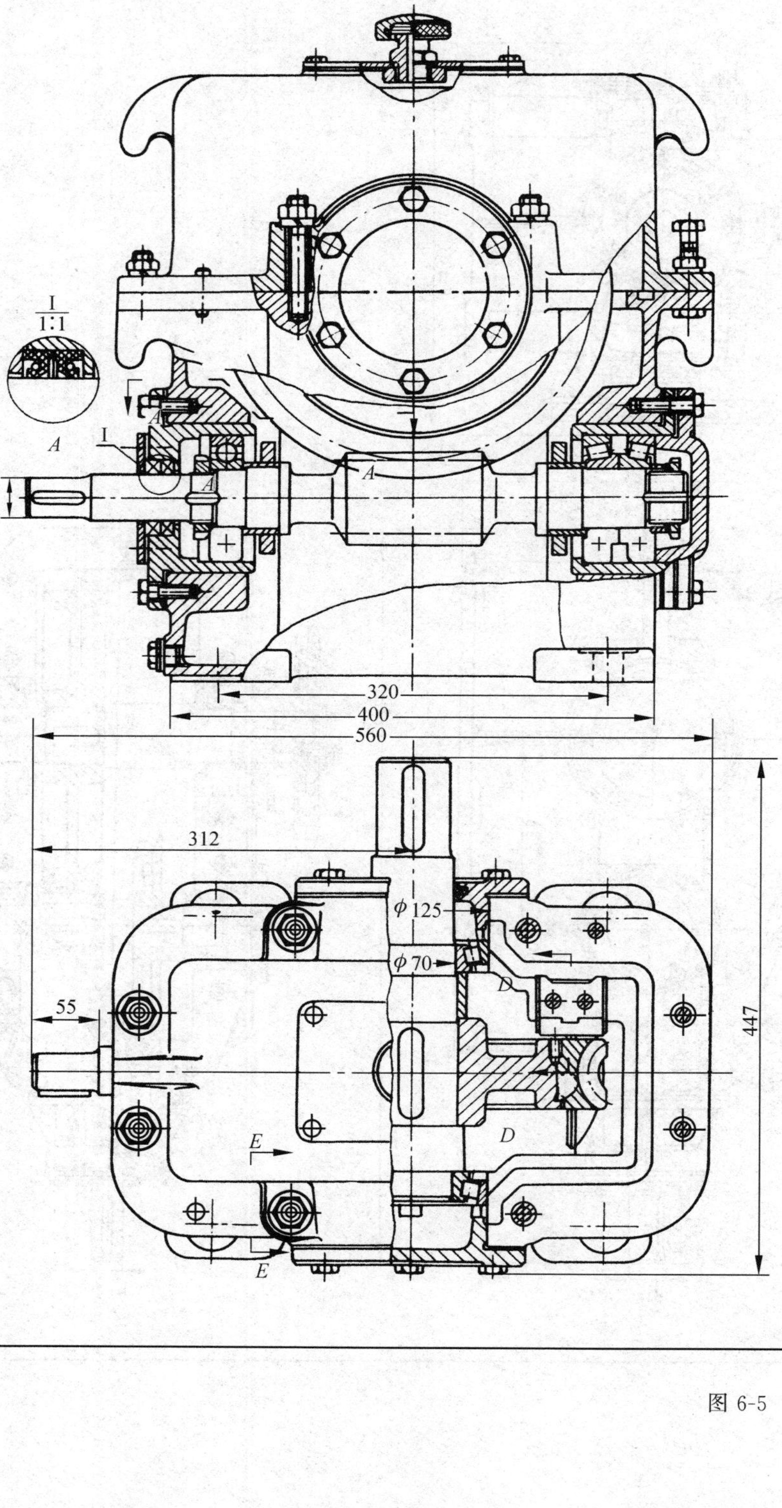

图 6-5　下置剖分式

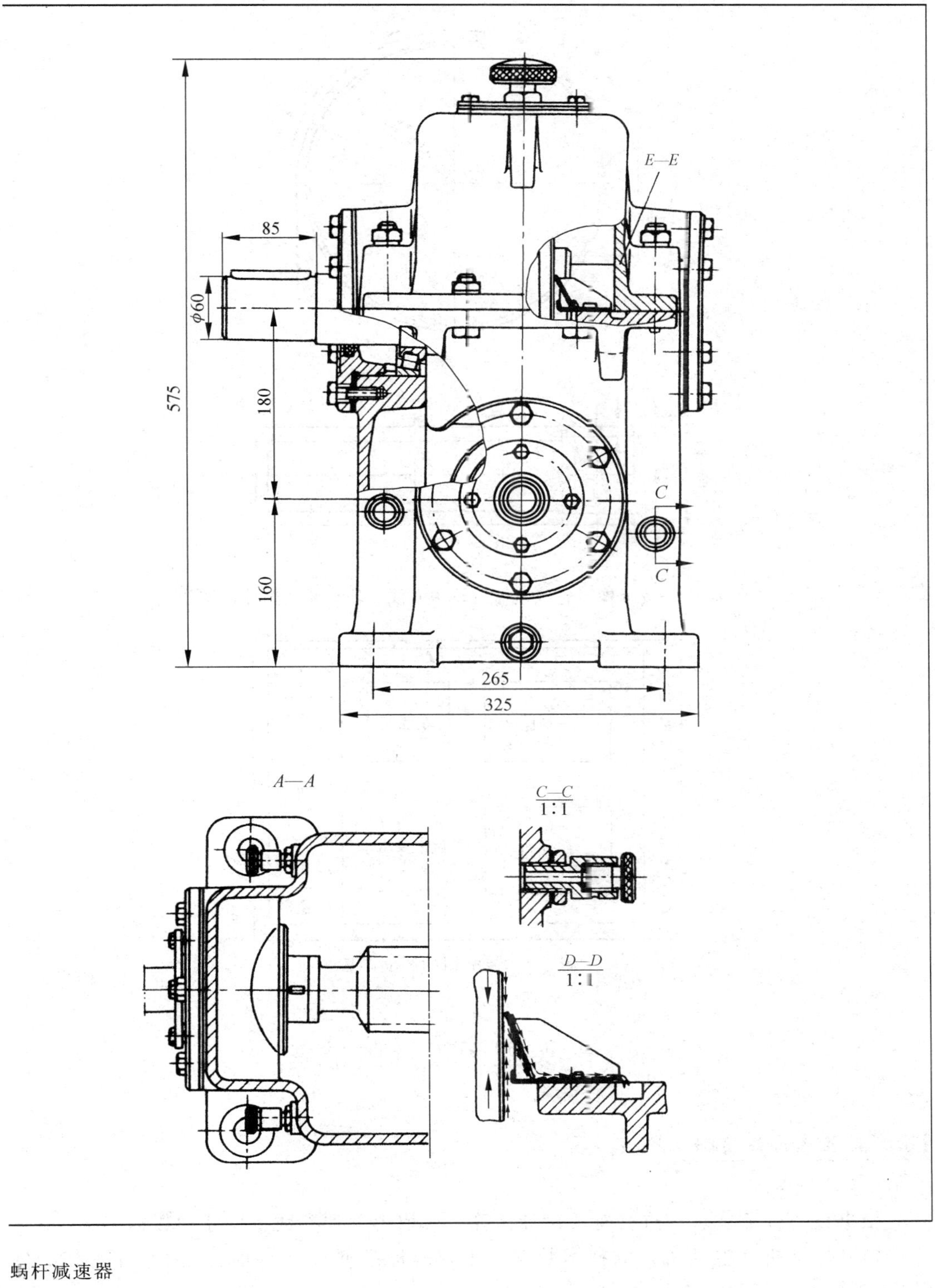

蜗杆减速器

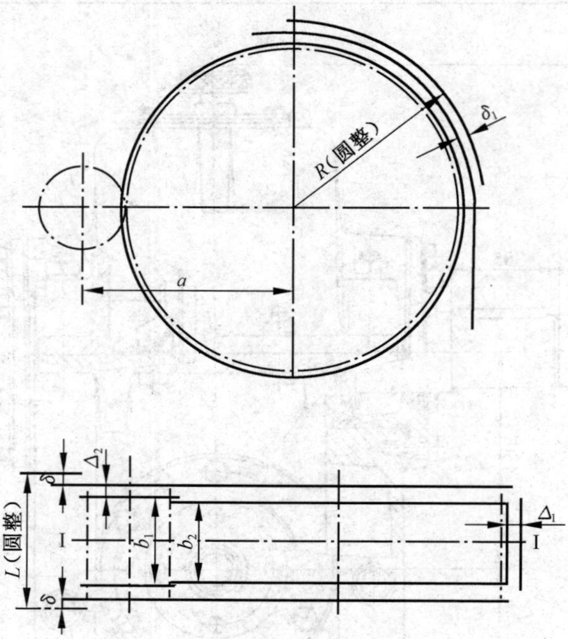

图 6-6　一级圆柱齿轮减速器齿轮中心线、轮廓线及箱体内壁线

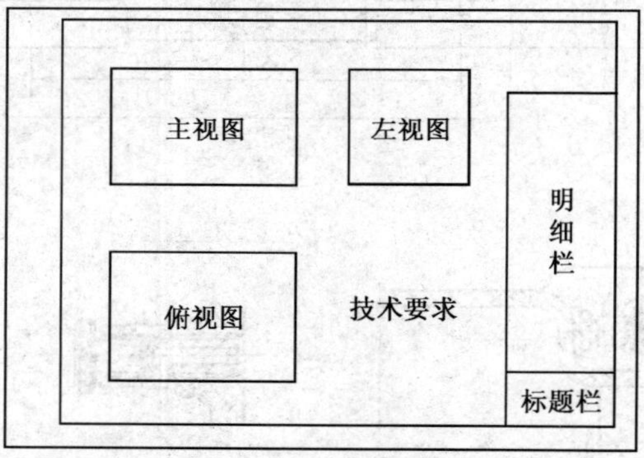

图 6-7　装配图的图面布置

6.1　装配图设计的准备

6.1.1　准备原始资料

根据设计任务要求，进行有关设计计算，应取得下列参数、尺寸和数据：

(1) 原动机（电动机）的技术数据，主要有标准型号、外伸轴直径、中心高、安装方式等。

（2）各传动零部件的主要参数和尺寸，如齿轮或蜗杆传动的中心距、中心高、齿轮分度圆和齿顶圆直径及齿轮宽度等。

6.1.2 确定结构方案

减速器是机械传动中较典型的部件，包含了机械零件中的轴类、盘类、箱体类等零件和主要通用标准零部件。确定结构方案时，应认真阅读有关设计资料和图册，观看有关减速器的录像，观察或拆装实际减速器，了解其中各零部件的功用、相互关系、类型和结构，做到对设计内容心中有数。列出各种减速器的结构方案，通过综合分析比较各个方案，最后确定一个最佳方案。表 6-1 给出结构方案选择的主要内容及参考资料供设计时参考。

表 6-1 结构方案选择的主要内容及参考资料

方案名称	主要内容和参考资料
减速器箱体结构	有剖分式、整体式、铸造式、焊接式、平壁式、凸壁式和平顶式等，详见第 5 章相关内容及本章各种减速器图
润滑方式和润滑装置	（1）传动件的润滑：多用浸油润滑（图 5-1），少数齿轮传动采用带油轮润滑，蜗杆传动有时也用喷油润滑（图 5-2） （2）轴承的润滑：齿轮减速器多为飞溅润滑（图 5-3）和油脂润滑（图 5-6），大齿轮圆周速度 $v>1.5\sim2$m/s 时，可用飞溅润滑。飞溅润滑时应设输油沟（图 5-3），下置式蜗杆轴支撑轴承多为浸油润滑，蜗轮轴支承轴承多为刮板润滑或油脂润滑
轴承密封和密封装置	（1）轴外伸处的密封装置：常用毡圈式、间隙沟槽等密封装置（图 5-7～图 5-11） （2）轴承室内侧的密封装置：油脂润滑轴承常用旋转式封油环（图 5-12）；溅油润滑时的高速级齿轮轴承常设挡油环装置（图 5-13）
轴承端盖结构	（1）凸缘式（图 4-32，图 6-1，图 6-2） （2）嵌入式（图 4-33），使用特点和选择见第 4 章第 3 节相关内容
轴承组件结构	主要包括轴承类型、支撑固定方式、轴承间隙（或游隙）及传动啮合位置的调整等。各种减速器轴承组件的常用结构方案及其分析见第 4 章　图 4-22～图 4-25）
减速器附件	主要包括油标、油塞、通气器、吊环螺钉及吊耳等，其类型可参考第 4 章第 4 节相关内容及本章图 6-1～图 6-6 选择

6.1.3 绘图准备

1. 选择图纸幅面

装配图中应表达的内容较多，一般用 A0 或 A1 号图幅绘制，基本要求是“用最小的图幅表达最全面的设计内容”。图纸幅面及图框格式应符合国家机械制图标准，参见表 9-1 和表 9-2。

2. 选择视图

选择视图以表达清楚为原则，通常减速器选用三个视图（正视图、俯视图和侧视图）来表达，结构简单的可选用两个视图及必要的剖视图或局部视图来表达。

3. 选择图样比例和布置图面位置

装配图中布置图面以各种视图为中心，图样比例选择很重要，应按下列顺序进行：

(1) 初步估算出图面上除掉标题栏、明细表、减速器特性和技术要求等所需要的位置后剩下的空白图面。国家标准推荐的标题栏、明细表的格式及尺寸参见表 9-4 和表 9-5。

(2) 根据传动件的大小（大、小齿轮的齿顶圆直径，各轴线长度等），参考类似结构，估算出减速器的各视图大致轮廓尺寸。

(3) 根据空白图面和减速器大致轮廓尺寸，选择图样比例。图样比例的国家标准见表 9-3。设计中应优先选用1∶1或 1∶2 的图样，以增强设计的真实感。图面布置一般形式如图 6-7 所示。

6.2 装配草图的设计及绘制

设计装配草图的最初任务是通过绘图确定减速器的大致轮廓，同时进行轴的结构设计，确定轴承的型号及位置，找出轴承支点和轴系上作用力的作用点。对轴、轴承及键进行强度验算。设计装配草图的最终目的是基本确定所有零件和部件的结构尺寸。

绘制装配草图的过程中，有一些零件的结构及尺寸将会有所修改，所以如果是手工绘图，必须使用绘图仪器，着笔要轻，线条要细，以保持图面清洁。对于已标准化或规范化了的零部件（如螺栓、螺母、滚动轴承等）可先用示意法表示其外形轮廓尺寸。对于零件的倒圆、倒角、剖面线不必画出。但要注意，所定零件的尺寸、大小应严格遵守选定的比例尺，以便取得零件准确的结构形状、尺寸数据及零件间的相互位置。设计及绘制装配草图一般可分为下列三个阶段进行。

6.2.1 设计装配草图的第一阶段

这一阶段的主要任务是：确定箱体内外零部件的外形尺寸和相互位置关系；选择联轴器；设计轴的结构尺寸；验算轴的强度；校核滚动轴承的承载能力与寿命；选择键连接并验算其强度。

传动齿轮、轴和轴承是减速器的主要零部件，其他零部件的结构和尺寸则由这些零部件确定。因此绘图时要先画主要零件，后画次要零件；先由箱体内的零件画起，逐步向外画；先画零件的中心线及轮廓线，后画详细结构。画图时要以一个视图（一般为俯视图）为主，兼顾其他几个视图。

1．画传动零件的中心线、轮廓线及机箱内壁线

1）圆柱齿轮减速器

根据图面布置，先在主视图和俯视图上画出齿轮中心线、齿顶圆、节圆及齿轮宽度对称线、齿轮宽度线等轮廓线。应注意，为避免安装误差影响轮齿的接触宽度，应使小齿轮宽度 b_1 比大齿轮宽度 b_2 宽 5～10mm。箱体内壁与齿轮两端面及大、小齿轮齿顶圆间应留有一定间隙 Δ_1 及 Δ_2，以避免铸造箱体的尺寸误差和箱体表面的凹凸不平造成间隙过小，甚至使箱体与齿轮相碰，推荐的间隙 Δ_1 及 Δ_2 值如表 6-2 齿轮减速器草图相关尺寸所示。设计时，小齿轮齿顶圆与箱体内壁的距离暂不能定出。查出 Δ_1 及 Δ_2 值即可画出内壁位置线，图 6-6 中 δ 为减速器箱座壁厚。一级圆柱齿轮减速器齿轮中心线、轮廓线及箱体内壁线画法如图 6-6 所示。

2）圆锥齿轮减速器

圆锥齿轮减速器常采用以小圆锥齿轮轴线为对称轴的结构形式，这样当须改变输出轴方向时，可以将大圆锥齿轮调头安装。绘图时先画出齿轮的中心线及齿轮的轮廓线，锥齿轮轮廓端面与箱体内壁的距离 Δ_2，锥齿轮顶圆与箱体内壁的距离 Δ_1 可查表 6-2，大齿轮的轮毂长度 L 可取为 $L=(1.6\sim1.8)\ b$，b 为齿轮宽度。一级圆锥齿轮减速器齿轮的中心线、轮廓线及箱体内壁线画法如图 6-8 所示。

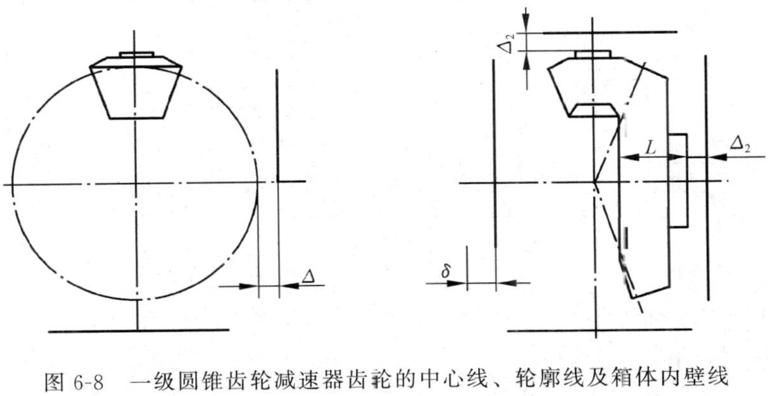

图 6-8　一级圆锥齿轮减速器齿轮的中心线、轮廓线及箱体内壁线

3）蜗轮杆减速器

画出蜗杆和蜗轮的中心线及节圆和齿顶圆等轮廓线，蜗轮外圆与箱体内壁间的距离 Δ_1 及蜗轮外圆与蜗杆轴的轴承座距离 Δ_3 可查表 6-3 蜗杆减速器草图相关尺寸。蜗杆减速器草图画法见图 6-9。

2．选择联轴器

联轴器是标准件，一般其内孔是标准尺寸，安装在轴的最小直径部位。在确定轴的最小直径之前，应先选定联轴器。

表 6-2　齿轮减速器草图相关尺寸

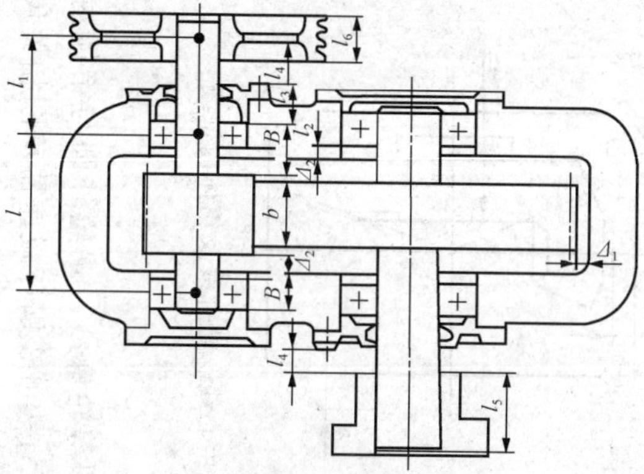

一级圆柱齿轮减速器草图

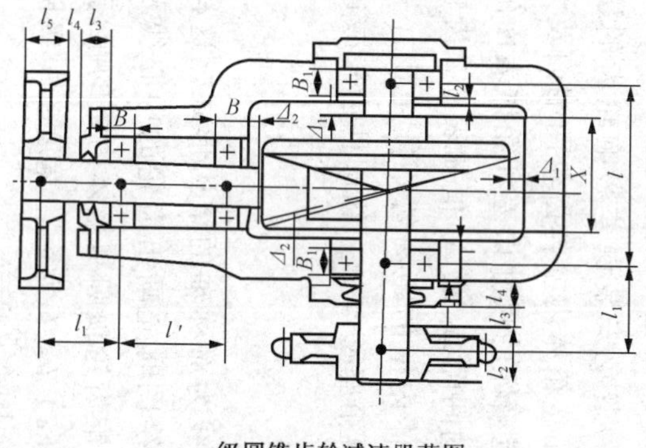

一级圆锥齿轮减速器草图

符号	名　　称	尺寸/mm	符号	名　　称	尺寸/mm
Δ_2	转动零件端面至减速器内壁的距离	$\Delta_2\approx10\sim15$，对于重型减速器应取大些	l_2	轴承端面至箱体内壁的距离	轴承用油池内油润滑时$l_2=5\sim10$，轴承用脂润滑且有封油环时 $l_2=10\sim15$
b	小齿轮宽度	由齿轮结构设计确定			
B、B_1	轴承宽度	根据轴颈直径按中系列轴承选择	l_3	轴承端盖及连接螺栓头高度	根据轴承端盖结构型式决定
Δ_1	齿顶圆与减速器内壁之间的最小间隙	$\Delta_1\geqslant1.2\delta$，$\delta$ 为箱座壁厚	l_4	箱外零件至固定零件的距离	$l_4=15\sim20$
l'	小圆锥齿轮轴轴承支点距离	$l=(2.5\sim3)d$，d 为轴颈直径或 $l'\approx2l_1$	l_5	箱外零件与轴的配合长度	$l_5=(1.2\sim1.5)d$，d 为配合处轴径
l	轴承支点间的距离	由装配图计算决定	l_6	齿顶圆与轴之间的距离	$l_6\geqslant20$
l_1	箱外零件至轴承支点间的距离	$l_1=\dfrac{B}{2}+l_3+l_4+\dfrac{l_5}{2}$	z	圆锥齿轮的尺寸	由齿轮结构设计确定

表 6-3　蜗杆减速器草图相关尺寸

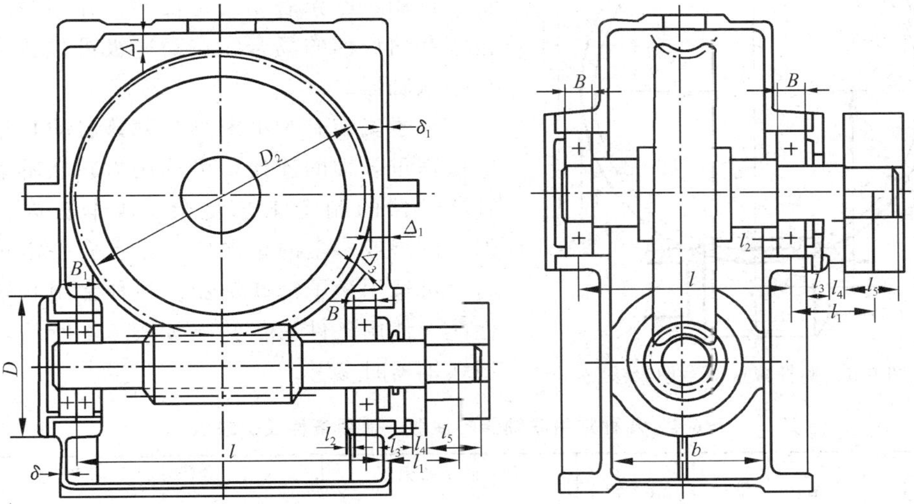

一级蜗杆减速器草图

符　　号	名　　称	尺寸/mm
D_2	蜗轮外圆直径	由蜗轮结构设计确定
Δ_2	蜗轮外圆与减速器内壁之间的最小间隙	$\Delta_2=15\sim30$
Δ_3	蜗轮外圆与轴承座的最小间隙	$\Delta_3\geqslant10\sim12$
B，B_1	轴承宽度	根据轴颈直径按中系列轴承选择
l	轴承支点间的距离	由装配图计算决定
l_1	箱外零件至轴承支点的距离	$l_1=\frac{B}{2}+l_3+l_4+\frac{l_5}{2}$
l_2	轴承端面至箱体内壁的距离	无挡油环时 $l_2=5\sim10$，有挡油环时 $l_2=10\sim15$
l_3	轴承端盖及连接螺栓头高度	根据轴承端盖结构形式决定
l_4	箱外零件至固定零件的距离	$l_4=15\sim20$
l_5	箱外零件与轴的配合长度	$l_5=(1.2\sim1.5)d$，d 为配合处轴径
D	轴承座凸缘外径	由轴承尺寸及轴承端盖结构形式确定
b	箱座内壁宽度	$b=D+(10\sim20)$

1）选联轴器类型

联轴器的类型可根据工作要求选择。轴的转速低、刚性大，工作时对中性好或轴的长度不大时，可选用刚性联轴器（如套筒联轴器，凸缘联轴器）。减速器输入轴和电动机轴相连接时，其转速高、转矩小，多选用弹性套柱销联轴器。它不仅可以缓和冲击，还适用于频繁启动或正反转的工作情况，并能补偿轴向移动和角位移。但当角位移过大时，耐油橡胶制作的弹性圈易磨损。

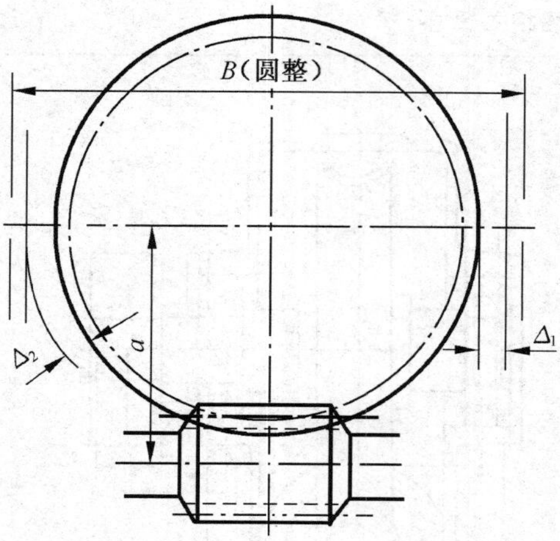

图 6-9 蜗杆减速器草图绘法

中小型减速器输出轴可采用弹性柱销联轴器。这种联轴器制造容易，装拆方便，成本低，可用于频繁启动或正反转，并有一定轴向位移和角位移的场合，在高速级可代替弹性套柱销联轴器。

对于安装时对中困难，频繁启动和正反转的低速重载轴的连接，可选用齿轮联轴器。这种联轴器的制造工艺复杂，成本较高。对高温、潮湿或多尘的单向传动，且有一定角位移时，可选用滚子链联轴器。几种常用联轴器的性能、使用条件及优缺点如表 6-4 所示，供选用联轴器时参考。

表 6-4 几种常用联轴器的性能、使用条件及优缺点

联轴器型式	许用转矩范围/(N·m)	轴径范围/mm	最大转速范围/(r/min)	允许使用的偏差 角度 α	轴向 Δx /mm	Δy /mm	使用条件	优点	缺点
凸缘联轴器(GB 5843—2003)	10～20 000	10～180	1 400～13 000				通常用于振动不大的条件下，连接低速和刚性不大的两轴	构造简单，成本低，能传递大的转矩	不能吸收冲击，不能消除由于两轴倾斜或不同心面引起的后果
弹性柱销联轴器(GB 5014—2003)	160～160 000	12～340	630～7 100	≤30′			适用于连接两同心轴，工作温度为−20～+70℃	容易制造，维护方便，结构简单，寿命较长，允许较大的轴向窜动，能缓冲减振	对于转矩变化大，冲击载荷强烈及安装精度低的传动轴系不宜选用此种联轴器
弹性套柱销联轴器(GB 4323—2002)	6.3～16 000	9～170	800～8 800	30′～1°30′			适用于连接两同心轴的传动轴系。具有补偿两轴相对位移和一般减振性，工作温度为−20～+70℃	弹性较好，能缓冲减振，不需润滑	寿命较低，需要橡胶材料，加工要求较高

续表

联轴器型式	许用转矩范围/(N·m)	轴径范围/mm	最大转速范围/(r/min)	允许使用的偏差			使用条件	优　　点	缺　　点
				角度 α	轴向 Δx /mm	Δy /mm			
轮胎联轴器(GB 5844—2002)	10～25 000	11～180	750～5 000	≤5°～12°	0.02 D(D为联轴器外径)	0.01 D	适用于潮湿、多尘、冲击大、正反转变化多、启动频繁、两轴角度误差大的情况	无相对摩擦，不需润滑，弹性好，能吸收冲击，两两对称可互换	需用橡胶材料，所用轮胎径向尺寸较大，飞轮力矩很大
NZ挠性爪型联轴器(Q/ZB 110—1973)和滑块联轴器	25～600	15～65	3 800～10 000	≤40′		≤0.2	小功率，高转速，一般用于油泵及控制器。没有急剧的冲击载荷，轴的扭转切应力在25MPa以下	外形尺寸小，飞轮力矩很小	制造较复杂，工作面易磨损，效率低
梅花形弹性联轴器(GB 5272—2002)	16～25 000	12～140	950～15 300				具有补偿两轴相对偏移、耐磨及减振缓冲的性能	弹性件加工简单，成本低	要有专门机床和专业厂生产
滚子链联轴器(GB 6069—2002)	40～25 000	16～190	200～4 500				适用于连接两同心轴，具有补偿少量轴线位移能力，有轻度缓冲能力	结构简单，装拆方便，结构紧凑，工作可靠，效率高等	高速时，链长离心力大，有剧烈的冲击载荷，不适于传递轴向力

2）选择联轴器的型号和尺寸

在确定好联轴器类型之后，可根据轴所传递转矩的大小和轴的转速从第9章9.5节联轴器表中选取适用的型号。所选型号的许用转矩和许用转速应大于计算转矩及实际转速。计算转矩的计算方法参见课本中相关内容。每一类型的联轴器有多种轴径，具体选用轴径还要结合轴的强度计算确定，可先多选用几种轴径，待下步再从中选定。

3. 轴径的初步计算

1）轴的材料

选择轴的材料及热处理工艺，确定许用应力。可参考课本中相关内容进行选择，如果是多个轴，选择结果最好列表清晰表达。

2）初步估算轴径

减速器中轴的直径可按扭转强度条件计算公式初步估算，可参考课本中相关内容进行计算确定。

当高速轴与电动机轴相连时，可取轴端直径 $d=(1\sim0.8)d_{电}$（$d_{电}$ 为电动机外伸轴的直径）。

算出的 d 值应进行圆整，通常取其尾数为 0、2、5、8，并以此 d 值作为轴最细处的直径。

如果轴的外伸端安装联轴器，则初估直径必须与所选择联轴器的孔径相符，如果轴的外伸端上安装各种工作轮（带轮或链轮等），则外伸端直径要与工作轮的孔径要求相同。

4. 轴的结构设计

轴的结构设计要综合考虑轴的强度、刚度、加工工艺性和轴上零件的安装、固定、拆卸等各种因素。在确定轴的各段直径和长度的同时，也要确定其他一些零件及箱体的有关尺寸。轴的结构设计可分为两步进行，即先确定轴的各段直径，再确定轴的各段长度。下面以图 6-10 为例说明阶梯轴各段直径和长度的确定方法。直径确定方法由表 6-5 给出；长度确定方法由表 6-6 给出。

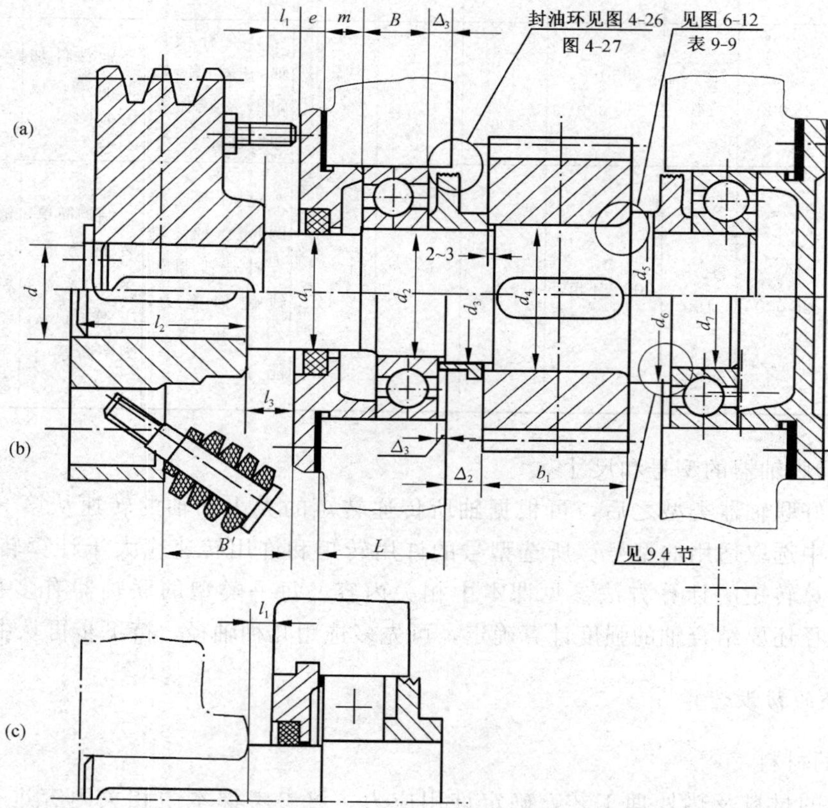

图 6-10　轴的各段直径和长度确定

表 6-5　轴各段直径的确定

符　　号	确定方法及说明
d	见本节内容 3
d_1	$d_1=d+2h$，h 为轴肩高度，用于轴上零件的定位和固定，故 h 值应稍大于毂孔的圆角半径或倒角深，通常取 $h\geqslant(0.07\sim0.1)d$，d_1 应符合密封元件的孔径要求（见表 9-54～表 9-59），轴肩过渡圆角的要求及数值见图 6-11 及表 9-9
d_2	$d_2=d_1+(1\sim5)$mm。图中 $d_1\sim d_2$ 的变化仅为装配图方便及区分加工表面，故其差值可小些。该轴径过渡为自由表面，其圆角半径见表 9-9。d_2 与滚动轴承相配，必须与轴承孔径一致（轴承尺寸见表 9-43～表 9-46，开始设计时可预选中轻系列轴承）
d_3	$d_3\geqslant d_2$。直径变化仅为区分加工表面
d_4	$d_4=d_3+(1\sim5)$mm。为了装配方便而加大直径，圆角半径见表 9-9。与齿轮相配，应圆整为标准直径（一般取尾数为 0、2、5、8）
d_5	$d_5=d_4+2h$。轴环供齿轮轴向定位，$h\geqslant(0.07\sim0.1)d_4$，$h$ 值及过渡圆角 r 的要求和数值见图 6-11 及表 9-9
d_6	$d_6\geqslant d_5$ 或 $d_6=d_7+2h$。轴环用于轴承的轴向定位，为了便于拆卸，其值不能超过轴承内圈高度，可参照滚动轴承安装尺寸（见表 9-43～表 9-46）确定，过渡圆角也可同样查出
d_7	$d_7=d_2$。同一轴上的滚动轴承选用同一型号便于轴承座镗孔和减少轴承类型

表 6-6　轴各段长度的确定

符　号	名　　称	确定方法及说明
b_1	小齿轮宽度	取 $b_1=b_2+(5\sim10)$mm。b_2 为大齿轮宽度，即齿轮啮合的有效宽度，由齿轮设计计算确定
Δ_2	小齿轮端面至箱体内壁距离	$\Delta_2=10\sim15$mm。对重型减速器应取大值
Δ_3	箱体内壁至轴承端面的距离	当轴承为脂润滑时，应设封油环（见图 4-26 和图 4-27），取 $\Delta_3=10\sim15$mm。当轴承为油润滑时，取 $\Delta_3=3\sim5$mm（见图 4-28）
B	轴承宽度	按轴颈直径初选（一般初选取中轻系列），轴承型号最后确定（表 9-43～表 9-46）
L	轴承座宽度	L 由轴承座两旁连接螺栓直径要求的扳手空间位置来确定，$L=\delta+C_1+C_2+5\sim8$mm，δ 为箱体壁厚，可查表 4-1，C_1 和 C_2 的最小值根据螺栓外径查表 4-2，而螺栓外径由表 4-1 确定
m e	轴承端盖长度尺寸	$m=L-\Delta_3-B$。对凸缘式轴承端盖的 m 尺寸不宜太短，以避免拧紧固定螺钉时轴承端盖歪斜，一般取 $m\geqslant e$，e 值可根据轴承外径查图 4-32，若 $m<e$，则应加大 m，亦即增大 L 尺寸
l_1	外伸轴上旋转零件的内端面与轴承端盖外端面的距离	l_1 与外接零件及轴承端盖的结构有关 l_1 要保证轴承端盖固定螺钉的装拆要求。 l_1 要保证联轴器柱销的装拆要求。 l_1 也与轴伸出端的密封装置有关。 对于嵌入式轴承端盖，$l_1=5\sim10$mm，对于凸缘式轴承端盖，$l_1=15\sim20$mm
l_2	外伸轴上装旋转零件的轴段长度	由轴上旋转零件（如带轮、联轴器等）的毂孔宽度及固定方式而定，当采用键连接时，l_2 应满足键的强度要求，一般取 $l_2=(1.2\sim1.8)d$，d 为轴头直径

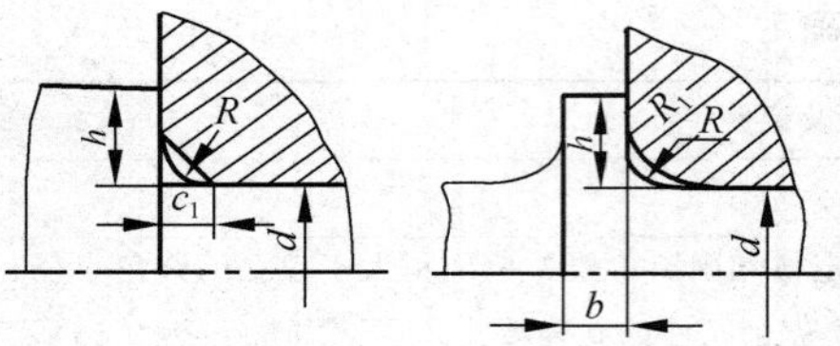

图 6-11 轴肩和轴环的确定

轴的结构设计应注意问题：

（1）轴肩和轴环是用来对轴上零部件进行轴向定位，为保证零部件端面紧靠定位面，在图 6-11中应使 $R<C_1$ 或 $R<R_1$。R、R_1 及 C_1 的值见第 9 章表 9-9。

（2）为保证定位和固定可靠，在图 6-12 中应使 $h>C_1$ 或 $h>R_1$，通常取：$h \geqslant (0.07 \sim 0.1)d$；$b \geqslant 1.4h$（表 9-12）。

（3）与滚动轴承相配合处的圆角半径及轴肩、轴环高度，查滚动轴承尺寸表可以确定，滚动轴承尺寸表见第 9 章相关表 9-43～表 9-46。

（4）自由表面（非配合面）过渡处的圆角半径可查第 9 章表 9-9 确定。

（5）对车削或磨削加工（粗糙度 $R_a \leqslant 0.8\mu m$）的轴表面，应分别留出螺纹退刀槽及砂轮越程槽。其结构尺寸可查第 9 章相关表 9-13 确定。

（6）为便于装配，轴端应制成倒角。对过盈配合表面的表面的压入端，应制有倒角，以便于装配时压入零件，倒角尺寸如表 6-7 所示。

表 6-7 过盈配合零件的嵌入倒角 （单位：mm）

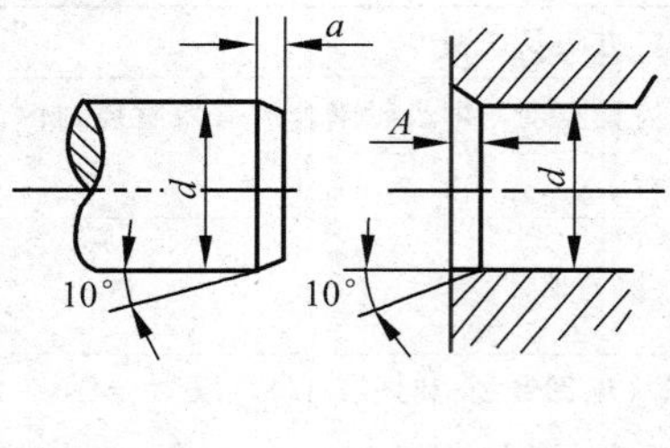

配合直径 d	倒角深	配合		
		a6、r6、n6、m6	a7	u8
≤50	a	0.5	1	2
	A	1	1.5	2.5
>50～100	a	1	2	3
	A	1.5	2.5	3.5
>100～250	a	2	3	5
	A	2.5	3.5	6

在确定轴各段长度时，所涉及的箱体及轴上零件尺寸、轴承盖及其固定螺钉尺寸、轴承座孔宽度及两旁连接螺栓尺寸、带轮或联轴器尺寸、封油环、挡油环尺寸等，都应查出来记下，以备后用。

为保证定位可靠，避免三面接触，轴的各段长度一般不与轴上相配零件的宽度相等，如图 6-12 和图 6-13 所示，通常取 $B-l=2 \sim 3$mm，以保证轴向压紧。

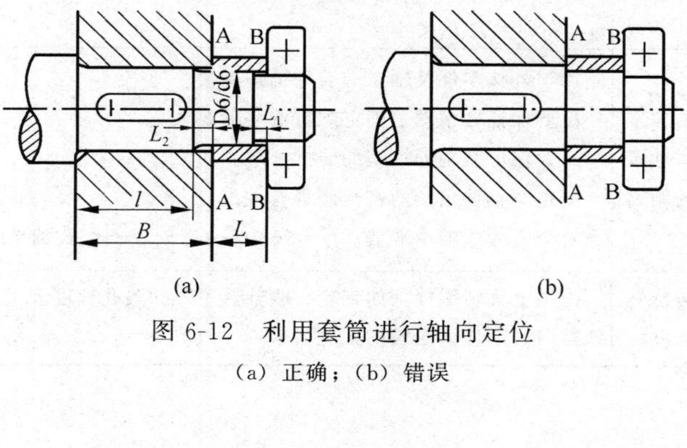

图 6-12 利用套筒进行轴向定位

（a）正确；（b）错误

决定轴承座的宽度 L 时，除应考虑轴承座两旁连接螺栓的扳手空间位置外，还应考虑轴承的润滑方式、有无挡油环、封油环及轴承端盖结构所需位置的大小。一般情况下，低速轴轴承较宽，故画图时应先从低速轴轴承画起，并使高速轴和中间轴的轴承座与低速轴轴承座宽度相同，从而使各轴承座外端面在同一平面上，以便于一次装夹加工（刨削加工或铣削加工），提高生产加工效率。

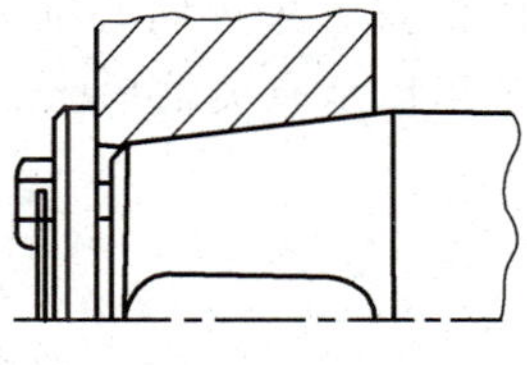

图 6-13　利用轴端挡圈对锥形轴端轴向定位

至此，我们可以绘制的一级圆柱齿轮减速器，圆锥齿轮减速器和蜗杆减速器如图 6-14～图 6-16 所示。

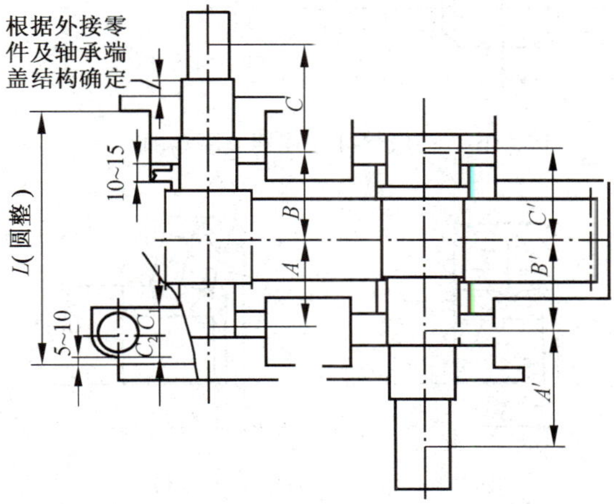

图 6-14　一级圆柱齿轮减速器装配草图（一）

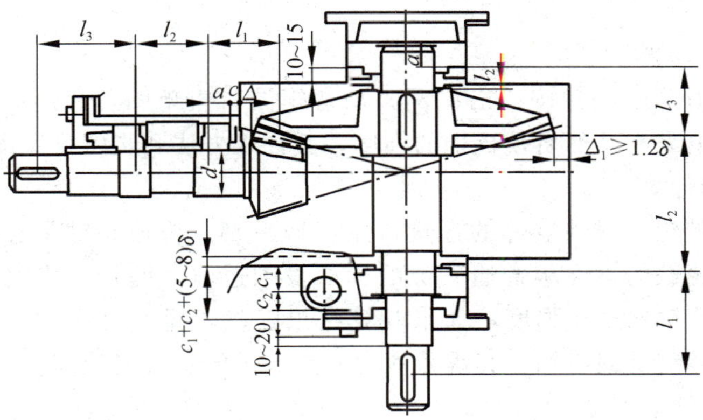

图 6-15　一级圆锥齿轮减速器装配草图（一）

5. 确定轴上力的作用点和支点跨距

轴的结构确定后，便可以从减速器装配图设计第一阶段的草图上定出力的作用点，计算出轴的支点距离，如图 6-14～图 6-16 所示。向心轴承时，力的作用点取轴承的中间位置；采用向心推力轴承时，轴承支点应取在离轴承端面的 a 处，如图 6-17 所示，a 值可以从有关轴承标准中查出。轴上零件作用力一般可看作集中力作用于轮缘宽度中间。

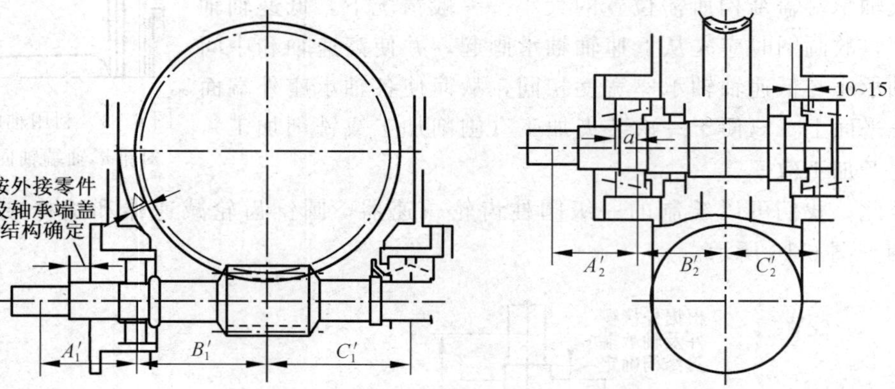

图 6-16　一级蜗杆减速器装配草图（一）

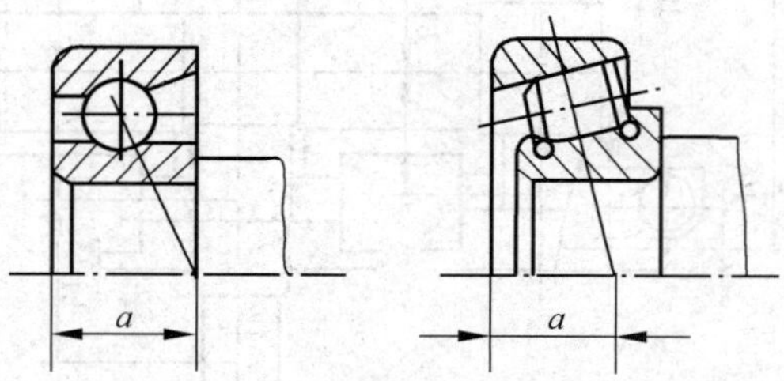

图 6-17　向心推力轴承支点位置

6. 校核轴、键的强度及轴承的寿命

1）轴的受力计算

画出轴的受力简图，并按适当比例画出弯矩图、扭矩图。弯矩图、扭矩图上的特征点必须注明数值大小，然后校核轴的强度，其详细方法和步骤见课本中相关内容。

2）键的选择计算

轴与齿轮、带轮、联轴器等的连接常用普通平键。普通平键是标准件，其尺寸可根据轴的直径和轮毂的宽度从普通平键的标准表中选取，键长一定要比轮毂的宽度稍短一些。然后验算键的挤压强度，如果验算结果强度不足，可增加强度要求。使用两个键时，考虑到各键受载不均，其承载能力应按单键的 1.5 倍计算。

3）校核滚动轴承寿命

按课本中相关内容校核滚动轴承寿命。轴承使用寿命可参考课本或有关手册中对各种设备中轴承使用寿命的推荐值来选定。如校核结果表明轴承寿命余量过大，则应改选轻系列轴承；如寿命不够，则应改选重系列轴承，但不要轻易改动轴承内孔尺寸，否则轴及轴上零件尺寸都要改变。

6.2.2 设计装配图的第二阶段

这一阶段的主要工作是设计轴系部件，主要包括轴上所有零件及与轴承组合的有关零件。

1. 传动件的结构设计

如图 6-18 所示，当小齿轮齿根（锥齿轮为小端齿根）到键槽顶面距离 $e \leqslant (2\sim2.5)\ m_n$（锥齿轮 $e \leqslant 1.6m_n$）时，齿轮与轴应做成一体的齿轮轴，此时俯视图中的大齿轮采用全剖视绘出，而小齿轮只能采用局部剖视绘出，以表明两齿轮的啮合情况（图 6-2）。若为斜齿轮，则应在小齿轮未剖外形部分画出几条细线以表示轮齿的倾斜方向（图 6-1），齿轮的详细结构可参阅课本相关部分。

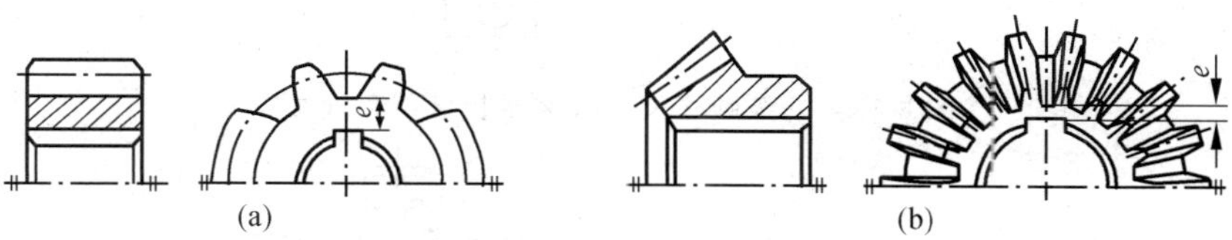

图 6-18 齿轮结构确定

2. 轴承端盖的结构设计

轴承端盖的结构类型和尺寸参见本书第 4 章图 4-32 和图 4-33，其作用是对轴承轴向定位。设计时注意增加调整轴承间隙的结构和密封装置。

3. 轴系的轴向固定与调整设计

轴系的轴向固定与调整设计，可参考本书第 4 章 4.3 节或课本的相关内容。轴系的轴向固定常采用双支点单向固定或一端双向固定、一端游动这两种方法。双支点单向固定适用于一般齿轮减速器和轴承支点跨距＜300mm 的蜗杆减速器的轴。而一端双向固定，一端游动允许轴系有较大的热伸长，但结构复杂，适用于温升较高的细长轴。轴系的轴向位置调整目的是保证传动件的正确啮合。

4. 轴承的润滑与密封装置设计

轴承的润滑与密封装置设计参见本书第 5 章有关内容。轴承密封的结构形式应根据设计任务书所给定的工作环境、轴承的润滑方式和密封处的圆周速度等条件，从第 9 章有关表中选用。

装配图草图设计第二阶段的具体内容如图 6-19～图 6-21 所示。

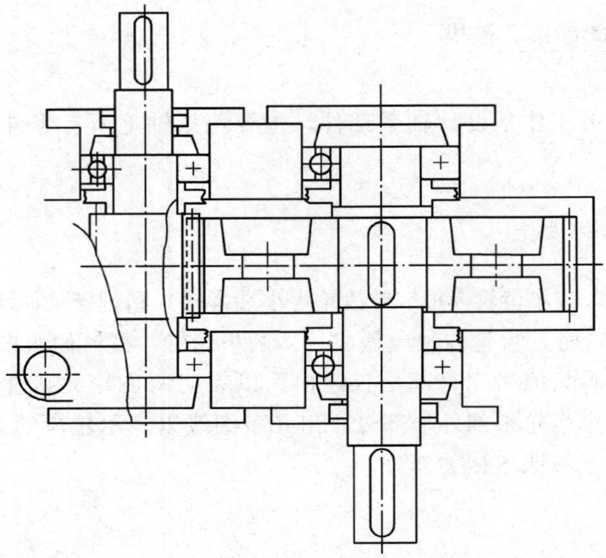

图 6-19　一级圆柱齿轮减速器装配草图（二）

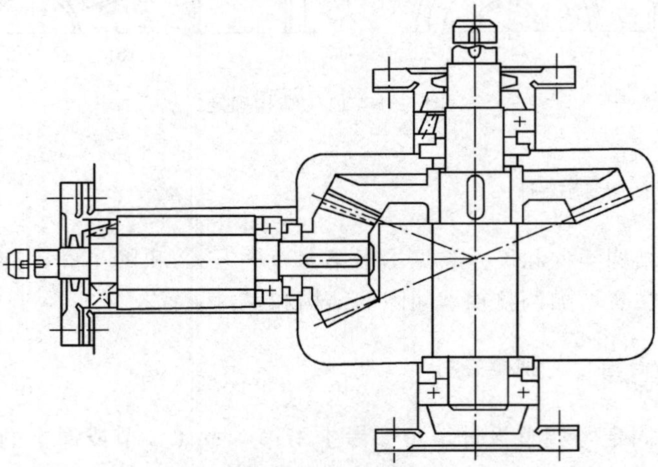

图 6-20　一级圆锥齿轮减速器装配草图（二）

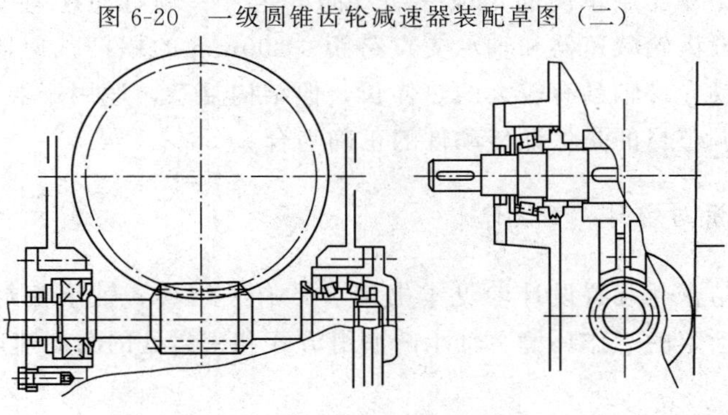

图 6-21　一级蜗杆减速器装配草图（二）

6.2.3 设计装配图的第三阶段

这一阶段的主要内容是设计减速器箱体及其附件结构和尺寸，确定减速器的润滑方式及润滑剂，完成装配图底稿，详见本书第 4 章。这一阶段绘图的次序是先箱体、后附件，先轮廓、后细节。画图时应在几个视图上同时进行。如图6-22所示是这个阶段完成后一级圆柱齿轮减速器装配草图。

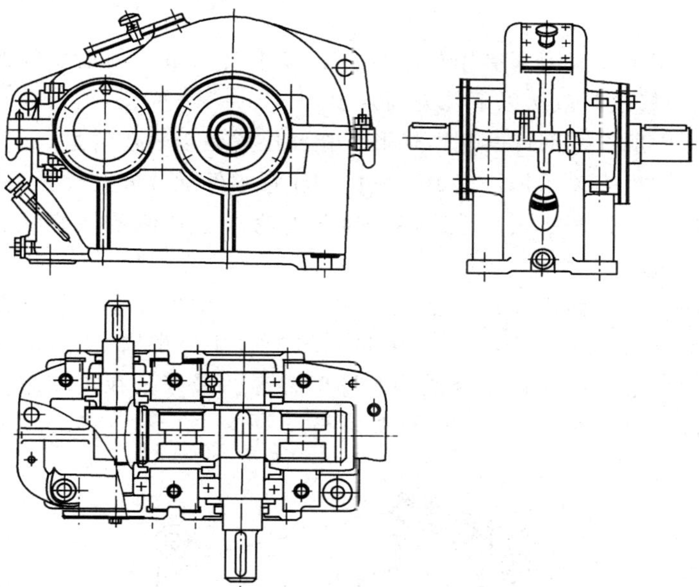

图 6-22　一级圆柱齿轮减速器装配草图（三）

6.3　装配草图的检查和修改

手工绘制的装配草图，不要急于描粗加深，应进行仔细检查和认真修改。如果是电脑绘图，可以另命名备份一下，以利再次修改。审图方式可采取个人检查、相互检查或交指导老师检查等方式。主要检查内容可分为结构、工艺和制图等方面。

6.3.1 结构、工艺的检查和修改

（1）装配图布置与传动方案布置是否一致，特别注意装配图上轴伸出端的位置是否符合任务书中传动方案的要求。

（2）轴上零件沿轴向能否固定，如何调整。

（3）轴上零件沿轴向能否顺利装配及拆卸。

（4）轴承轴向间隙和轴承组合位置（特别是圆锥齿轮、蜗轮的轴向位置）能否调

整及调整方式。

（5）润滑和密封是否能保证。

（6）箱体结构的合理性及工艺性，附件的布置是否恰当，结构是否正确。

（7）重要零部件（如各种齿轮、轴、轴承、键及箱体等）是否满足强度、刚度等要求，其计算方法和结果是否正确。

6.3.2 制图的检查和修改

制图方面应完全按照国家制图标准绘图，基本要求是“用最少的线条表达最完整的图形”。检查和修改时应从以下几方面入手：

（1）减速器中所有零部件的基本外形及相互位置是否表达清楚。

（2）各零件的投影关系是否正确，应特别注意零件配合处的投影关系。

（3）螺纹连接、弹簧垫圈、键连接、啮合齿轮以及其他零件的画法是否符合机械制图标准规定画法。

初次设计中出现各种错误是非常正常的，以下是学生在绘制装配图中的一些常见错误，如图 6-23 所示。图 6-24～图 6-38 是对图 6-23 中所举错误 1～38 分别进行局部放大详细说明，为便于学生检查和修改装配图时参考。最好是在绘图之前先认真分析一下这些例子，以防自己在绘图中出现类似情况。

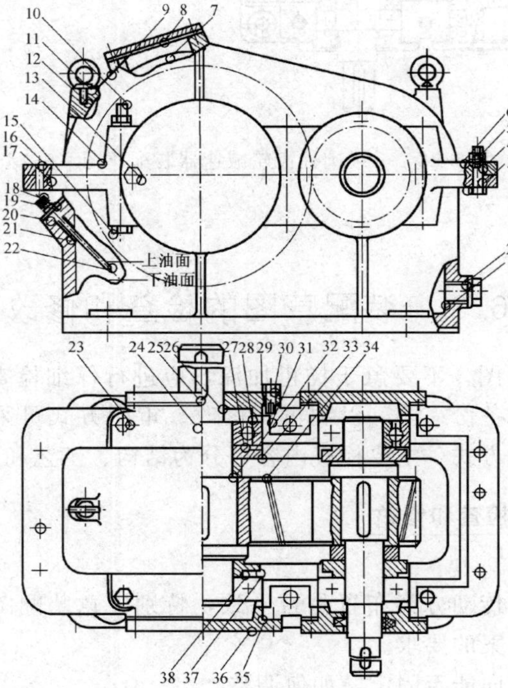

图 6-23　装配图中常见的错误举例

图 6-24 油塞的位置和画法

（a）误；（b）正

1. 油塞位置太高，油无法完全排出，箱体底部应有 1∶50 的斜度；

2. 垫圈内径小于油塞大径，实际垫圈无法装上

图 6-25 普通螺栓连接

（a）误；（b）正

1. 没画空隙；2. 螺纹小径用细实线画；

3. 弹簧垫圈开口方向反了；4. 应设鱼眼坑

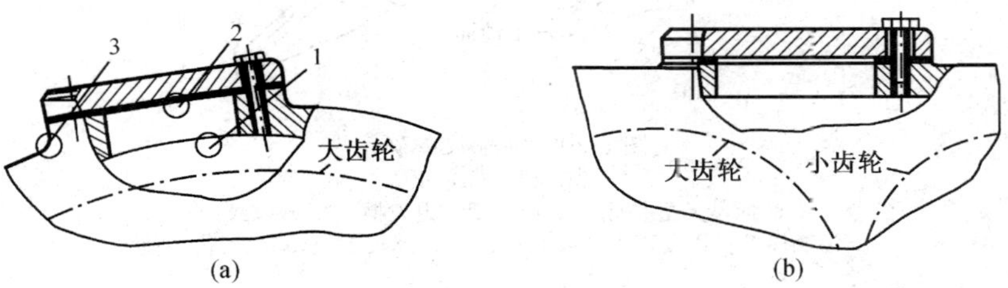

图 6-26 视孔盖的位置和画法

（a）误；（b）正

1. 窥视孔的位置应处在两齿轮的啮合部位上部；

2. 垫片没有剖着上部分不应涂黑；3. 缺轮廓线

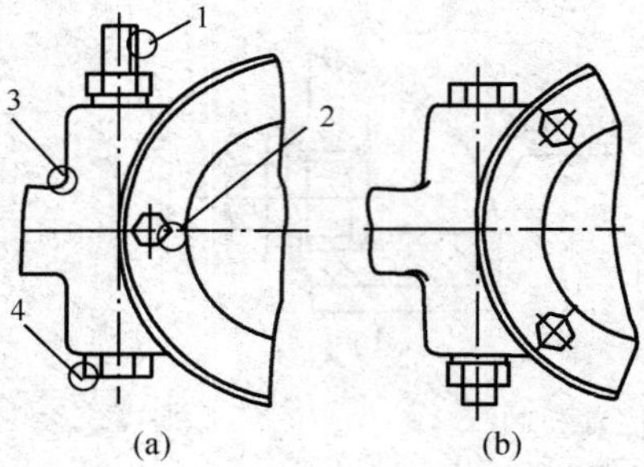

图 6-27　轴承座凸台及螺栓连接

(a) 误；(b) 正

1. 螺栓太长，外露 2～3 个螺距；2. 螺钉位置不对，处在剖分面上；3. 漏画凸台过渡线；4. 螺栓过长时，应从上向下安装

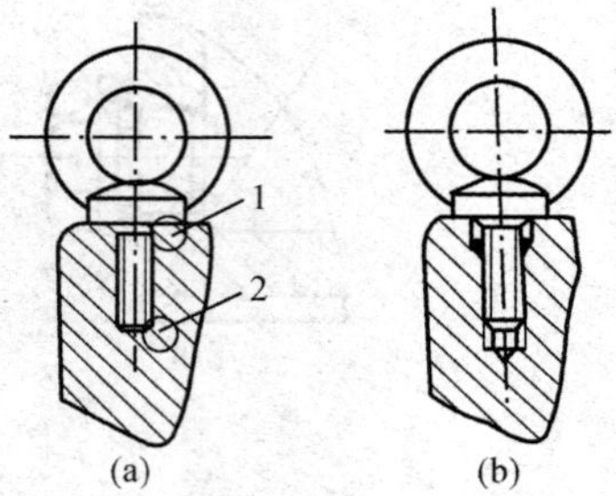

图 6-28　吊环螺钉

(a) 误；(b) 正

1. 无螺钉沉头座孔；2. 螺纹孔应有余量

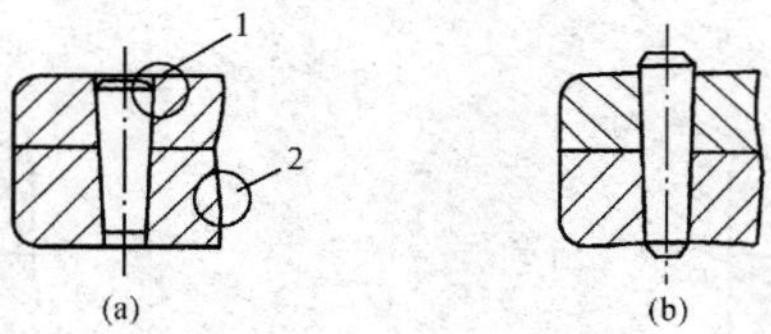

图 6-29　定位销的确定

(a) 误；(b) 正

1. 销钉应长一点，方便装拆；2. 相邻零件剖面线方向应相反

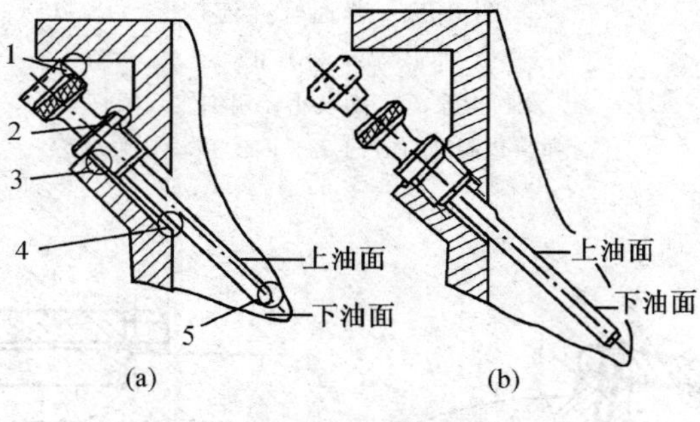

图 6-30　油标尺的确定

(a) 误；(b) 正

1. 油标尺无法装拆；2. 应有螺纹退刀槽；3. 缺螺纹线；4. 漏画箱壁投影线，内螺纹太长；5. 油标尺太短，测不到下油面

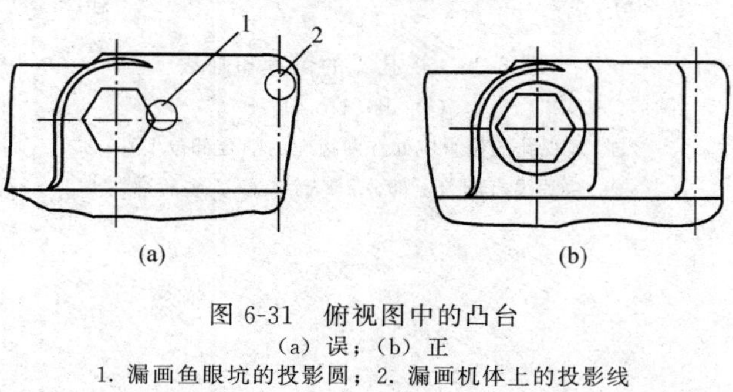

图 6-31　俯视图中的凸台

(a) 误；(b) 正

1. 漏画鱼眼坑的投影圆；2. 漏画机体上的投影线

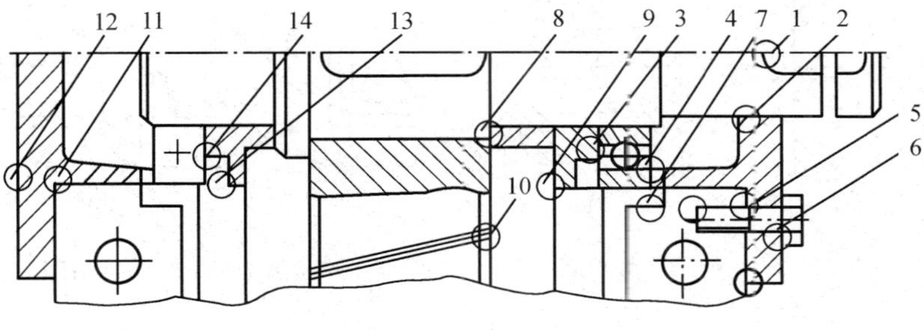

(a)

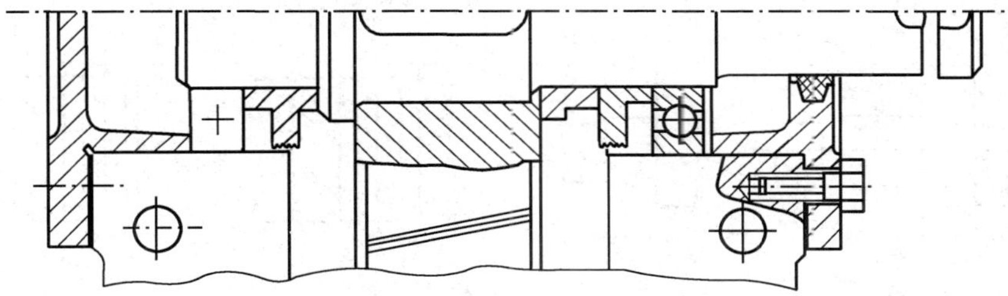

(b)

图 6-32 轴系部分

(a) 误；(b) 正

1. 键不应伸到轴承盖内；2. 轴与轴承盖之间应有间隙；3、14. 挡油环与轴承接触部分太高，影响轴承转动和拆卸；4. 应留有间隙以利轴受热伸长；5 漏画局部视线，螺孔应深些；6. 漏画螺钉与安装孔间隙；7. 轴承采用油脂润滑，没有输油沟；8. 安装齿轮的轴头太长，套筒厚度不够；9. 挡油环与轴承孔之间应有间隙，环的内端面应伸出箱体内壁 1 ～ 2mm，以利将油甩出；10. 斜齿轮上的斜线不应出头；11. 相配合的两零件不应都制成尖角或同圆角；12. 应减少加工面；13. 漏画轴承座孔的投影线

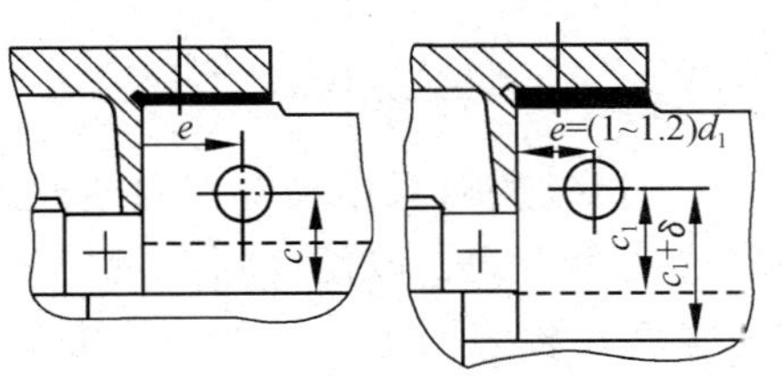

(a) (b)

图 6-33 轴承旁螺栓的位置

(a) 误；(b) 正

轴承内端面不应与箱体内壁平齐

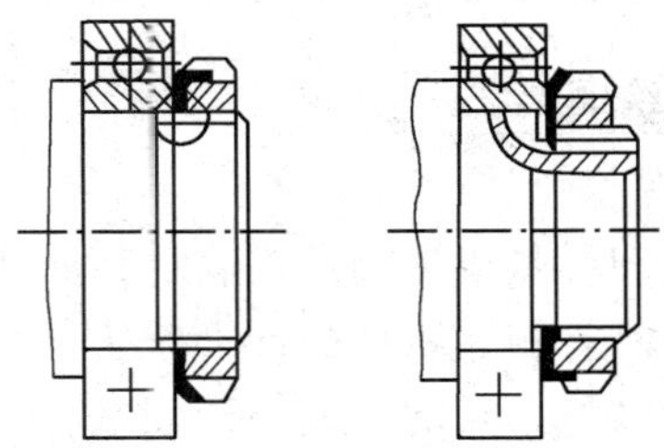

(a) (b)

图 6-34 用圆螺母作轴向定位

(a) 误；(b) 正

圆螺母的公称直径应小于轴承内径

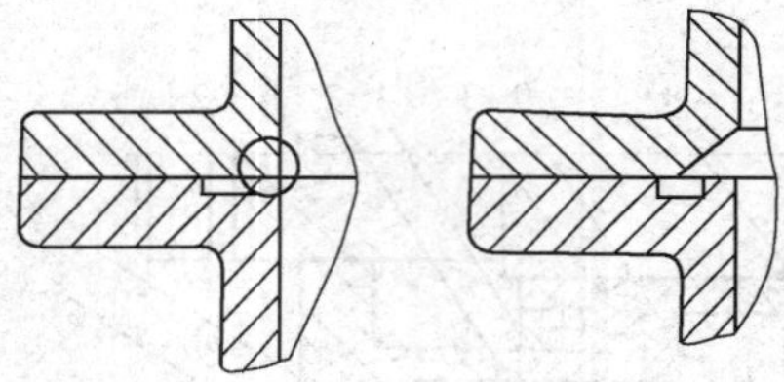

(a)　　(b)

图 6-35　油槽的结构和位置

（a）误；（b）正

箱盖上做出斜口，以便油流入输油沟

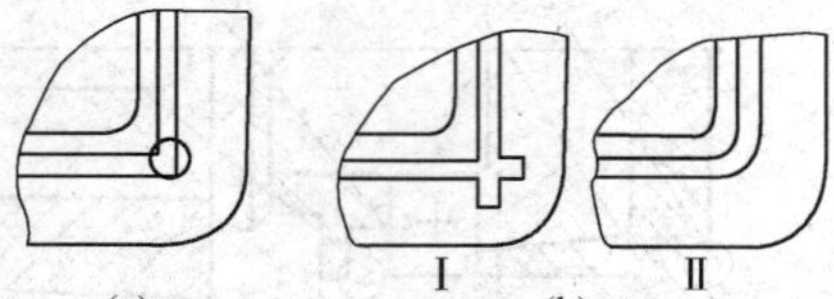

(a)　　(b)

图 6-36　输油沟的形状与加工方法

（a）误；（b）正

图Ⅰ是用盘状铣刀加工输油沟；

图Ⅱ是用指状铣刀加工输油沟

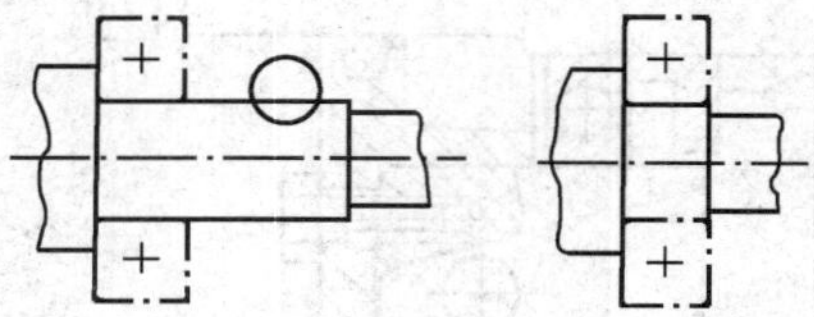

(a)　　(b)

图 6-37　轴承配合处轴的结构

（a）误；（b）正

轴承内圈与轴的配合较紧，轴的配合部位不宜太长

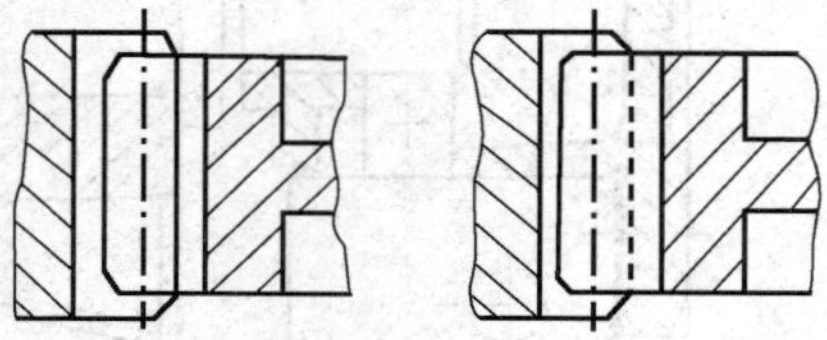

(a)　　(b)

图 6-38　圆柱齿轮啮合的画法

（a）误；（b）正

齿轮啮合处的画法不正确

6.4　完成减速器装配图

这是装配图绘制中的最后一步，也是非常关键的一项内容，必须完成以下工作内容：①按国家制图标准规定画法完成绘制各视图；②标注必要的位置尺寸、配合关系及外形尺寸；③标注零部件的序号；④编制零部件明细表；⑤编制减速器技术特性；⑥编写有关技术要求及填写标题栏等，现分述如下。

6.4.1 绘图要求

装配图尽量避免用虚线表示零部件结构，内部结构可采用局部剖视或向视图表达；画剖视图时，相邻零件的剖面线方向应相反或间距不同，以便区别。对于剖面宽度尺寸较小的零件，其剖面线用涂黑表示。同一零件在各视图上，其剖面线方向及间距应保持一致。

装配图中某些结构可以采用简化画法，如对于相同类型、同尺寸的螺栓连接，其相互关系清晰，可以只画一个，其他用中心线表示清楚位置。螺栓、螺母、滚动轴承可以采用机械制图标准中规定的简化画法。

如果是手工绘图，图中的主要结构部分先不要加深，以方便在设计零件工作图时，还可能修改装配图中某些局部细小的结构或尺寸。

6.4.2 标注尺寸

装配图上应标注的尺寸有位置尺寸、配合关系尺寸、外形尺寸和安装尺寸等。

1. 位置尺寸

位置尺寸主要是传动零件间的中心距及其偏差等，根据任务书要求可在第 9 章中查有关表确定。

2. 配合关系尺寸

凡有配合要求的结合部位都应标注尺寸及其配合要求，如传动件与轴头，轴承内孔与轴颈，轴承外圈与箱座孔，轴承盖与座孔等。标注配合时需解决选用何种基准制、配合特性及配合精度。正确解决这三个问题对提高减速器工作性能、方便装拆和加工工艺性及降低减速器综合成本等具有重要意义。

减速器主要零部件的推荐用配合可查表 6-8。一般应优先采用基孔制，但滚动轴承是标准件，其外圈与轴承座孔相配用基轴制，而内孔与轴颈相配用基孔制；轴承配合的标注方法也与其他零件不同，只需标出与轴承相配合的轴承座孔和轴颈的公差带符号，如图 6-1 是的配合尺寸 ϕ30k6 和 ϕ45k6 或 ϕ62H7 和 ϕ100H7。当零件的一个表面同时与两个（或更多）零件相配合、其配合性质又互不相同，往往采用不同基准制的配合。

表 6-8 减速器主要配合零件的推荐用配合

配合零件	荐用配合	装拆方法
大中型减速器的低速级齿轮（蜗轮）与轴的配合；轮缘与轮芯的配合	$\frac{H7}{r6}$；$\frac{H7}{S6}$	用压力机或温差法（中等压力的配合；小过盈配合）
一般齿轮、蜗轮、带轮、联轴器与轴的配合	$\frac{H7}{r6}$	用压力机（中等压力的配合）
要求对中性良好及很少装拆的齿轮、蜗轮、联轴器与轴的配合	$\frac{H7}{n6}$	用压力机（较紧的过渡配合）
圆锥小齿轮及较常装拆的齿轮、联轴器与轴的配合	$\frac{H7}{m6}$；$\frac{H7}{k6}$	手锤打入（过渡配合）
滚动轴承内孔与轴、外圈与箱座孔的配合	见表 4-3 和表 4-4	
轴套、溅油轮、封油环、挡油环等与轴的配合	$\frac{H7}{h6}$；$\frac{E8}{js6}$；$\frac{E8}{k6}$ $\frac{D11}{k6}$；$\frac{F9}{m6}$	木锤或徒手装拆
轴承套环与箱座孔的配合	$\frac{H7}{h6}$	
轴承盖与箱座孔（或套环孔）的配合	$\frac{H7}{h8}$；$\frac{H7}{f9}$；$\frac{J7}{f7}$；$\frac{M7}{f9}$	
嵌入式轴承盖的凸缘厚与箱座孔中凹槽之间的配合	$\frac{H11}{h11}$	

3. 外形尺寸

外形尺寸指减速器所占的空间位置的尺寸，包括长、宽、高尺寸，供安装时布置机组及运输装箱时作参考。

4. 安装尺寸

安装尺寸如箱座底面尺寸（长和宽），地脚螺栓孔直径和位置，减速器中心高，重心位置，外伸轴的配合直径长度及伸出距离等。

6.4.3 编写零件序号

为便于读图、装配及生产准备工作，装配图上所有零、部件均应标注序号。不同种类的零部件，如尺寸、形状、材料等任一项目不同，均应单独编号，相同零部件只能有一个编号。独立部件（如滚动轴承、油标等）可作为一个零部件编号。编号引线不应相交，尽量不与剖面线平行。对装配关系清楚的零件组（如螺栓、螺母及垫圈）可利用公共引线，如图 6-39 所示。编号应对每一个视图按顺时针或逆时针方向顺次排列，整幅图按一种方向排列，编号在水平和垂直方向排列整齐。

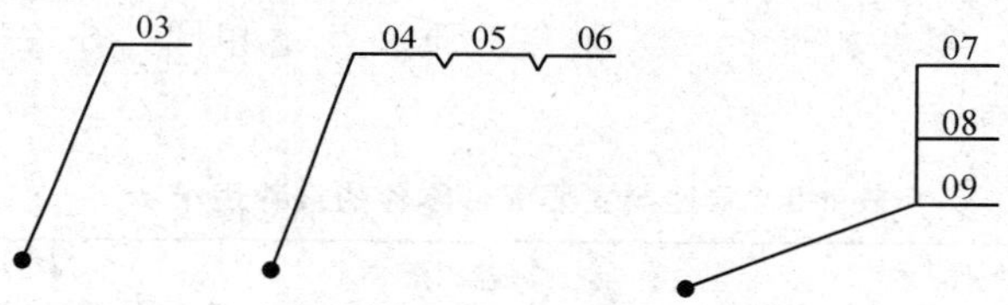

图 6-39 公共引线编号方法

6.4.4 编制零部件明细表和填写标题栏

明细表处于标题栏的正上方，由下向上填写，单列空间不够的，可在标题栏的左侧另起一列，但必须增加表头。标准件按规定方法标记，材料应注明牌号。对箱内传动件还应在明细表内注明模数、齿数、螺旋升角等主要参数。

标题栏中应填写名称、图号、比例、数量、设计者单位和设计者姓名等，但如果是电脑绘图的，不要用文字输入法签名，应在图纸打印后用手写签名。

6.4.5 编写减速器的技术特性

减速器的技术特性包括：输入功率和转速、传动效率、总传动比及各级传动比，传动主要参数（齿轮传动有 m_n、z_1、z_2、β 等，蜗杆传动有 m、z_1、z_2 等）等。技术特性通常采用表格形式布置在装配图的空白处，详见例图 6-1 中。

6.4.6 编写技术要求

装配图中有一些无法用视图表达的内容，需要用文字说明，这就是装配图技术要求。主要是有关装配、调整、检验、润滑、维护等方面的内容，它和图面表示的内容是同等重要的。正确制定技术要求将会保证减速器的工作性能。技术要求与设计要求有关，主要包括以下几方面：

1. 装配前的零件表面要求

（1）所有零件均应清除铁屑毛刺，并用煤油或汽油等清洗干净。

（2）箱体内表面和齿轮（蜗轮）等未加工表面应先后涂底漆和红色耐油漆。箱体外表面应先后涂底漆及防锈油漆。

（3）零件配合面洗净后应涂润滑油。

2. 安装和调整要求

（1）轴承的安装。安装时轴承内圈应紧贴轴肩或定位环，要求间隙不得通过0.05mm厚的塞尺。

（2）齿轮（蜗轮）副的齿侧间隙和齿面接触斑点。对这两项要求必须提出具体数值以供安装后检验使用。

侧隙大小是由选择适当的齿厚极限偏差和中心距极限偏差来保证的，其值可查齿轮传动、蜗杆传动公差表。检验方法是将塞尺或铅片塞进相互啮合的两齿间，然后测量塞尺厚度或铅片变形后的厚度。

接触斑点大小可查有关齿轮减速器表，其检验方法为：在主动齿轮面上涂色，当主动轮转2～3周后，观察从动轮齿面上的着色情况，分析接触区的位置及接触面积大小是否符合要求。

当转动侧隙及接触斑点不符合要求时，可对齿面进行刮研、跑合或调整传动件的啮合位置等方法来解决。

对多级转动，当各级的侧隙和接触斑点要求不同时，应分别在技术要求中写明。

3. 密封要求

（1）箱体结合面应涂密封胶或水玻璃，但不允许填任何垫片。

（2）装配时在拧紧箱体连接螺栓前，应使用0.05mm的塞尺检查盖和箱座结合面之间的密封性。

（3）轴伸出处的密封应涂润滑脂，各密封装置应严格按图纸所示位置安装。

4. 润滑要求

润滑剂对传动性能有很大的影响，在技术要求中，应写明传动件及轴承的润滑剂品种，用量及更换时间。

更换润滑油时间：一般新减速器第一次使用时，运转7～14天后换油，以后可根据情况每隔3～6个月换一次油。

5. 试验要求

(1) 空载试验。在额定转速下正反向运转1～2h。

(2) 负荷试验。在额定转速、额定载荷下运转至油温平衡为止。对齿轮减速器，要求油池温升不超过35℃，轴承温升不超过40℃；对蜗杆减速器，要求油池温升不超过85℃，轴承温升不超过65℃。

(3) 全部试验过程中，要求运转平稳，噪声小，连接固定处不松动。各密封、结合处不渗、漏油。

6. 包装和运输要求

(1) 外伸轴及其附件应涂油包装。

(2) 搬动、起吊时不得使用箱盖上的吊环螺钉及吊耳，应用箱体上的吊钩。

以上技术要求不一定全部列出，有时还须另增项目。主要由设计的具体要求，参照国家标准《圆柱齿轮减速器通用技术条件》确定。

第7章

零件工作图的设计和绘制

零件工作图是零件制造、检测和制定工艺规程的基本技术文件。本章主要介绍减速机中轴、齿轮、箱体等典型零件工作图的设计和绘制要点，并推荐相应各种零件的表面粗糙度、形位公差选取的资料。

零件工作图必须既反映设计意图，又具备制造、使用的可能性和合理性。因此，必须保证图形、尺寸、技术要求和标题栏等零件图的基本内容完整、无误、合理。基本要求如下：

（1）每个零件图应单独绘制在一个标准图幅中，结构和主要尺寸与装配图一致。

（2）合理安排视图，以便清楚地表达结构现状及尺寸数值。主视图必须是最能反映零件结构特征的，以零件的工作方位或结构方位绘制，局部结构可以另行放大绘制。

（3）正确标注零件图的尺寸，选好基准面，重要尺寸直接标出，尺寸应标注在最能反映零件结构特征的视图上。对要求精确的尺寸和配合尺寸，必须标注尺寸极限偏差。标注尺寸应做到完整，便于加工，避免尺寸重复、遗漏、封闭及数值差错。

（4）运用符号或数值表明制造、检验、装配的技术要求，如表面粗糙度、形位公差等。对不便使用符号和数值表明的技术要求，可用文字列出，如材料、热处理、安装要求等。

（5）所有表面都必须注明表面粗糙度，重要表面可以单独标注，当数量较多的表面具有相同表面粗糙度时，可以统一标注。粗糙度的数值根据表面的作用及制造经济性原则选取。

（6）尺寸公差和形位公差都必须根据表面的作用和必要的制造经济精度确定。

（7）对齿轮、蜗轮等传动零件，必须列出主要几何参数、精度等级以及项目偏差表。

（8）零件图右下角必须画出标题栏，格式和尺寸可以按国家标准规定的格式绘制，也可以采用图7-1的格式。

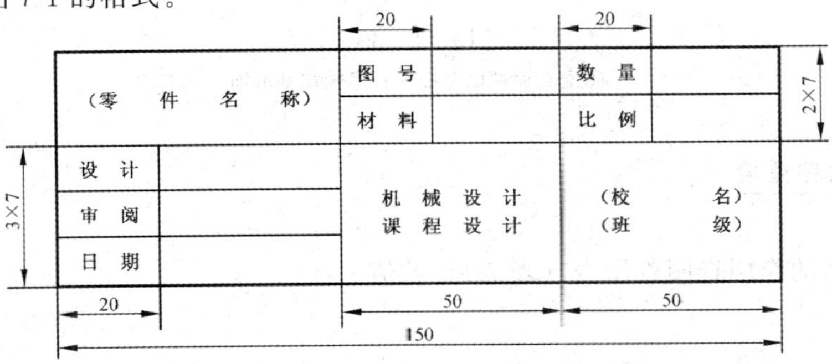

图7-1　标题栏

7.1 轴类零件工作图的设计和绘制

7.1.1 视图

按车床加工位置，轴线水平布置主视图，辅以必要的剖面和局部放大图、向视图。

7.1.2 标注尺寸

1. 径向尺寸的标注

所有配合处的直径尺寸都必须标注公称尺寸和尺寸极限偏差。

2. 轴向尺寸的标注

选好基准面，通常有轴孔配合端面基准面和轴端基准面，如图 7-2 所示。必须使尺寸标注既反映加工要求，又满足装配尺寸链决定的要求，不允许出现封闭尺寸，所有尺寸必须逐一标注，不能因为相同而省略。所有的倒角、圆角、车槽等都必须标注或在技术要求中说明。

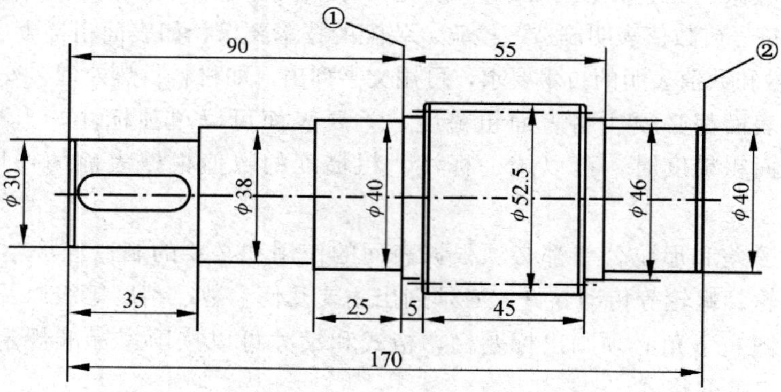

图 7-2 轴

①配合面端面基准面；②轴端基准面

7.1.3 表面粗糙度

按照表面的作用查阅荐用表（表 7-1）数值。

表 7-1　轴的工作表面的表面粗糙度　　（单位：μm）

<table>
<tr><td>加工表面</td><td>R_a</td><td>加工表面</td><td colspan="4">R_a</td></tr>
<tr><td>与传动件及联轴器轮毂相配合的表面</td><td>3.2～0.8</td><td rowspan="6">密封处的表面</td><td>毡圈</td><td colspan="2">橡胶油封</td><td>间隙及迷宫</td></tr>
<tr><td>与/P0 级滚动轴承相配合的表面</td><td>1.6～0.8</td><td colspan="3">与轴接触处的圆周速度/(m/s)</td><td rowspan="5">3.2～1.6</td></tr>
<tr><td>平键键槽的工作面</td><td>3.2～1.6</td><td>≤3</td><td>>3～5</td><td>5～10</td></tr>
<tr><td>与传动件及联轴器轮毂相配合的轴肩端面</td><td>6.3～3.2</td><td rowspan="3">3.2～1.6</td><td rowspan="3">1.6～0.8</td><td rowspan="3">0.8～0.4</td></tr>
<tr><td>与/P0 级滚动轴承相配合的轴肩端面</td><td>3.2</td></tr>
<tr><td>平键键槽底面</td><td>6.3</td></tr>
</table>

7.1.4 形位公差

按照表面的作用查阅荐用表（表 7-2）数值。

表 7-2　轴的形位公差等级

<table>
<tr><td>类别</td><td>项　目</td><td>等级</td><td>作　用</td></tr>
<tr><td rowspan="2">形状公差</td><td>与轴承配合表面的圆度或圆柱度</td><td>*</td><td>影响轴承与轴配合的松紧及对中性，会发生滚道几何变形而缩短轴承寿命</td></tr>
<tr><td>与传动件轴孔配合表面的圆度或圆柱度</td><td>7～8</td><td>影响传动件与轴配合的松紧及对中性</td></tr>
<tr><td rowspan="5">位置公差</td><td>与轴承配合表面对中心线的圆跳动</td><td>6</td><td>影响传动件及轴承的运转偏心</td></tr>
<tr><td>轴承定位端面对中心线的端面圆跳动</td><td>*</td><td>影响轴承定位，造成套圈歪斜，恶化轴承工作条件</td></tr>
<tr><td>与传动件轴孔配合表面对中心线的圆跳动</td><td>6～8</td><td>影响齿轮传动件的正常运转，有偏心，精度降低</td></tr>
<tr><td>与传动件定位端面对中心线的端面圆跳动</td><td>6～8</td><td>影响齿轮传动件的定位及受载均匀性</td></tr>
<tr><td>键槽对轴中心线的对称度</td><td>7～9</td><td>影响键受载的均匀性及拆装难易程度</td></tr>
</table>

形位公差的标注必须表明轴颈、端面、键槽等的形状与相应位置的基本要求，如图 7-3所示。

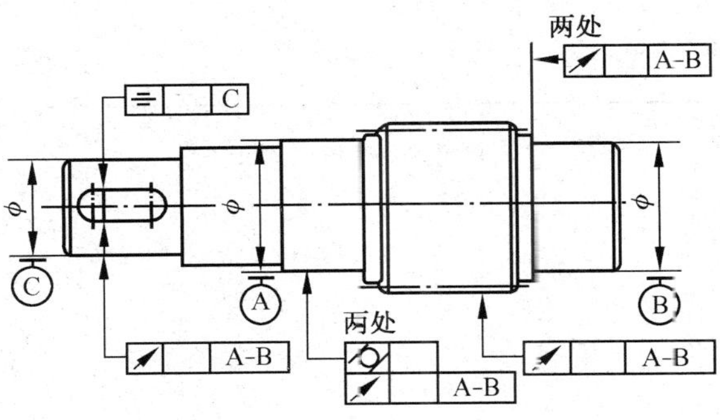

图 7-3　轴的形位公差标注

7.1.5 技术要求

(1) 对材料的力学性能和化学成分的要求。

(2) 对材料表面力学性能的要求，如热处理及其表面硬度等。

(3) 对加工的要求，如中心孔、配合加工等。

(4) 对未标注倒角、圆角、修饰部位的说明，长轴校直等。

(5) 对未标注公差尺寸的公差等级要求等。

7.1.6 参考图例

参考图例见图 7-4～图 7-7。

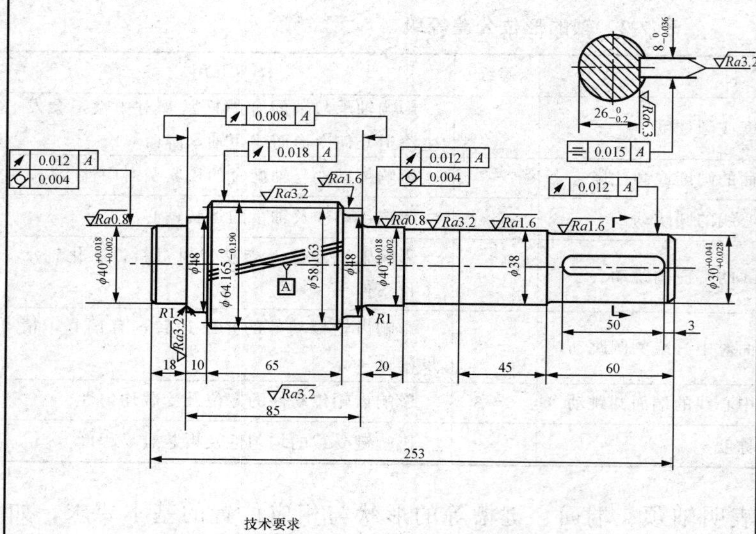

法向模数	m_n	3
齿数	z	19
齿形角	α	20°
齿顶高系数	h_a^*	1
螺旋角	β	11°28′42″
螺旋方向	左旋	
径向变位系数	x	0
齿厚	$4.712_{-0.140}^{-0.084}$	
精度等级	7GB/T 10095.1—2008	
齿轮副中心距及其极限偏差	$a \pm f_a$	150±0.032
配对齿轮	图号	附图12.3
	齿数	79
检验组	检验项目代号	公差(或极限偏差)值
Ⅰ	F_r	0.030
Ⅰ	F_p	0.038
Ⅱ	f_{pt}	±0.012
Ⅱ	F_α	0.016
Ⅲ	F_β	0.020

技术要求

1. 调质处理表面硬度220~250HBW。
2. 两端中心孔B3.15/10粗糙度 Ra3.2。
3. 其余圆角半径$R2$。
4. 全部倒角$C1.5$。
5. 未注尺寸公差按IT12。

圆柱齿轮轴

图 7-4 参考图例 1

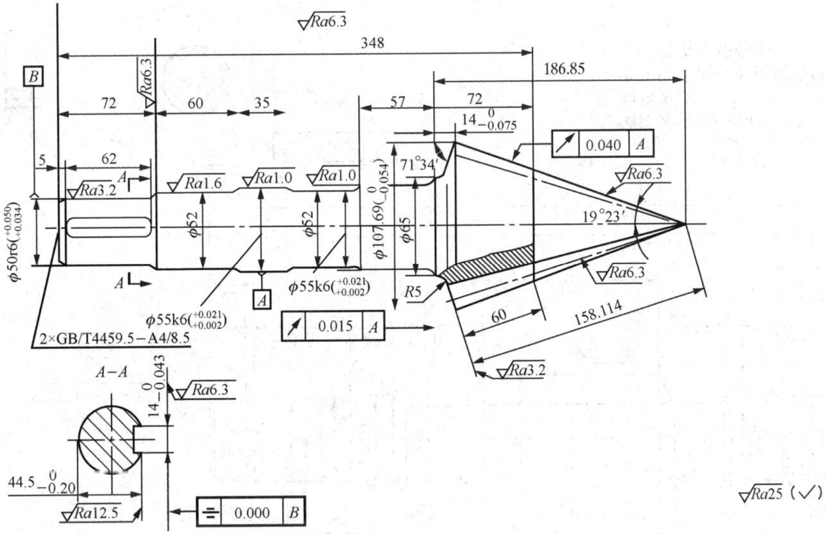

模数		m	4
齿数		z_1	25
齿形角		α	20°
分度圆直径		d_1	100
分锥直		δ	18°26′6″
根锥直		δ_f	16°42′
锥距		R	158.114
齿全高		h	8.8
轴交角		Σ	90°
精度等级		8b GB/T 11365−1989	
配对	图号		附图12.11
齿数	齿数	z_2	75
公差组		检验项目	公差值
Ⅰ		F_p	0.063
Ⅱ		F_{pt}	±0.020
Ⅲ 接触斑点		齿高	不少于55%
		齿长	不少于50%
测量	齿厚	$\bar{s}$	$5.088_{-0.184}^{-0.084}$
	齿高	$\bar{h}_a$	3.165

$\sqrt{Ra25}$ (✓)

技术要求

1.调质处理后齿面硬度180~210HBW。
2.未注明倒角$C2$。
3.未注明圆角$R2$。

锥齿轮轴				图号		比例	
				材料		数量	
设计		年 月		机械设计课程设计		(专业、班级)	
审核		年 月					

图7-5　参考图例2

轴向模数	m_x	8	轴向齿距	p_x	25.12
蜗杆头数	z_1	2	相啮合蜗轮图号	附图 12.15	
轴向齿形角	α	20°	中心距及其偏差	179.5±0.05	
齿顶高系数	h_a^*	1	轴向齿距极限偏差	f_{px}	±0.025
顶隙系数	c^*	0.2	轴向齿距累计误差	f_{pxL}	±0.045
蜗杆直径系数	q	7.875	蜗杆齿形公差	f_{f1}	±0.040
蜗杆类型	ZA		蜗杆螺牙径向跳动公差	f_r	±0.025
蜗杆导角	γ	14°15′00″	S_x, S_n, h_a	h_a	8
精度等级	蜗杆 8c GB/T 10089—1988			S_x	$12.56^{-0.201}_{-0.302}$
螺旋方向	右旋				
分度圆直径	d_1	63		S_n	$12.19^{-0.201}_{-0.302}$
全齿高	h	17.6			

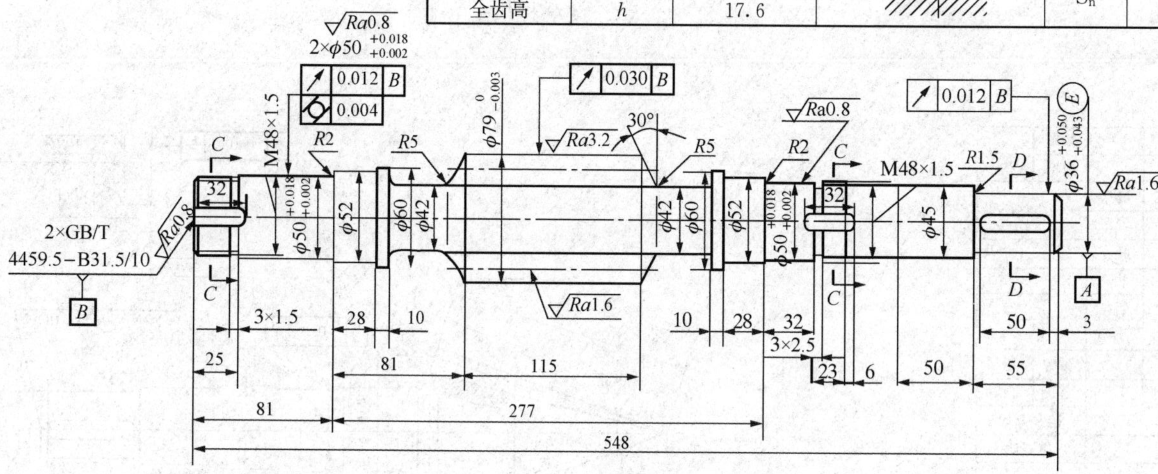

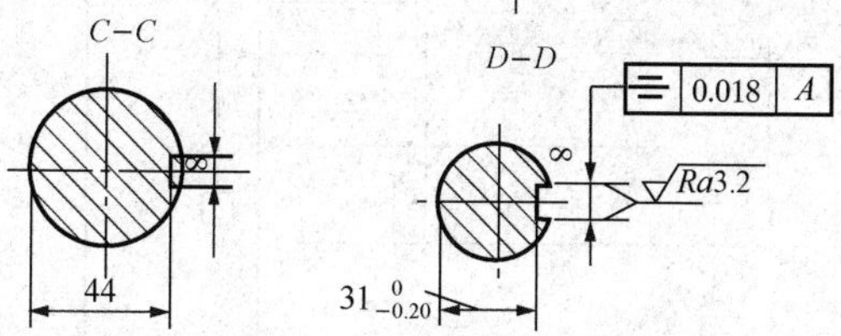

技术要求

1. 调质处理220~240HBW。
2. 倒角为C2。
3. 未注尺寸偏差处精度为IT12。
4. 未注圆角半径为R3。

Ra6.3（✓）

蜗杆

图 7-6　参考图例 3

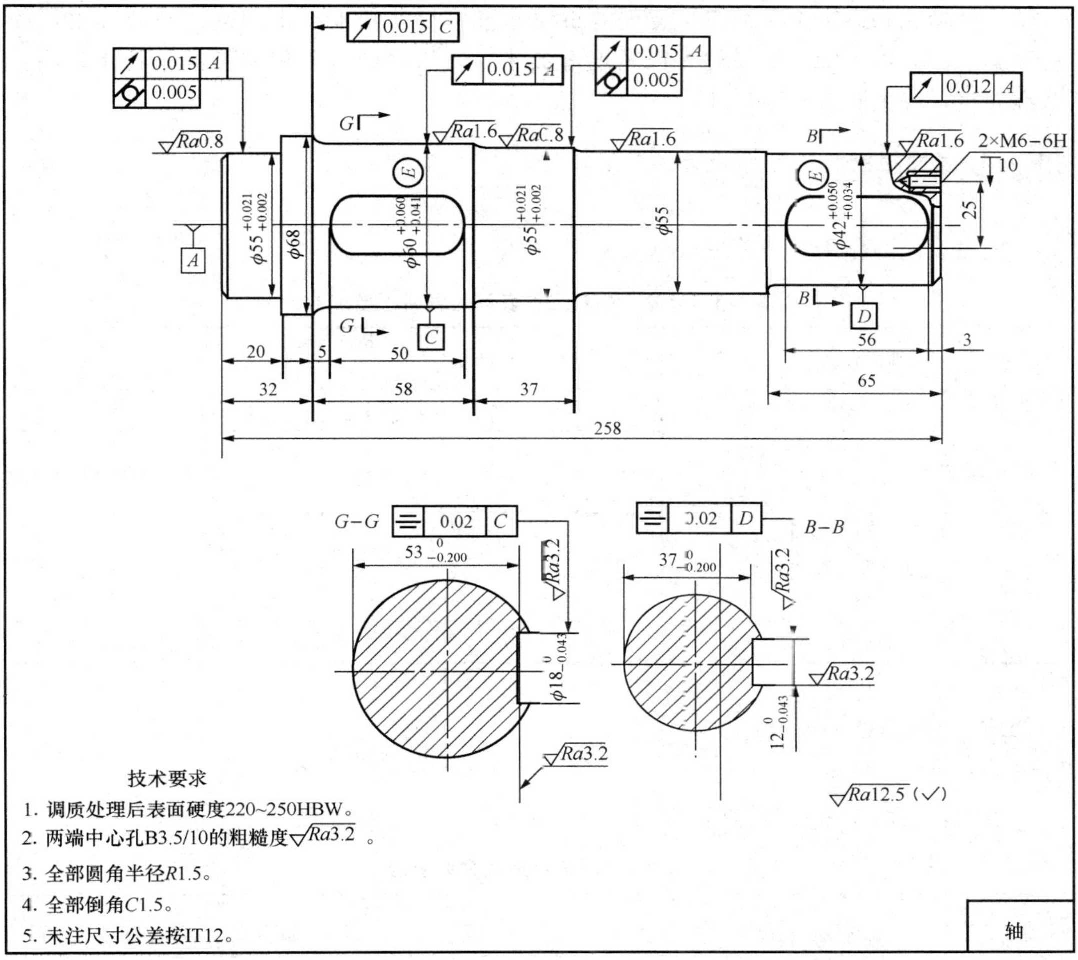

图 7-7　参考图例 4

7.2　齿轮类零件工作图的设计和绘制

7.2.1 视图

可按轮坯车床加工位置，轴线水平布置主视图，辅以左视图反映轮廓、腹板、肋孔、键槽等结构的现状。对组合式结构，可先画出组件图后，再分别绘制齿圈、轮芯零件图。

7.2.2 标注尺寸

（1）径向尺寸的标注。各径向尺寸以轴线为基准标出，轴向宽度尺寸以主要端面为基准标出。

（2）轴孔和齿顶圆是加工、装配的重要基准，尺寸精度要求较高，必须标出尺寸极限偏差。其中，轴孔极限偏差由精度等级决定，齿顶圆极限偏差按其是否作为测量基准而定，齿根圆直径不标注。

7.2.3 表面粗糙度

按照表面的作用查阅荐用表（表 7-3）数值。

表 7-3　齿轮、蜗轮工作表面的表面粗糙度 *Ra*

加工表面		精度等级			
		6	7	8	9
轮齿工作面		<0.8	1.6～0.8	3.2～1.6	6.3～3.2
齿顶圆	是测量基面	1.6	1.6～0.8	3.2～1.6	6.3～3.2
	非测量基面	3.2	6.3～3.2	6.3	12.5～6.3
轮圈与轮心配合面		1.6～0.8		3.2～1.6	6.3～3.2
轴孔配合面		3.2～0.8		3.2～1.6	6.3～3.2
与轴肩配合的端面		3.2～0.8		3.2～1.6	6.3～3.2
其他加工面		6.3～1.6		6.3～3.2	12.5～6.3

7.2.4 齿坯形位公差

按照表面的作用查阅荐用表（表 7-4）数值。

表 7-4　齿坯的形位公差等级

类　别	项　目	等　级	作　用
形状公差	轴孔的圆柱度	6～8	影响轴孔配合的松紧及对中性
位置公差	齿顶圆对中心线的圆跳动	按齿轮精度等级及尺寸确定	在齿形加工后引起运动误差齿向误差，影响传动精度及载荷分布的均匀性
	齿轮基准端面对中心线的端面圆跳动		
	轮毂键槽对孔中心线的对称度	7～9	影响键受载的均匀性及装拆的难易

7.2.5 啮合特性表

表 7-4 中包括齿轮的主要参数和测量项目。原则上啮合精度等级、齿厚极限偏差代号、齿坯形位公差等级必须按照齿轮运动和载荷性质等因素，结合制造工艺水准决定。具体检测项目和数值见第 9 章的相关内容，表的格式见参考图例。

7.2.6 技术要求

（1）对铸件、锻件毛坯的要求。

（2）对材料的力学性能和化学成分的要求。

（3）对材料表面力学性能的要求，如热处理及其表面硬度等。

（4）对机械加工未标注公差尺寸的等级要求。

（5）对未标注倒角、圆角的说明。

（6）对高速齿轮平衡试验的要求。

7.2.7 参考图例

参考图例见图 7-8～图 7-10。

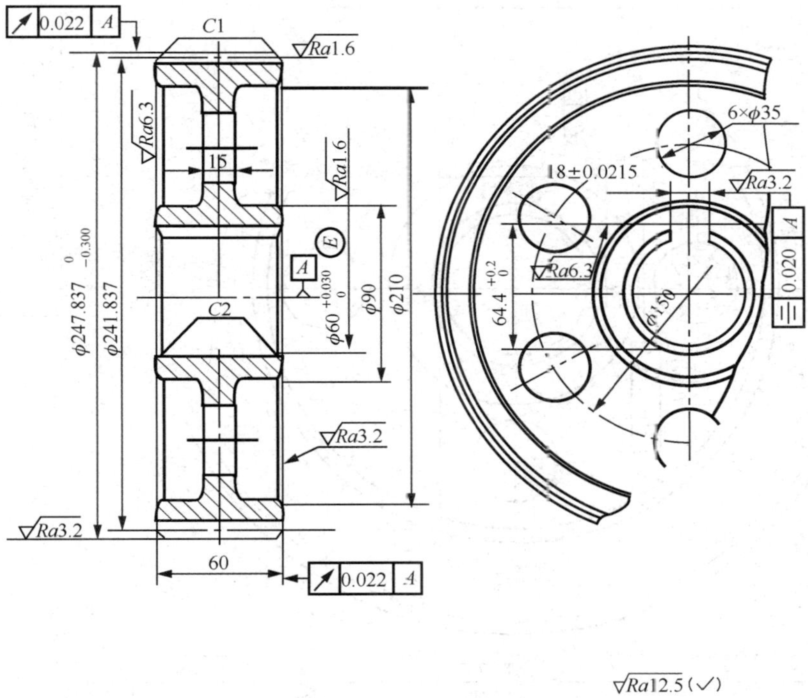

齿轮参数与误差检验项目略去，可参看图 7-4。

技术要求

1. 正火处理后齿面硬度 170～210HBW。
2. 全部圆角半径 $R3$。
3. 未注明倒角为 $C1.5$。

圆柱齿轮

图 7-8　参考图例 1

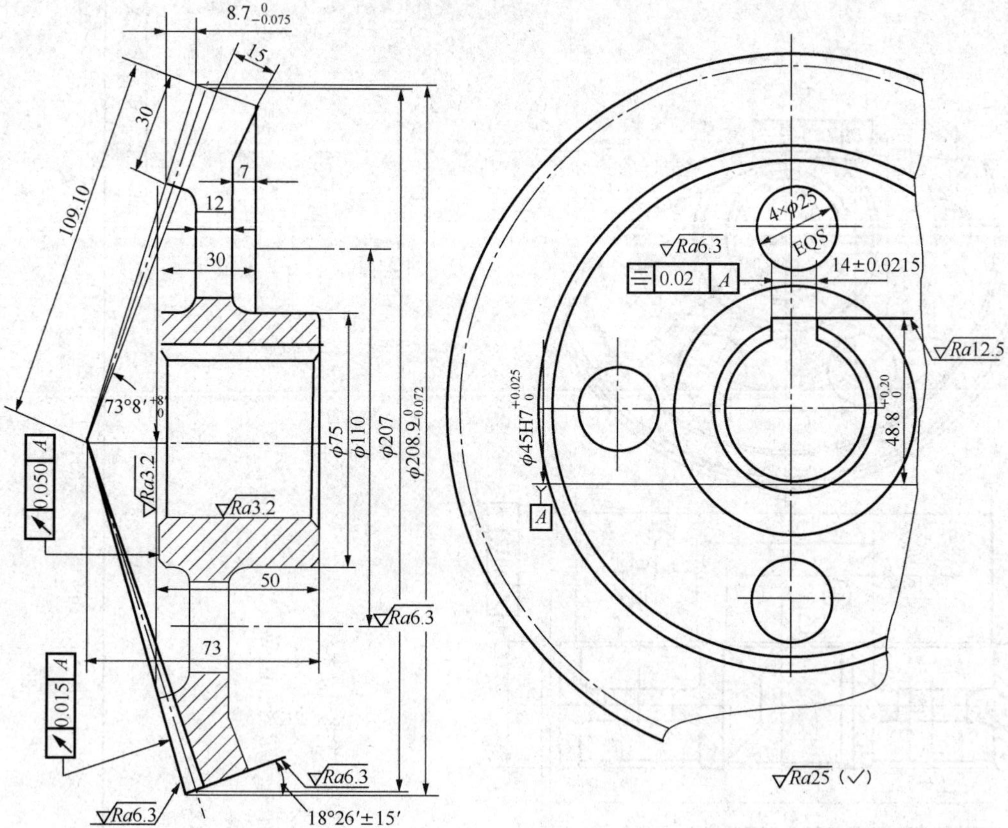

模数		m	3
齿数		z_2	69
齿形角		α	20°
分度圆直径		d_2	207
分锥角		δ	71°34′
根锥角		δ_t	69°41′
锥距		R	109.10
齿全高		h	6.6
轴交角		Σ	90°
精度等级		8b GB/T 11365—1989	
配对齿数	图号		附图 12.10
	齿数	z_1	23
公差组		检验项目	公差值
Ⅰ		F_p	0.090
Ⅱ		F_{pt}	±0.022
Ⅲ接触斑点		齿高	不少于 55%
		齿长	不少于 50%
测量	齿厚	$\bar{s}$	$4.065_{-0.256}^{-0.126}$
	齿高	$\bar{h}_a$	2.512

技术要求

1. 正火处理 170～190HBW。
2. 未注明圆角 $R3$。
3. 未注明倒角 $C1.5$。

大圆锥齿轮轴				图号		比例	
				材料		数量	
设计		年 月		机械设计课程设计		（专业、班级）	
审核		年 月					

图 7-9　参考图例 2

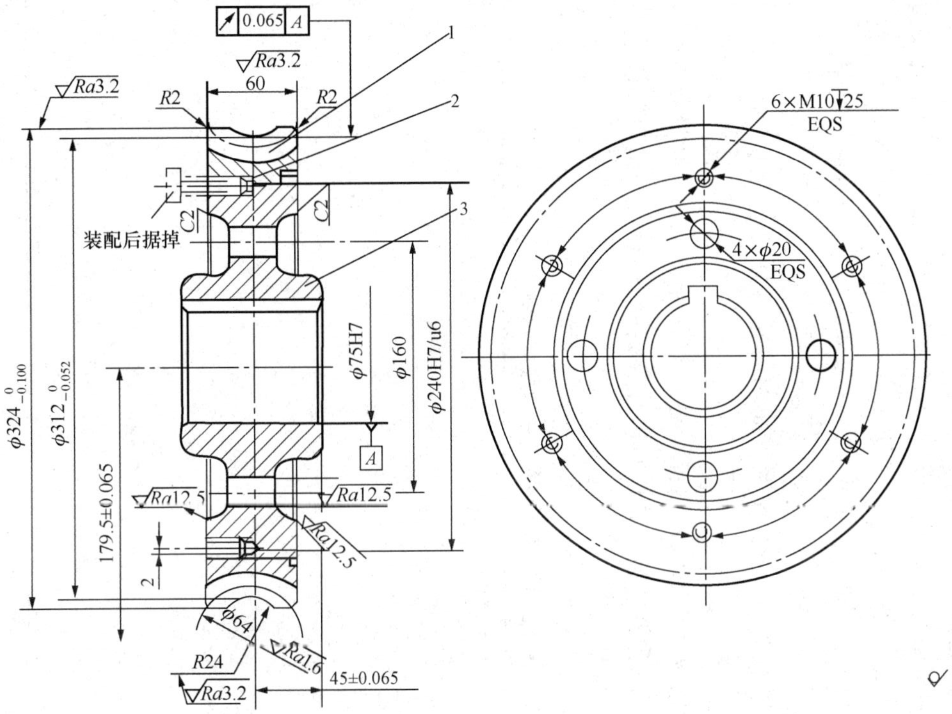

中间平面模数	m	8
齿数	z_2	37
蜗杆轴向齿形角	α	20°
齿顶高系数	h_a^*	1
顶隙系数	c^*	0.2
轮齿倾斜角	β	14°15′00″
轮齿倾斜方向	右旋	
变位系数	x	0
精度等级	8c GB/T 10089—1988	
分度圆直径	d_2	296
全齿高	h	17.6
相啮合蜗杆的图号	附图 12.14	
蜗杆类型	ZA	
蜗轮径向综合公差	F''_i	0.112
蜗轮一齿径向综合公差	f''_i	0.045
蜗轮齿形公差	f_{f2}	0.028

技术要求
未注明尺寸偏差处精度为IT12。

$\sqrt{}$(✓)

3	蜗轮轮芯	1	HT200		
2	螺栓 M10×40	6	Q235A		
1	蜗轮轮缘	1	ZCuSn10P1		
序号	名称	数量	材料	标准	备注
蜗轮					

图 7-10　参考图例 3

第8章

编制设计计算说明书和准备答辩

8.1 设计计算说明书的要求

设计计算说明书主要是阐明设计者思想、设计计算方法与计算数据的说明资料，是审查设计合理性的重要技术依据。为此，对设计说明书的要求如下：

(1) 系统地说明设计过程中所考虑的问题及全部计算项目。阐明设计的合理性、经济性、装拆、润滑密封等方面的有关问题。

(2) 计算要正确完整、文字简洁通顺、书写整齐清晰。计算部分只需列出公式、代入数据，略去演算过程，直接得出结果。说明书中所引用的重要计算公式、数据，应注明来源（注出参考资料的统一编码、页次、公式号或表号等）。对所得结果，应有一个简明的结论。

(3) 说明书应包括与计算有关的必要简图（如轴的受力分析、弯矩、扭矩、结构等图）。

(4) 说明书须用16开的设计专用纸，按统一格式书写（表8-1）。说明书左栏写计算内容的标题、计算过程、说明的内容，右栏写出计算结果（数据）、结论。待完成全部编写后，标出页次，编好目录。

表8-1 设计计算说明书的书写格式示例

设计计算及说明	结　果
⋮	
五、带传动的设计计算 1. 确定计算功率 P_c，选取V带类型 因：　$K_A=1.2$　　　得：$P_c=K_AP=1.2\times8=9.6\text{kW}$ 根据 $P_c=9.6\text{kW}$、$n_1=970\text{r/min}$ 从图中选用B型普通V带。	由表 B型普通V带
⋮	
5. 验算主动轮上的包角 α_1 根据公式有 $\alpha_1=180°-\frac{d_{d_2}-d_{d_1}}{a}\times57.3°=180°-\frac{320-160}{618}\times57.3°=165.2°>120°$ ⋮	主动轮上的包角合适

8.2　设计计算说明书内容与格式

设计计算说明书应包括如下内容，并建议按下列顺序编写：

(1) 目录（标题、页次）。

(2) 设计任务书（设计题目）。

(3) 题目分析、传动方案拟定。

(4) 选择电动机。

(5) 传动比计算和分配。

(6) 传动装置的运动和动力参数计算，列成表格。

(7) 传动零件设计计算（确定带传动、齿轮传动或蜗杆传动及链传动的主要参数）。

(8) 轴的设计计算及校核（包括轴的结构设计、联轴器的选择及校核）。

(9) 轴承的寿命计算。

(10) 键的选择及校核。

(11) 箱体的设计（主要结构尺寸的设计计算及必要的说明）。

(12) 减速器附件的选择及说明（需有各附件的结构简图）。

(13) 润滑及密封的选择。

(14) 设计小结（简要说明设计的体会、分析设计的优缺点及改进的意见等）。

(15) 参考资料（资料的编号、资料名称、作者姓名、出版单位、出版日期）。

8.3　准备答辩

答辩是课程设计最后一个重要环节，是检查学生实际掌握设计知识和设计成果，评定设计成绩的重要方面。通过答辩的准备，可以系统地分析所作设计的优缺点，及时发现问题和解决问题，总结掌握设计的方法和步骤，提高独立工作的能力。

答辩前应认真整理检查设计说明书和设计图纸，搞清楚设计中每一个数据、公式的使用，弄懂图纸上的结构设计问题、画每一条线的依据以及技术要求等其他问题。把还不懂、不太清楚、未考虑或考虑不周的问题进一步弄懂搞清楚，以便取得更大的收获，更好地达到课程设计提出的目的和要求。

最后把图纸叠好，说明书装订好，放在图纸袋内准备答辩。图纸的折叠方法及图纸袋封面的写法参见图 8-1 和图 8-2。

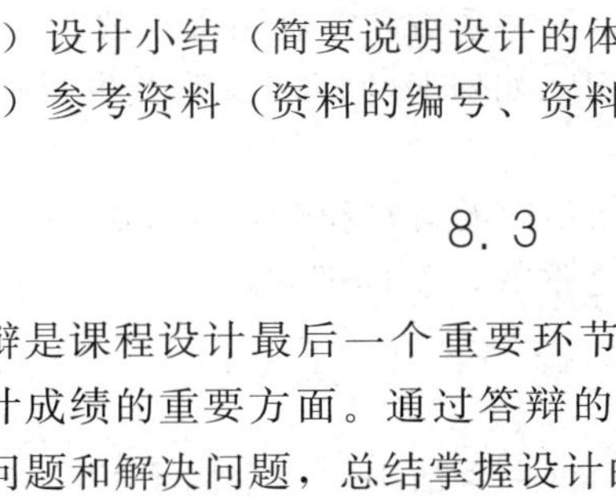

图 8-1　图纸折叠方法

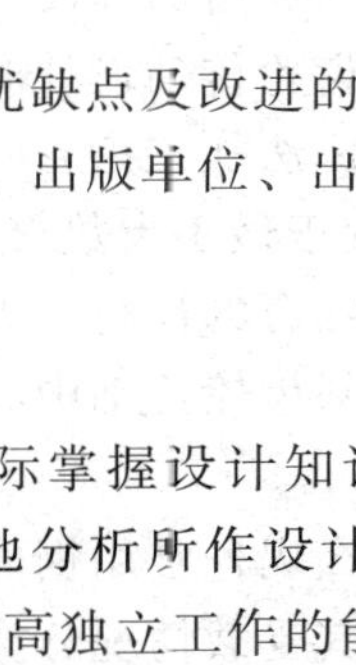

机械设计基础课程设计

设计题目____

内装 ……

___系___班级

设计者____

指导教师____

完成日期___年___月___日

成绩____

(校名)

图 8-2　图纸袋封面书写格式

下面列出一些答辩思考题为准备答辩时参考。

8.3.1 设计计算部分

(1) 你在总体布置设计时，怎样安排各级传动的先后顺序？为什么 V 带传动放置在电动机输出轴与减速器输入轴之间？

(2) 简述电动机的功率是怎样确定的？

(3) 选择电动机的同步转速应考虑哪些因素？同步转速与满载转速有什么不同？设计计算时用哪个转速？

(4) 设计 V 带传动时，如果小带轮包角 α_1 太小，应如何处理？如果带速 $v>v_{max}$，或带速过小，应如何处理？

(5) 怎样确定斜齿轮及蜗杆蜗轮所受的轴向力方向？

(6) 简述齿轮传动的设计方法和步骤？

(7) 试解释标准齿轮、标准齿制、标准安装和标准中心距。

(8) 斜齿圆柱齿轮的基本参数有哪些？它的法面参数与端面参数有什么关系？

(9) 齿轮传动的主要失效形式有哪些？引起这些失效的主要原因是什么？

(10) 什么是软齿面和硬齿面齿轮传动？齿轮传动的设计准则是什么？

(11) 进行齿轮传动设计时，如何选择齿数、齿宽系数和螺旋角等参数？

(12) 用范成法加工齿轮时为什么会产生根切？如何避免标准齿轮产生根切？如何加工一个齿数少于最小齿数 Z_{min} 的不根切齿轮？

(13) 一对啮合的齿轮，大小齿轮为什么常用不同的材料和热处理方法？

(14) 计算斜齿轮传动中心距 a 时，若 a 不是整数，怎样把它调整到整数？你是如何调整的？

(15) 为什么蜗杆常用钢而蜗轮常用青铜？

(16) 轴按其受载情况分类，可以分为几种？试举生活中的几个例子。

(17) 轴上零件的轴向、周向固定各有哪几种方法？你在设计中如何选用轴上零件的轴向及周向固定的？

(18) 以你的设计为例，叙述轴上零件的安装顺序？

(19) 设计轴时，对轴肩（或轴环）的高度及圆角半径有什么要求？

(20) 轴上的退刀槽、砂轮越程槽、倒角及圆角有何作用？

(21) 普通平键有 A、B、C 型，各是什么形状？应用场合如何？你在设计中选用什么形状的键？

(22) 说明你所选择的轴承类型、型号及选择依据？

(23) 在滚动轴承组合设计中，你采用了哪种固定方式？为什么？

(24) 滚动轴承在轴上如何安装和拆卸？在设计轴的结构时如何考虑滚动轴承的装拆？

(25) 球轴承和滚子轴承各运用于什么场合？

(26) 传动装置中，你选用什么形式联轴器，为什么？

(27) 你在设计中的主要零件（齿轮、轴、蜗杆、蜗轮、带轮及联轴器、箱体）采用什么材料？

(28) 常用的润滑剂有哪几种？你在设计中采用什么润滑剂及润滑方式？

8.3.2 绘图及结构设计部分

(1) 装配图上的技术要求是否完美、正确？说明各项技术条件的含义。

(2) 装配图和零件图中的视图、剖视、剖面是如何考虑的？零部件的结构是否已表达清楚？

(3) 减速器装配图上应标注哪些尺寸？说明这些尺寸在减速器装配过程中的作用。

(4) 齿轮的齿侧面、齿顶与箱体内壁之间为什么要留有一定的间隙？

(5) 同一轴上的两个滚动轴承类型和直径是否应相同？为什么？

(6) 齿轮有哪几种结构形式？为什么常在腹板式齿轮的腹板上开些孔？

(7) 怎样决定润滑油面的高度、油池深度及箱座的高度？

(8) 轴承旁螺栓孔中心位置和凸台高度是怎样设计的？

(9) 结合装配图说明轴的各段直径与长度是怎样确定的？说明轴上零件的装拆顺序。

(10) 挡油环与封油环的作用是什么？分别在什么情况下使用？

(11) 外伸轴与轴承盖、箱盖与箱座结合面各采用什么方法密封？

(12) 减速器各附件的作用是什么？

(13) 定位销与箱体的加工装配有什么关系？如何布置定位销？

(14) 箱体通常采用什么材料？为什么要在箱体上设置加强筋？

(15) 如何确定放油塞的位置？它为什么要用细牙螺纹？

(16) 箱体结合面轴承座宽度的确定与哪些因素有关？

(17) 轴为什么要设计成阶梯轴？

(18) 当滚动轴承采用油润滑时，如何从结构上考虑供油充分？当滚动轴承采用脂润滑时，填充量多少为宜？

(19) 为什么通常大、小齿轮的齿宽不同，且 $b_1 > b_2$？

(20) 你在减速器箱座上是否设有油槽？为什么？

(21) 箱体上螺纹连接处为什么设有鱼眼坑？鱼眼坑是如何加工的？

(22) 减速器为何要有通气孔、起盖螺钉、定位销等？

(23) 减速器箱盖已有吊耳（吊环螺钉），为什么箱座还要有吊钩？

(24) 轴上的退刀槽、砂轮越程槽、倒角及圆角有何作用？

(25) 密封的作用是什么？你设计的减速器哪些部位需要密封？你采取了什么措施保证密封？

(26) 普通螺栓连接和铰制孔用螺栓连接各用在什么地方？画图时有什么不一样？

(27) 箱体同侧轴承座端面为什么要尽量位于同一平面上？

(28) 轴系各零件（包括轴承）如何定位和固定？

第9章

机械设计常用标准和规范

9.1 一般标准和规范

表 9-1 技术制图图纸幅面（GB/T 14689—1993）

<table>
<tr><td colspan="7">基本幅面</td><td colspan="6">加长幅面</td></tr>
<tr><td colspan="2" rowspan="2">幅面代号</td><td rowspan="2">A0</td><td rowspan="2">A1</td><td rowspan="2">A2</td><td rowspan="2">A3</td><td rowspan="2">A4</td><td colspan="2">第二选择</td><td colspan="4">第三选择</td></tr>
<tr><td>幅面代号</td><td>尺寸 $B\times L$</td><td>幅面代号</td><td>尺寸 $B\times L$</td><td>幅面代号</td><td>尺寸 $B\times L$</td></tr>
<tr><td colspan="2">宽度×长度 ($B\times L$)</td><td>841×1189</td><td>594×841</td><td>420×594</td><td>297×420</td><td>210×297</td><td></td><td></td><td></td><td></td><td></td><td></td></tr>
<tr><td rowspan="2">留装订边</td><td>装订边宽 a</td><td colspan="5">25</td><td rowspan="3">A3×3
A3×4
A4×3
A4×4
A4×5</td><td rowspan="3">420×891
420×1189
297×630
297×841
297×1051</td><td rowspan="3">A0×2
A0×3
A1×3
A1×4
A2×3
A2×4
A2×5</td><td rowspan="3">1189×1682
1189×2523
841×1783
841×2378
594×1261
594×1682
594×2102</td><td rowspan="3">A3×5
A3×6
A3×7
A4×6
A4×7
A4×8
A4×9</td><td rowspan="3">420×1486
420×1783
420×2080
297×1261
297×1471
297×1682
297×1892</td></tr>
<tr><td>其他周边宽 c</td><td colspan="3">10</td><td colspan="2">5</td></tr>
<tr><td>不留装订边</td><td>周边宽 e</td><td colspan="2">20</td><td colspan="3">10</td></tr>
</table>

注：1. 加长幅面是由基本幅面的短边成整数倍增加后得出。

2. 加长幅面的图框尺寸，按所选用的基本幅面大一号的图框尺寸确定。例如，A2×3 的图框尺寸，按 A1 的图框尺寸确定，即 e 为 20（或 c 为 10）。

表 9-2 技术制图图框格式和标题栏的方位（BG/T 14689—1993）

需要装订的图样	不需要装订的图样
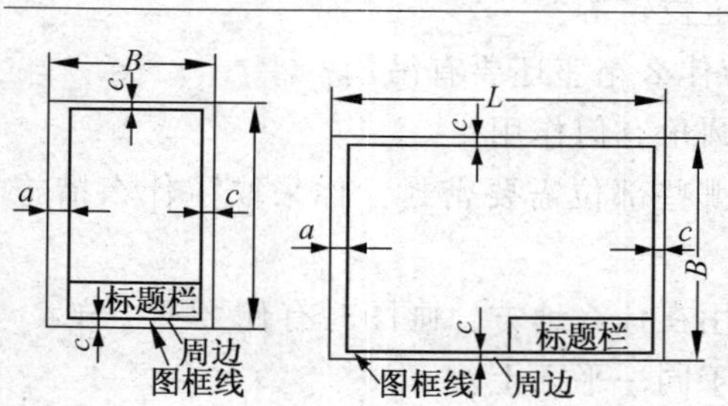	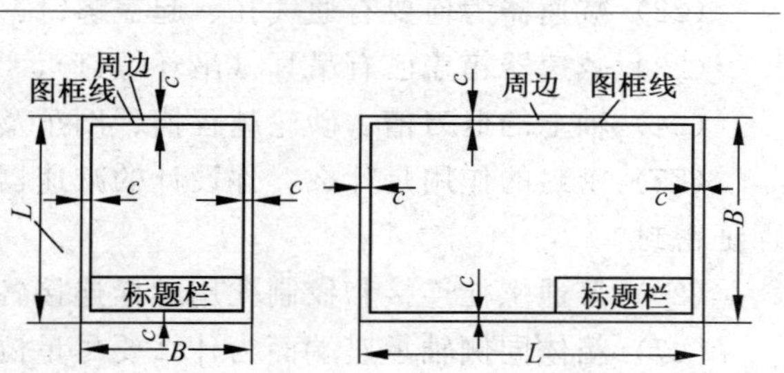

注：B、L、a、c 的数值见表 9-1。

表 9-3　技术制图比例（GB/T 14689—1993）

与实物相同	1∶1	当某个视图或剖视图需要采用不同比例时，必须另行标注 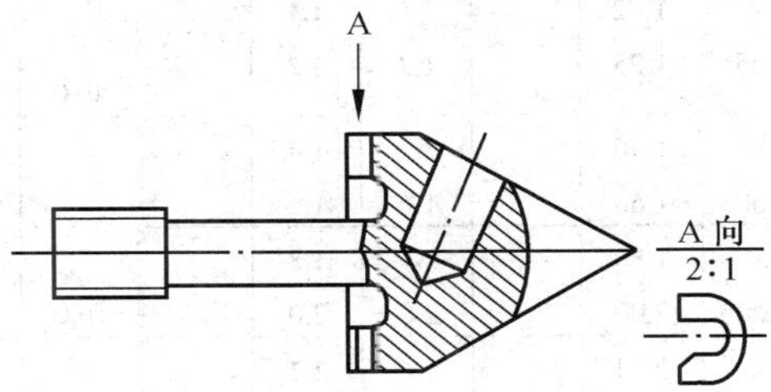
缩小的比例	(1∶1.5) 1∶2 (1∶3) (1∶4) 1∶5 (1∶6) 1∶10 1∶1×10^n (1∶1.5×10^n) 1∶2×10^n 1∶3×10^n (1∶4×10^n) 1∶5×10^n (1∶6×10^n)	
放大的比例	2∶1 (2.5∶1) (4∶1) (5∶1) 1×10^n∶1 2×10^n∶1 (2.5×10^n∶1) (4×10^n∶1) 5×10^n∶1	

注：n 为正整数。

表 9-4　标题栏格式（GB 10609.1—1989）

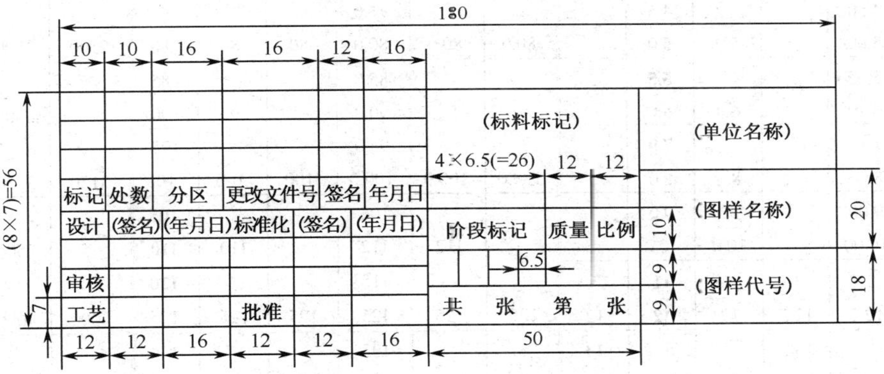

表 9-5　明细栏格式（GB 10609.2—1989）

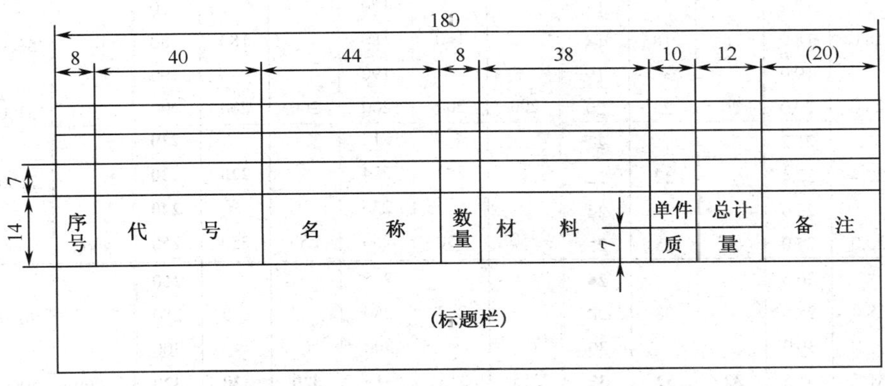

表 9-6　标准尺寸（直径、长度、高度）（GB 2822—2005）　　（单位：mm）

R			R'			R			R'			R		
R10	R20	R40	R'10	R'20	R'40	R10	R20	R40	R'10	R'20	R'40	R10	R20	R40
1.00	1.00		1.0	1.0				35.5			**34**		1120	1120
	1.12			**1.1**			35.5	35.5		36	**36**			1180
1.25	1.25		**1.2**	**1.2**				37.5			**38**	1250	1250	1250
						40.0	40.0	40.0	40	40	40			
	1.40			1.4				42.5			**42**			1320
1.60	1.60		1.6	1.6			45.0	45.0		45	45		1400	1400
	1.80			1.8				47.5			**48**			1500
2.00	2.00		2.0	2.0		50.0	50.0	50.0	50	50	50	1600	1600	1600
	2.24			**2.2**				53.0			53			1700
2.50	2.50		2.5	2.5			56.0	56.0		56	56		1800	1800
	2.80			2.8				60.0			60			1900
3.15	3.15		**3.0**	**3.0**		63.0	63.0	63.0	63	63	63	2000	2000	2000
	3.55			**3.5**				67.0			67			2120
4.00	4.00		4.0	4.0			71.0	71.0		71	71		2240	2240
	4.50			4.5				75.0			75			2360
5.00	5.00		5.0	5.0		80.0	80.0	80.0	80	80	80	2500	2500	2500
	5.60			**5.5**				85.0			85			2650
6.30	6.30		**6.0**	**6.0**			90.0	90.0		90	90		2800	2800
	7.10			**7.0**				95.0			95			3000
8.00	8.00		8.0	8.0		100.0	100.0	100.0	100	100	100	3150	3150	3150
	9.00			9.0				106			**105**			3350
10.00	10.00		10.0	10.0			112	112		**110**	**110**		3500	3550
	11.2			**11**				118			**120**			3750
12.5	12.5	12.5	**12**	**12**	12	125	125	125	125	125	125	4000	4000	4000
		13.2			**13**			132			**130**			4250
	14.0	14.0		14	14		140	140		140	140		4500	4500
		15.0			15			150			150			4750
16.0	16.0	16.0	16	16	16	160	160	160	160	160	160	5000	5000	5000
		17.0			17			170			170			5300
	18.0	18.0		18	18		180	180		180	180		5600	5600
		19.0			19			190			190			6000
20.0	20.0	20.0	20	20	20	200	200	200	200	200	200	6300	6300	6300
		21.2			**21**			212			**210**			6700
	22.4	22.4		**22**	**22**		224	224		**220**	**220**		7100	7100
		23.6			**24**			236			**240**			7500
25.0	25.0	25.0	25	25	25	250	250	250	250	250	250	8000	8000	8000
		26.5			**26**			265			**260**			8500
	28.0	28.0		28	28		280	280		280	280		9000	9000
		30.0			30			300			300			9500
31.5	31.5	31.5	**32**	**32**	**32**	315	315	315	**320**	**320**	**320**	1000	1000	10000

续表

R			R'			R			R'			R		
R10	R20	R40	R'10	R'20	R'40	R10	R20	R40	R'10	R'20	R'40	R10	R20	R40
		335			340			670			670			10600
	335	335		360	360		710	710		710	710		11200	11200
		375			380			750			750			11800
400	400	400	400	400	400	800	800	800	800	800	800	12500	12500	12500
		425			420			850			850			13200
	450	450		450	450		900	900		900	900		14000	14000
		475			480			950			950			15000
500	500	500	500	500	500	1000	1000	1000	1000	1000	1000	16000	16000	16000
		530			530									17000
	560	560		560	560								18000	18000
		600			600			1606						19000
630	630	630	630	630	630							20000	20000	20000

注：1.“标准尺寸”为直径、长度、高度等系列尺寸。
2. 标准中 0.01～1.0mm 的尺寸，此表未列出。
3. R'系列中的黑体字。为R 系列相应各项优先数的化整值。
4. 选择尺寸时，优先选用 R 系列，按照 R10、R20、R40 顺序。如必须将数值圆整，可选择相应的 R'系列，应按照 R'10、R'20、R'40 顺序选择。

表 9-7　中心孔表示法（GB/T 4459.5—1999，GB/T 145—2001）　（单位：mm）

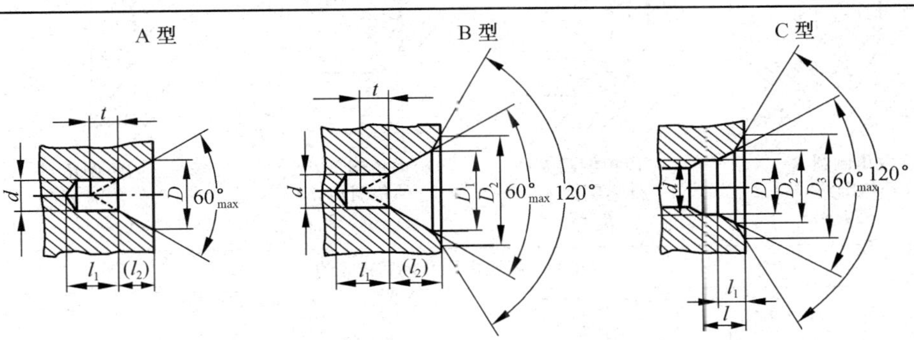

要　求	符　号	表示法示例	说　明
在完工的零件上要求保留中心孔	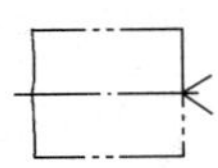	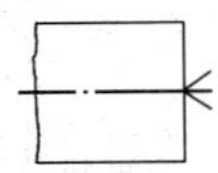 GB/T 4459.5—B2.5/8	采用 B 型中心孔 $d=2.5$，$D_2=8$ 在完工的零件上要求保留
在完工的零件上可以保留中心孔	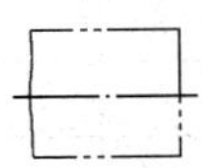	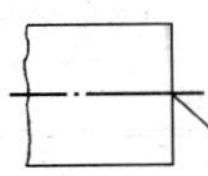 GB/T 4459.5—A4/8.5	采用 A 型中心孔 $d=4$，$D=8.5$ 在完工的零件上是否保留都可以
在完工的零件上不允许保留中心孔	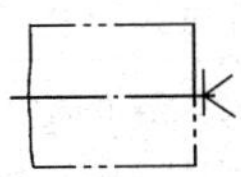	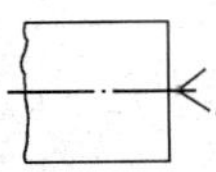 GB/T 4459.5—A1.6/3.35	采用 A 型中心孔 $d=1.6$，$D=3.35$ 在完工的零件上不允许保留

表 9-8　中心孔的有关尺寸（GB/T 145—2001）　　（单位：mm）

d	型式						选择中心孔的参考数据（非标准内容）		
	A		B		C		D_{min}	D_{max}	$G/(10^3 kg)$
	$D^☆$	$l_2^☆$	$D_2^★$	$l_2^★$	d	D_1			
1.6	3.35	1.52	5.0	1.99			6	>8～10	0.1
2.0	4.25	1.95	6.3	2.54			8	>10～18	0.12
2.5	5.3	2.42	8.0	3.20			10	>18～30	0.2
3.15	6.7	3.07	10.0	4.03	M3	5.8	12	>30～50	0.5
4.0	8.5	3.90	12.5	5.05	M4	7.4	15	>50～80	0.8
(5.0)	10.6	4.85	16.0	6.41	M5	8.8	20	>80～120	1.0
6.3	13.2	5.98	18.0	7.36	M6	10.5	25	>120～180	1.5
(8.0)	17.0	7.79	22.4	9.36	M8	13.2	30	>180～220	2.0
10.0	21.2	9.70	28.0	11.66	M10	16.3	42	>220～260	3.0

注：1. 括号内的尺寸尽量不采用。

2. D_{min}——原料端部最小直径；D_{max}——轴状材料最大直径；G——工件最大质量。

3. 表中字母的含义见表 9-7 图中所示。

4. ☆ 任选其一；★ 任选其一。

表 9-9　零件的倒圆和倒角（GB 6403.4—1986）　　（单位：mm）

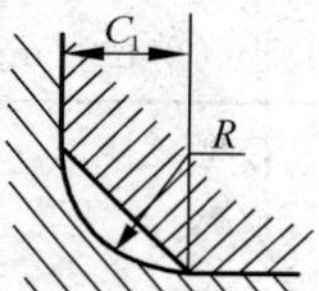

内角倒圆 R
外角倒角 C_1
$C_1>R$

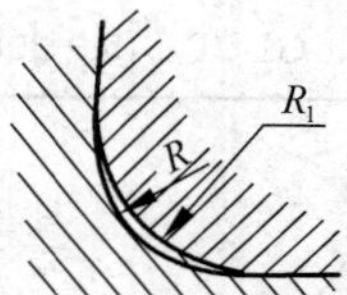

内角倒圆 R
外角倒圆 R_1
$R_1>R$

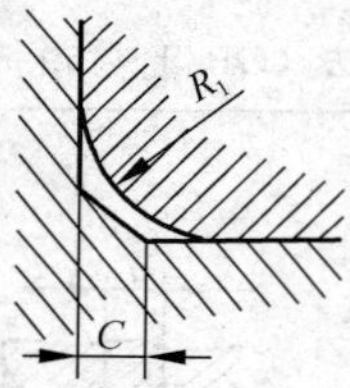

内角倒角 C
外角倒圆 R_1
$C<0.58R_1$

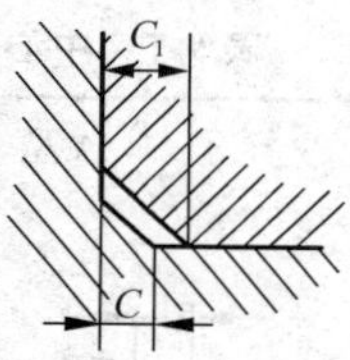

内角倒角 C
外角倒角 C_1
$C<C_1$

与直径 ϕ 相应的倒角倒圆推荐值

ϕ	～3	>3～6	>6～10	>10～18	>18～30	>30～50	>50～80	>80～120	>120～180	>180～250	>250～320
C 或 R	0.2	0.4	0.6	0.8	1.0	1.6	2.0	2.5	3.0	4.0	5.0

倒角与倒圆的尺寸系列

R：0.1　0.2　0.3　0.4　0.5　0.6　0.8　1.0　1.2　1.6　2.0　2.5　3.0

C：4.0　5.0　6.0　8.0　10　12

圆形零件自由表面过渡圆角

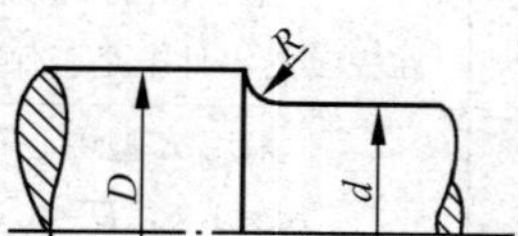

$D-d$	2	5	8	10	15	20	25	30
R	1	2	3	4	5	8	10	12
$D-d$	35	40	50	55	65	70	90	100
R	12	16	16	20	20	25	25	30

注：尺寸 $D-d$ 是表中数值的中间值时，则按较小尺寸来选取 R 例 $D-d=98$ 则按 90 选 $R=25$

表 9-10　圆柱形轴伸（GB 1569—2005）　　（单位：mm）

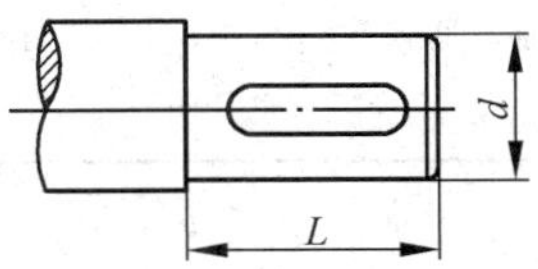

d	L 长系列	L 短系列
12，14	30	25
16，18，19	40	28
20，22，24	50	36
25，28	60	42
30，32，35，38	80	58
40，42，45，48，50，55，56	110	82
60，63，65，70，71，75	140	105
80，85，90，95	170	130
100，110，120，125	210	165
130，140，150	250	200
160，170，180	300	240
190，200，220	350	280
400，420，440，450，460，480，500	650	540
530，560，600，630	800	680

d 的极限偏差			
d	6～30	32～50	55～630
极限偏差	j6	k6	m6

表 9-11　机器轴高（GB 12217—2005）　　（单位：mm）

系　列	轴高的基本尺寸 h
I	25，40，63，100，160，250，400，630，1000，1600
II	25，32，40，50，63，80，100，125，160，200，250，315，400，500，630，800，1000，1250，1600
III	25，28，32，36，40，45，50，56，63，71，80，90，100，112，125，140，160，180，200，225，250，280，315，355，400，450，500，560，630，710，800，900，1000，1120，1250，1400，1600
IV	25，26，28，30，32，34，36，38，40，42，45，48，50，53，56，60，63，67，71，75，80，85，90，95，100，105，112，118，125，132，140，150，160，170，180，190，200，212，225，236，250，265，280，300，315，335，355，375，400，425，450，475，500，530，560，600，630，670，710，750，800，850，900，950，1000，1060，1120，1180，1250，1320，1400，1500，1600

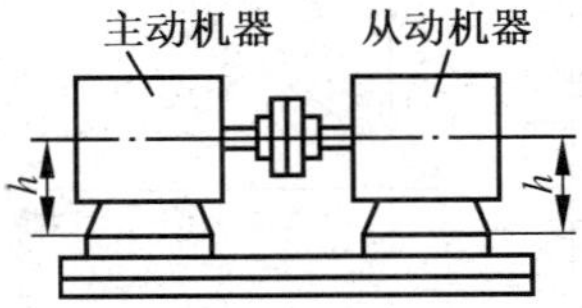

轴高 h	轴高的极限偏差：电动机、从动机器、减速器等	轴高的极限偏差：除电动机以外的主动机器	平行度公差：L<2.5h	平行度公差：2.5h≤L≤4h	平行度公差：L>4h
>50～250	0 −0.5	+0.5 0	0.25	0.4	0.5
>250～630	0 −1.0	+1.0 0	0.5	0.75	1.0
>630～1000	0 −1.5	+1.5 0	0.75	1.0	1.5
>1000	0 −2.0	+2.0 0	1.0	1.5	2.0

注：1. 机器轴高应优先选用第 I 系列数值，如不能满足需要时，可选用第 II 系列数值，其次选用第 III 系列数值，尽量不采用第 IV 系列数值。

2. h 不包括安装时所用的垫片。L 为轴的全长。

表 9-12　轴肩和轴环尺寸（参考）　　　（单位：mm）

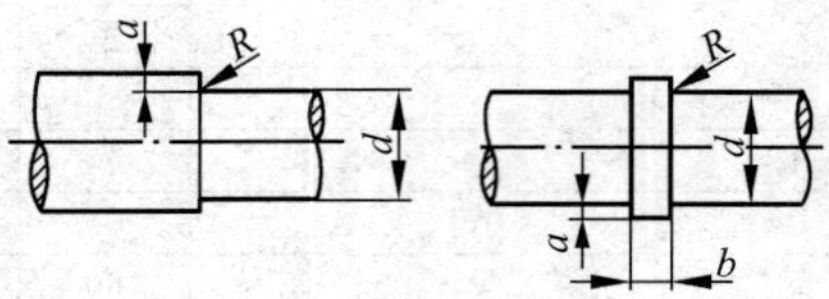

$a=(0.07\sim0.1)d$

$b\approx1.4a$

定位用 $a>R$

R—倒圆半径，见表 9-9

表 9-13　回转面及端面、砂轮越程槽（GB 6403.5—1986）　　　（单位：mm）

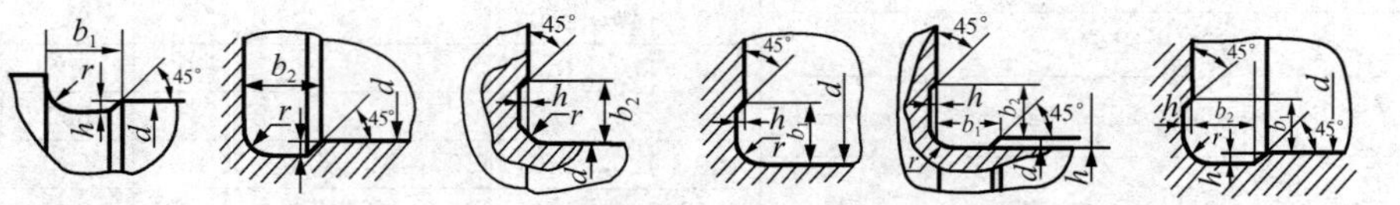

(a) 磨外圆　(b) 磨内圆　(c) 磨外端面　(d) 磨内端面　(e) 磨外圆及端面　(f) 磨内圆及端面

b_1	0.6	1.0	1.6	2.0	3.0	4.0	5.0	8.0	10
b_2	2.0	3.0		4.0		5.0		8.0	10
h	0.1	0.2		0.3	0.4		0.6	0.8	1.2
r	0.2	0.5		0.8	1.0		1.6	2.0	3.0
d	～10			10～50		50～100		＞100	

注：1. 越程槽内两直线相交不许产生尖角。

2. 越程槽深度 h 与圆弧半径 r 要满足 $r<3h$。

表 9-14　铸件最小壁厚　　　（单位：mm）

铸造方法	铸件尺寸	铸　钢	灰铸铁	球墨铸铁	可锻铸铁	铝合金	镁合金	铜合金
砂型	～200×200 ＞200×200～500×500 ＞500×500	8 10～12 15～20	～6 ＞6～10 15～20	6 12	5 8	3 4 6	3	3～5 6～8
金属型	～70×70 ＞70×70～150×150 ＞150×150	5 10	4 5 6		2.5～3.5	2～3 4 5	2.5	3 4～5 6～8

注：1. 一般铸造条件下，各种灰铸铁的最小允许壁厚：HT100，HT150：$\delta=4\sim6$mm；HT200：$\delta=6\sim8$mm；HT250：$\delta=8\sim15$mm；HT300，HT350：$\delta=15$mm。

2. 如有特殊需要，在改善铸造条件的情况下，灰铸铁最小壁厚可达 3mm，可锻铸铁可小于 3mm。

表 9-15　铸造斜度

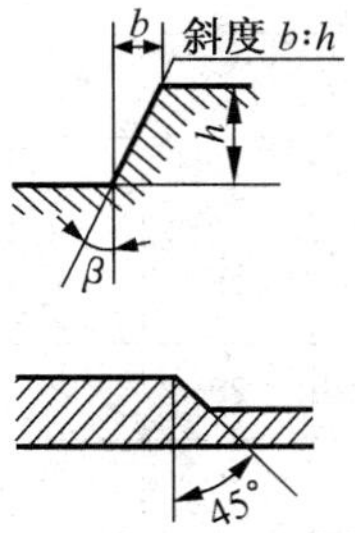

斜度 $b:h$	角度 β	使用范围
1 : 5	11°30′	h<25mm 的钢和铁铸件
1 : 10 1 : 20	5°30′ 3°	h 在 25～500mm 时的钢和铁铸件
1 : 50	1°	h>500mm 时的钢和铁铸件
1 : 100	30′	有色金属铸件

注：当设计不同壁厚的铸件时，在转折点处的斜角最大还可增大在 30°～45°。

表 9-16　铸造过度斜度（JB/ZQ 4254—1997）　　（单位：mm）

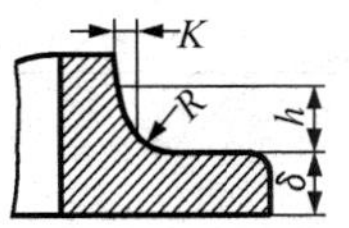

适用于减速器、连接管、气缸及其他连接法兰

铸铁和铸钢件的壁厚 δ	K	h	R
10～15	3	15	5
>15～20	4	20	5
>20～25	5	25	5
>25～30	6	30	8
>30～35	7	35	8
>35～40	8	40	10
>40～45	9	45	10
>45～50	10	50	10

表 9-17　铸造内圆角（JB/ZQ 4255—1997）

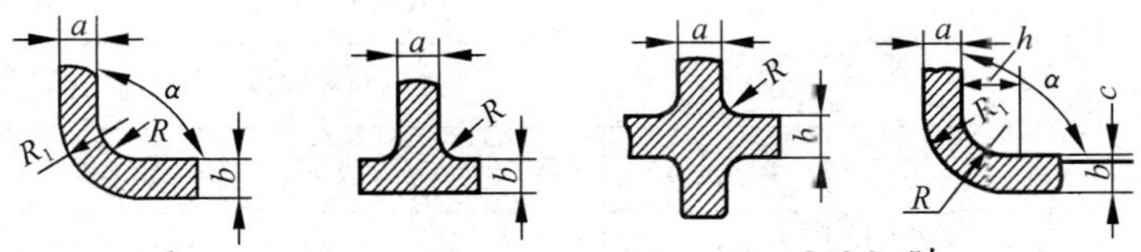

$a \approx b$
$R_1=R+a$

$b<0.8a$ 时
$R_1=R+b+c$

$\frac{a+b}{2}$	R/mm											
	内圆角 α											
	<50°		51°～75°		76°～105°		106°～135°		136°～165°		>165°	
	钢	铁	钢	铁	钢	铁	钢	铁	钢	铁	钢	铁
≤8	4	4	4	4	6	4	8	6	16	10	20	16
9～12	4	4	4	4	6	6	10	8	16	12	25	20
13～16	4	4	6	4	8	6	12	10	20	16	30	25

续表

$\frac{a+b}{2}$	R/mm											
	内圆角 α											
	<50°		51°~75°		76°~105°		106°~135°		136°~165°		>165°	
	钢	铁	钢	铁	钢	铁	钢	铁	钢	铁	钢	铁
17~20	6	4	8	6	10	8	16	12	25	20	40	30
21~27	6	6	10	8	12	10	20	16	30	25	50	40

c 和 h/mm

b/a		<0.4	0.5~0.65	0.66~0.8	>0.8
c≈		0.7 (a−b)	0.8 (a−b)	a−b	—
h≈	钢	8c			
	铁	9c			

表 9-18 铸造外圆角 (JB/ZQ 4256—1997)

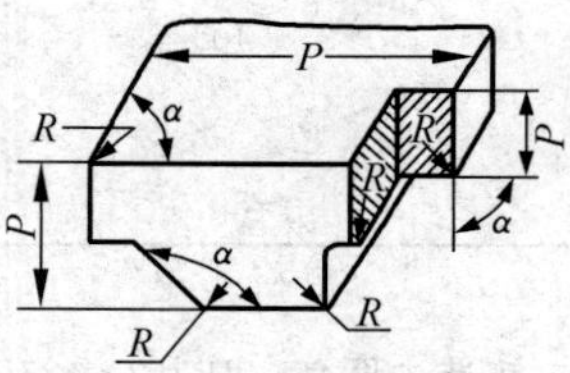

表面的最小边尺寸 P/mm	R/mm					
	外圆角 α					
	<50°	51°~75°	76°~105°	106°~135°	136°~165°	>165°
≤25	2	2	2	4	6	8
>25~60	2	4	4	6	10	16
>60~160	4	4	6	8	16	25
>160~250	4	6	8	12	20	30
>250~400	6	8	10	16	25	40
>400~600	6	8	12	20	30	50

9.2 金属材料

表 9-19 普通碳素钢（GB/T 700—2006）

牌号	等级	屈服强度 R_{eH}/MPa，≥						抗拉强度 R_m/MPa	断后伸长率 A/%，≥					冲击实验（V 形缺口）		应用举例
		厚度（或直径）/mm							厚度（或直径）/mm					温度 /℃	冲击吸收功（纵向）/J≥	
		≤ 6	>16 ~ 40	>40 ~ 60	>66 ~ 100	>100 ~ 150	>150 ~ 200		≤40	>40 ~ 60	>60 ~ 100	>100 ~ 150	>150 ~ 200			
Q195	—	195	185	—	—	—	—	315 ~ 430	33	—	—	—	—	—	—	载荷小的零件、铁丝、垫铁、垫圈开口销、拉杆、冲压件及焊接件
Q210	A	215	205	195	185	175	165	335 ~ 450	31	30	29	27	26	—	—	拉杆、套圈、垫圈、渗碳零件及焊接件
	B													+20	27	
Q235	A	235	225	215	205	195	185	370 ~ 500	26	25	24	22	21	—	—	金属结构件，心部强度要求不高的渗碳或氰化零件，拉杆、连杆、吊钩、车钩、螺栓、螺母、套筒、轴及焊接件，C、D 级用于重要的焊接结构
	B													+20	27	
	C													0		
	D													-20		
Q275	A	275	265	255	245	225	215	410 ~ 540	22	21	20	18	17	—	—	转轴、心轴、吊钩、拉杆、摇杆楔等强度要求不高的零件，焊接性尚可
	B													+20	27	轴类、链轮、齿轮、吊钩等强度要求较高的零件
	C													0		
	D													-20		

注：1. 冷弯实验中 B 为试样宽度，a 为钢材厚度（直径）。

2. Q195 的屈服强度仅供参考，不作为交货条件。

3. 进行拉伸和冷弯实验时，型钢和钢棒取纵向试样，钢板和钢带取横向试样，断后伸长率允许比表中降低2%（绝对值）。窄钢带取横向试样，如果受宽度限制时可取纵向试样。

4. 各牌号 A 级钢冷弯试验合格时，抗拉强度上限可以不作为交货条件。

5. 用 Q195 和 Q235B 沸腾钢轧制的钢材，其厚度（直径）不大于 25mm。

6. 厚度不小于 12mm 或直径不小于 16mm 的钢材应进行冲击实验，厚度为 6 ~ 12mm 或直径为 12 ~ 16mm 的钢材，经供需双方协议可进行冲击试验。

7. 厚度大于 100mm 的钢材，抗拉强度下限允许降低 20MPa。宽带钢（包括剪切钢板）抗拉强度上限不作为交货条件。

表 9-20　优质碳素钢（GB/T 699—1999）

钢　号	试样毛坯尺寸 /mm	推荐热处理			力学性能					钢材交货状态硬度 HB		表面淬火后硬度 HRC	应用举例（非标准内容）
		正火 /℃	淬火 /℃	回火 /℃	σ_h /(N/mm²)	σ_s /(N/mm²)	δ /%	ψ /%	$\frac{A_k}{J}$	不大于			
					不小于					未热处理	退火钢		
08F	25	930			295	175	35	60		131			轧制薄板、制管、冲压制品，垫片、垫圈及心部强度要求不高的渗碳和碳氮共渗零件；套筒、短轴、挡块、支架、靠模、离合器盘
08	25	930			325	195	33	60		131			
10F	25	930			315	185	33	55		137			用作拉杆、卡头、垫圈、铆钉，因无回火脆性、焊接性好，用作焊接零件
10	25	930			335	205	31	55		137			
15F	25	920			355	205	29	55		143			用于受力不大韧性要求较高的零件、渗碳零件及紧固件如螺栓、螺钉、法兰盘和化工储器
15	25	920			375	225	27	55		143			
20	25	910			410	245	25	55		156			渗碳、碳氮共渗后用作重型或中型机械受负荷不太大的轴、螺栓、螺母、开口销、吊钩、垫圈、齿轮、链轮
25	25	900	870	600	450	275	23	50	71	170			用于制造焊接设备和不受高应力的零件，如轴、辊子、垫圈、螺栓、螺钉、螺母、吊环螺钉
30	25	880	860	600	490	295	21	50	63	179			用作重型机械上韧性要求高的锻件及其制件如汽缸、拉杆、吊环、机架
35	25	870	850	600	530	315	20	45	55	197		35 ~ 45	用于制作曲轴、转轴、轴销、杠杆、连杆、螺栓、螺母、垫圈、飞轮多在正火、调质下使用
40	25	860	840	600	570	335	19	45	47	217	187		热处理后作机床零件、重型、中型机械的曲轴、轴、齿轮、连杆、键、拉杆、活塞等，正火后可作圆盘

续表

钢号	试样毛坯尺寸/mm	推荐热处理			力学性能					钢材交货状态硬度 HB		表面淬火后硬度 HRC	应用举例（非标准内容）
		正火/℃	淬火/℃	回火/℃	σ_h/(N/mm²)	σ_s/(N/mm²)	δ/%	ψ/%	A_k/J	不大于			
					不小于					未热处理	退火钢		
45	25	850	840	600	600	355	16	40	39	229	197	40～50	用作要求综合机械性能高的各种零件，通常在正火或调质下使用，用于制造轴、齿轮、齿条、链轮、螺栓、螺母、销钉、键、拉杆等
50	25	830	830	600	630	375	14	40	31	241	207		用于要求一定耐磨性，一定冲击作用的零件，如轮圈、轮缘、轧辊、摩擦盘等
55	25	820	820	600	645	380	13	35		255	217		
65	25	810			695	410	10	30		255	229		用于制作弹簧、弹簧垫圈、凸轮、轧辊等
15Mn	25	920			410	245	26	55		163			制作心部机械性能要求较高且须渗碳的零件
25Mn	25	900	870	600	490	295	22	50	71	207			用作渗碳件如凸轮、齿轮、联轴器、铰链、销等
40Mn	25	860	840	600	590	355	17	45	47	229	207	40～50	用作轴、曲轴、连杆及高应力下工作的螺栓、螺母
50Mn	25	830	830	600	645	390	13	40	31	255	217	45～44	多在淬火同火后使用，作齿轮、齿轮轴、摩擦盘、凸轮
65Mn	25	810			735	430	9	30		285	229		耐磨性高、用作圆盘、衬板、齿轮、花键轴、弹簧、犁

表 9-21 合金结构钢(摘自 GB 3077—1999)

牌号	试样毛坯尺寸/mm	热处理					力学性能					钢材退火或高温回火供应状态布氏硬度 HB 不大于	表面淬火硬度 HRC 不大于	应用举例(非标准内容)
		淬火			回火		抗拉强度 σ_b/(N/mm^2)	屈服点 σ_s/(N/mm^2)	伸长率 δ/%	断面收缩率 ψ/%	冲击功 A_k/J			
		温度/℃		冷却剂	温度/℃	冷却剂	不小于							
		第一次淬火	第二次淬火											
20Cr	15	880	780～820	水、油	200	水、空	835	540	10	40	47	179	渗碳 56～62	用于要求心部强度较高,承受磨损、尺寸较大的渗碳零件,如齿轮、齿轮轴、蜗杆、凸轮、活塞销等也用于速度较大受中等冲击的调质零件
40Cr	25	850	—	油	520	水、油	980	785	9	45	47	207	48～55	用于受变载、中速、中载、强烈磨损而无很大冲击的重要零件,如重要的齿轮、轴、曲轴、连杆、螺栓、螺母等
45Mn2	25	840	—	油	550	水、油	885	735	10	45	47	217	45～55	在直径≤60mm 时,与 40Cr 相当,可作万向联轴节、齿轮油、蜗杆、曲轴、连杆、花键轴、摩擦盘等
35SiMn	25	900	—	水	570	水、油	885	735	15	45	47	229	45～55	可代替 40Gr 作中小型轴类、齿轮等零件及 430℃以下的重要紧固件
42SiMn	25	880	—	水	590	水	885	735	15	40	47	229	45～55	可代替 40Cr、34CrMo 钢,作大齿圈
37SiMn2MoV	25	870	—	水、油	650	水、空	980	835	12	50	63	269	50～55	可代替 34CrNiMo 等作高强度重负荷轴、曲轴、齿轮、蜗杆等零件
20CrMnTi	15	880	870	油	200	水、空	1080	835	10	45	55	217	渗碳 56～62	强度韧性均高,可代替镍铬钢用于承受高速、中等或重负荷以及冲击磨损等重要零件,如渗碳齿轮、凸轮等
20CrMnMo	15	850	—	油	200	水、空	1175	885	10	45	55	217	渗碳 56～62	用于要求表面硬度高、耐磨、心部有较高强度、韧性的零件,如传动齿轮和曲轴

表 9-22 一般工程用铸钢（GB/T 11352—1989）

牌号	抗拉强度 σ_b	屈服强度 σ_s 或 $\sigma_{0.2}$	伸长率 δ	根据合同选择		硬度		应用举例
				收缩率 ψ	冲击功 A_{KV}	正火回火 /HBS	表面淬火 /HRC	
	MPa		%		J			
	最小值							
ZG200-400	400	200	25	40	30			各种形状的机件，如机座、变速箱壳等
ZG230-450	450	230	22	32	25	≥131		铸造平坦的零件，如机座、机盖、箱体、铁砧台，工作温度在 450℃以下的管道附件等。焊接性良好
ZG270-500	500	270	18	25	22	≥143	40～45	各种形状的机件，如飞轮、机架、蒸汽锤、桩锤、联轴器、水压机工作缸、横梁等。焊接性尚可
ZG310-570	570	310	15	21	15	≥153	40～50	各种形状的机件，如联轴器、气缸、齿轮、齿轮圈及重负荷机架等
ZG340-640	640	340	10	18	10	169～229	45～55	起重运输机中的齿轮、联轴器及重要的机件等

注：1. 各牌号铸钢的性能，适用于厚度为 100mm 以下的铸件，当厚度超过 100mm 时，仅表中规定的 $\sigma_{0.2}$ 屈服强度可供设计使用。
2. 表中力学性能的试验环境温度为 20℃±10℃。
3. 表中硬度值非 GB 11352—1989 内容，仅供参考。

表 9-23 球墨铸铁（GB/T 1348—2009 摘录）

牌号	抗拉强度 R_m	屈服强度 $R_{p0.2}$	伸长率 δ	供参考	用途
	MPa		%	布氏硬度 /HBW	
	最小值				
QT400－18	400	250	18	120～175	减速器箱体、管道、阀体、阀盖、压缩机气缸、拨叉、离合器壳等
QT400－15	400	250	15	120～175	
QT450－10	450	310	10	160～210	油泵齿轮、阀门体、车辆轴瓦、凸轮、犁铧、减速器箱体、轴承座等
QT500－7	500	320	7	170～230	
QT600－3	600	370	3	190～270	曲轴、凸轮轴、齿轮轴、机床主轴、缸体、缸套、连杆、矿车轮、农机零件等
QT700－2	700	420	2	225～305	
QT800－2	800	480	2	245～335	
QT900－2	900	600	2	280～360	曲轴、凸轮轴、连杆、履带式拖拉机链轨板等

注：表中牌号系由单铸试块测定的性能。

表 9-24　灰铸铁（GB/T 9439—1988）

牌　号	铸件壁厚/mm		最小抗拉强度 σ_b /(N/mm^2)	应用举例（非标准内容）
	大于	至		
HT100	2.5	10	130	用于小负荷和对耐磨性无特殊要求的零件、如端盖、外罩、手轮、一般机床底座、床身及其复杂零件，滑座、工作台和低压管件
	10	20	100	
	20	30	90	
	30	50	80	
HT150	2.5	10	175	
	10	20	145	
	20	30	130	
	30	50	120	
HT200	2.5	10	220	用于中等负荷和对耐磨性有一定要求的零件如机床床身、立柱、飞轮、气缸、泵体、轴承座、活塞、齿轮箱、阀体
	10	20	195	
	20	30	170	
	30	50	160	
HT250	4	10	270	用于中等负荷和对耐磨性有一定要求的零件如阀壳、油缸、气缸、联轴器、机体、齿轮、齿轮箱外壳、飞轮、衬套、凸轮、轴承座、活塞等
	10	20	240	
	20	30	220	
	30	50	200	
HT300	10	20	290	用于受力大的齿轮、床身导轨、车床卡盘、剪床、压力机的床身；凸轮、高压油缸、液压泵和滑阀壳体、冲模模体
	20	30	250	
	30	50	230	
HT350	10	20	340	
	20	30	290	
	30	50	260	

9.3　连接件和紧固件

1. 普通螺纹及螺栓

表 9-25　普通螺纹基本尺寸（摘自 GB/T 196—2003）　　　（单位：mm）

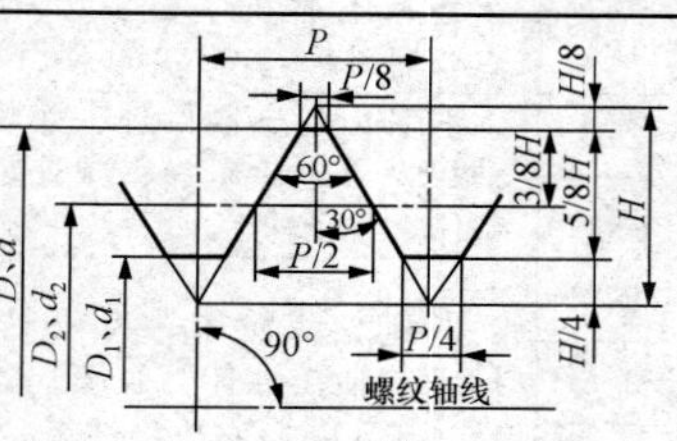

表中数值按下列公式计算，数值圆整到小数点后第三位数：

$$D_2=D-2\times\frac{3}{8}H=D-0.6495P;\quad d_2=d-2\times\frac{3}{8}H=d-0.6495P$$

$$D_1=D-2\times\frac{5}{8}H=D-1.0825P;\quad d_1=d-2\times\frac{5}{8}H=d-1.0825P$$

$$H=\frac{\sqrt{3}}{2}P=0.866\,025\,404P$$

D——内螺纹的基本大径；d——外螺纹的基本大径；D_2——内螺纹的基本中径；
d_2——外螺纹的基本中径；D_1——内螺纹的基本小径；d_1——外螺纹的基本小径；
P——螺距；H——原始三角形高度

续表

公称直径 D、d			螺距	中径	小径
第一系列	第二系列	第三系列	P	D_2或d_2	D_1或d_1
1			0.25	0.838	0.729
			0.2	0.870	0.783
	1.1		0.25	0.938	0.829
			0.2	0.970	0.883
1.2			0.25	1.038	0.929
			0.2	1.070	0.983
	1.4		0.3	1.205	1.075
			0.2	1.270	1.183
1.6			0.35	1.373	1.221
			0.2	1.470	1.383
	1.8		0.35	1.573	1.421
			0.2	1.670	1.583
2			0.4	1.740	1.567
			0.25	1.838	1.729
	2.2		0.45	1.908	1.713
			0.25	2.038	1.929
2.5			0.45	2.208	2.013
			0.35	2.273	2.121
3			0.5	2.675	2.459
			0.35	2.773	2.621
	3.5		(0.6)	3.110	2.850
			0.35	3.273	3.121
4			0.7	3.545	3.242
			0.5	3.675	3.459
	4.5		(0.75)	4.013	3.688
			0.5	4.175	3.959
5			0.8	4.480	4.134
			0.5	4.675	4.159
		5.5	0.5	5.175	4.959
6			1	5.350	4.917
			0.75	5.513	5.188
	7		1	6.350	5.917
			0.75	6.513	6.188
8			1.25	7.188	6.647
			1	7.350	6.917
			0.75	7.513	7.188
		9	(1.25)	8.188	7.647
			1	8.350	7.917
			0.75	8.513	8.188
10			1.5	9.026	8.376
			1.25	9.188	8.647
			1	9.350	8.917
			0.75	9.513	9.188
		11	(1.5)	10.026	9.376
			1	10.350	9.917
			0.75	10.513	10.188
12			1.75	10.863	10.106
			1.5	11.026	10.376
			1.25	11.188	10.647
			1	11.350	10.917
	14		2	12.701	11.835
			1.5	13.026	12.376
			(1.25)	13.188	12.647
			1	13.350	12.917

续表

公称直径 D、d			螺距 P	中径 D_2或d_2	小径 D_1或d_1
第一系列	第二系列	第三系列			
		15	1.5	14.026	13.376
			(1)	14.350	13.917
16			2	14.701	13.835
			1.5	15.026	14.376
			1	15.350	14.917
		17	1.5	16.026	15.376
			(1)	16.350	15.917
	18		2.5	16.376	15.294
			2	16.701	15.835
			1.5	17.026	16.376
			1	17.350	16.917
20			2.5	18.376	17.294
			2	18.701	17.835
			1.5	19.026	18.376
			1	19.350	18.917
	22		2.5	20.376	19.294
			2	20.701	19.835
			1.5	21.026	20.376
			1	21.350	20.917
24			3	22.051	20.752
			2	22.701	21.835
			1.5	23.026	23.376
			1	23.350	22.917
		25	2	23.701	22.835
			1.5	24.026	23.376
			(1)	24.350	23.917
		26	1.5	25.026	24.376
	27		3	25.051	23.752
			2	25.701	24.835
			1.5	26.026	25.376
			1	26.350	25.917
		28	2	26.701	25.835
			1.5	27.026	26.376
			1	27.350	26.917
30			3.5	27.727	26.211
			(3)	28.051	26.752
			2	28.701	27.835
			1.5	29.026	28.376
			1	29.350	28.917
		32	2	30.701	29.835
			1.5	31.026	30.376
	33		3.5	30.727	29.211
			(3)	31.051	29.752
			2	31.701	30.835
			1.5	32.026	31.376
		35	1.5	34.026	33.376
36			4	33.402	31.670
			3	34.051	32.752
			2	34.701	33.835
			1.5	35.026	34.376
		38	1.5	37.026	36.376
	39		4	36.402	34.670
			3	37.051	35.752
			2	37.701	36.835
			1.5	38.026	37.376
		40	(3)	38.051	36.752
			(2)	38.701	37.835
			1.5	39.026	38.376
42			4.5	39.077	37.129
			(4)	39.402	37.670
			3	40.051	38.752
			2	40.701	39.835
			1.5	41.026	40.376
	45		4.5	42.077	40.129
			(4)	42.402	40.670
			3	43.051	41.752
			2	43.701	42.835
			1.5	44.026	43.376
48			5	44.752	42.587
			(4)	45.402	43.670
			3	46.051	44.752
			2	46.701	45.835
			1.5	47.026	46.376
		50	(3)	48.051	46.752
			(2)	48.701	47.835
			1.5	49.026	48.376
	52		5	48.752	46.587
			(4)	49.402	47.670
			3	50.051	48.752
			2	50.701	49.835
			1.5	51.026	50.376

表 9-26 六角头螺栓

六角头螺栓（GB/T 5782—2000）

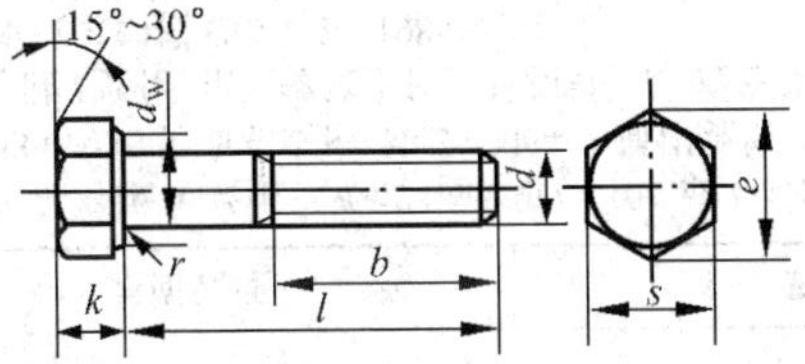

六角头螺栓全螺纹（GB/T 5783—2000）

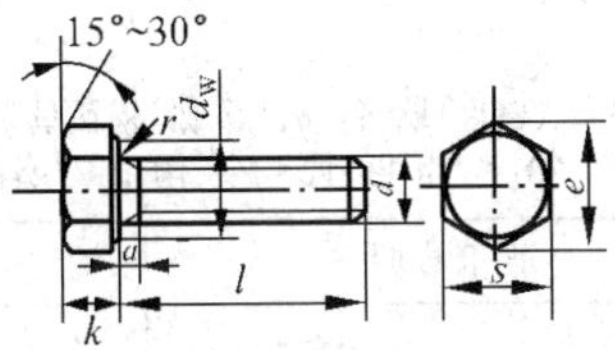

六角头螺杆带孔螺栓 A 级和 B 级（GB/T 31.1—1998）

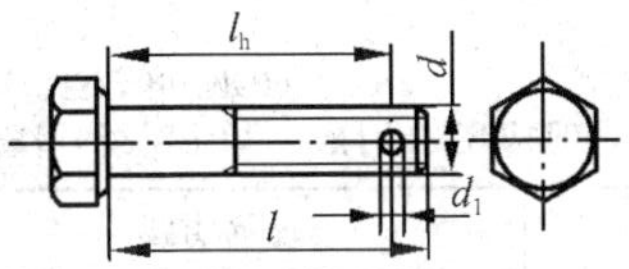

六角头头部带孔螺栓 A 级和 B 级（GB/T 32.1—1988）

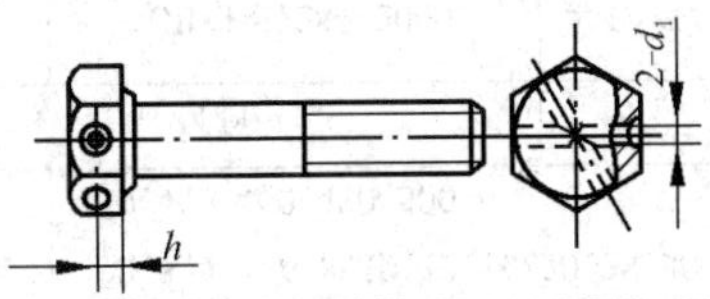

其余的型式与尺寸按 GB/T 5782—2000 规定

六角头头部带槽螺栓 A 级和 B 级（GB/T 29.1—1988）

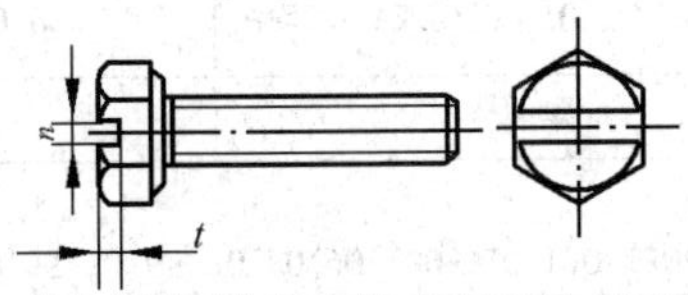

其余的型式与尺寸按 GB/T 5783—2000 规定

其余的型式与尺寸按 GB/T 5782—2000 规定

标记示例：

螺纹规格 d=M12、公称长度 l=80mm、性能等级为 8.8 级、不经表面处理、A 级的六角头螺杆带孔螺栓：

螺栓 GB/T 31.1—1988 M12×80

标记示例：

螺纹规格 d=M12、公称长度 l=80mm、性能等级为 8.8 级、表面氧化、A 级的六角头螺栓：螺栓 GB/T 5782—2000 M12×80

螺纹规格 d		M1.6	M2	M2.5	M3	M4	M5	M6	M8	M10	M12	(M14)	M16	(M18)	M20	(M22)	M24	(M27)	M30	M36	M42	M48	M56	M64
s 公称		3.2	4	5	5.5	7	8	10	13	16	18	21	24	27	30	34	36	41	46	55	65	75	85	95
k 公称		1.1	1.4	1.7	2	2.8	3.5	4	5.3	6.4	7.5	8.8	10	11.5	12.5	14	15	17	18.7	22.5	26	30	35	40
r/min		0.1				0.2		0.25	0.4		0.6					0.8			1		1.2	1.6	2	
e(min)	A	3.41	4.32	5.45	6.01	7.66	8.79	11.05	14.38	17.77	20.03	23.36	26.75	30.14	33.53	37.72	39.98	—	—	—	—	—	—	—
	B	3.28	4.18	5.31	5.88	7.50	8.63	10.89	14.20	17.59	19.85	22.78	26.17	29.56	32.95	37.29	39.55	45.2	50.85	60.79	71.3	82.6	93.56	104.86
d_w(min)	A	2.27	3.07	4.07	4.57	5.88	6.88	8.88	11.63	14.63	16.63	19.64	22.49	25.34	28.19	31.71	33.61	—	—	—	—	—	—	—
	B	2.3	2.95	3.95	4.45	5.74	6.74	8.74	11.47	14.47	16.47	19.15	22	24.85	27.7	31.35	33.25	38	42.75	51.11	59.95	69.45	78.86	88.16
b（参考）	l≤125	9	10	11	12	14	16	18	22	26	30	34	38	42	46	50	54	60	66	—	—	—	—	—
	125＜l≤200	15	16	17	18	20	22	24	28	32	36	40	44	48	52	56	60	66	72	84	96	108	—	—
	l＞200	28	29	30	31	33	35	37	41	45	49	53	57	61	65	69	73	79	85	97	109	121	137	153
a		—	—	—	1.5	2.1	2.4	3	3.75	4.5	5.25	6		7.5			9		10.5	12	13.5	15	16.5	18
h		—	—	—	0.8	1.2		1.6	2	2.5	3	—	—	—	—	—	—	—	—	—	—	—	—	—

续表

螺纹规格 d	M1.6	M2	M2.5	M3	M4	M5	M6	M8	M10	M12	(M14)	M16	(M18)	M20	(M22)	M24	(M27)	M30	M36	M42	M48	M56	M64
t	—	—	—	0.7	1	1.2	1.4	1.9	2.4	3	—	—	—	—	—	—	—	—	—	—	—	—	—
d_1	—	—	—	—	—	—	1.6	2.0	2.5	3.2			4			5		6.3		8.0		—	—
$h_{\approx}$	—	—	—	—	—	—	2.0	2.6	3.2	3.7	4.4	5.0	5.7	6.2	7.0	7.5	8.5	9.3	11.2	13	15	—	—
l_h	—	—	—	—	—	—	27 ~ 57	31 ~ 76	36 ~ 96	40 ~ 115	45 ~ 135	49 ~ 154	54 ~ 174	59 ~ 194	63 ~ 213	73 ~ 233	82 ~ 292	81 ~ 291	100 ~ 290	118 ~ 288	128 ~ 288	—	—
l	12 ~16	16 ~20	16 ~25	20 ~30	25 ~40	25 ~50	30 ~60	40 (35) ~80	45 (40) ~100	50 (45) ~120	60 (50) ~140	65 (55) ~160	70 (60) ~180	80 (65) ~200	90 (70) ~220	80 (90) ~240	100 ~260 (90 ~300)	110 (90) ~300	140 ~360 (110 ~300)	160 ~440 (130 ~300)	180 ~480 (140 ~300)	220 ~500	260 ~500
全螺纹长度 l	2 ~ 16	4 ~ 20	5 ~ 25	6 ~ 30	8 ~ 40	10 ~ 50	12 ~ 60	16 ~ 80	20 ~ 100	25 ~ 120	30 ~ 140	30 ~ 150	35 ~ 180	40 ~ 150	45 ~ 200	50 ~ 150	55 ~ 200	60 ~ 200	70 ~ 200	80 ~ 200	100 ~ 200	110 ~ 200	120 ~ 200
100mm 的质量/kg					0.008	0.013	0.020	0.037	0.066	0.094	0.132	0.178	0.229	0.289	0.366	0.431	0.569	0.722	1.099	1.611	2.254	3.224	4.427
l 系列	2,3,4,5,6,8,10,12,16,20,25,30,35,40,45,50,55,60,65,70,80,90,100,110,120,130,140,150,160,180,200,220,240,260,280,300,320,340,360,380,400,420,440,460,480,500																						

技术条件		钢	不锈钢	有色金属	螺纹公差	产品等级
材料		钢	不锈钢	有色金属	螺纹公差：6g	产品等级：A、B
性能等级	GB/T 5728—2000	$3 \leqslant d \leqslant 39$：5.6、8.8、10.9 $3 \leqslant d \leqslant 16$：9.8 $d<3$ 和 $d>39$：按协议	$d \leqslant 24$：A2-70、A4-70 $24<d \leqslant 39$：A2-50、A4-50 $d>39$：按协议	CU2、CU3、AL4		
	GB/T 5783—2000					
表面处理		氧化	简单处理	简单处理		

注：1. 产品等级 A 级用于 $d \leqslant 24$mm 和 $l \leqslant 10d$ 或 $l \leqslant 150$mm 的螺栓，B 级用于 $d>24$mm 和 $l>10d$ 或 >150mm 的螺栓（按较小值，A 级比 B 级精确）。

2. M3 ~ M36 为商品规格，M42 ~ M64 为通用规格，非优选螺纹的规格（除表列外）还有（M33）、（M39）、（M45）、（M52）和（M60）。

3. l_h 随 l 变化，相同螺纹直径变量相等。l_h 的公差按 +IT14。

4. 螺纹末端按 GB/T 2—1985 规定。

5. 技术条件 GB/T 31.1—1988，GB/T 32.1—1988 与 GB/T 5782—2000 同；GB/T 19.1—1988 与 GB/T 5783—2000 同。

6. l 括号中数字按 GB/T 31.1—1988。

表 9-27　六角头螺栓—C 级

(单位：mm)

六角头螺栓—C 级(GB/T 5780—2000)　　六解头螺栓—C 级(GB/T 5781—2000)

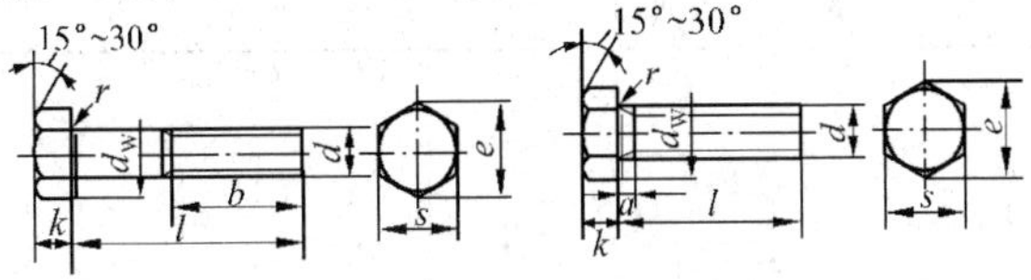

标记示例：

螺纹规格 d = M12、公称长度 l = 80mm、性能等级为 4.8 级、不经表面处理、C 级的六角头螺栓：螺栓 GB/T 5780—2000　M12 × 80

螺纹规格 d		M5	M6	M8	M10	M12	(M14)	M16	(M18)	M20	(M22)	M24	(M27)	M30	M36	M42	M48	M56	M64
s(公称)		8	10	13	16	18	21	24	27	30	34	36	41	46	55	65	75	85	95
k(公称)		3.5	4	5.3	6.4	7.5	8.8	10	11.5	12.5	14	15	17	18.7	22.5	26	30	35	40
r(最小)		0.2	0.25	0.4		0.6				0.8			1			1.2	1.6	2	
e(最小)		8.6	10.9	14.2	17.6	19.9	22.8	26.2	29.6	33	37.3	39.6	45.2	50.9	60.8	71.3	82.6	93.6	104.9
a(最大)		2.4	3	4	4.5	5.3	6			7.5			9	10.5	12	13.5	15	16.5	18
d_w(最小)		6.7	8.7	11.5	14.5	16.5	19.2	22	24.9	27.7	31.4	33.3	38	42.8	51.1	60	69.5	78.7	88.2
b(参考)	l≤125	16	18	22	26	30	34	38	42	46	50	54	60	66	78				
	125 < l≤200	—	—	28	32	36	40	44	48	52	56	60	66	72	84	96	108	124	140
	l > 200	—	—	—	—	—	53	57	61	65	69	73	79	85	97	109	121	137	153
l(公称) GB/T 5780—2000		25 ~ 50	30 ~ 60	40 ~ 80	45 ~ 100	55 ~ 120	60 ~ 140	65 ~ 160	80 ~ 180	80 ~ 200	90 ~ 220	100 ~ 240	110 ~ 260	120 ~ 300	140 ~ 360	180 ~ 420	200 ~ 480	240 ~ 500	260 ~ 500
全螺纹长度 l GB/T 5781—2000		10 ~ 50	12 ~ 60	16 ~ 80	20 ~ 100	25 ~ 120	30 ~ 140	35 ~ 160	35 ~ 180	40 ~ 200	45 ~ 220	50 ~ 240	55 ~ 280	60 ~ 300	70 ~ 360	80 ~ 420	100 ~ 480	110 ~ 500	120 ~ 500
100mm 长的质量≈/kg		0.013	0.020	0.037	0.063	0.090	0.127	0.172	0.223	0.282	0.359	0.424	0.566	0.721	1.100	1.594	2.174	3.226	4.870
l 系列(公称)		10,12,16,20,25,30,35,40,45,50,55,60,65,70,80,90,100,110,120,130,140,150,160,180,200,220,240,260,280,300,320,340,360,380,400,420,440,460,480,500																	
技术条件	GB/T 5780—2000　螺纹公差:8g	材料:钢	性能等级:d≤39,3.6、4.6、4.8;d > 39,按协议	表面处理:不经处理,电镀,非电解锌粉覆盖	产品等级:C														
	GB/T 5781—2000　螺纹公差:8g																		

注:1. M5 ~ M36 为商品规格,为销售储备的产品最通用的规格。2. M42 ~ M64 为通用规格,较商品规格低一档,有时买不到要现制造。3. 带括号的为非优选的螺纹规格(其他各表均相同),非优选螺纹规格除表列外还有(M33)、(M39)、(M45)、(M52)和(M60)。4. 末端按 GB/T 2—1985 规定。5. 本表尺寸系对原标准进行了摘录,以后各表均相同。6. 标记示例"螺栓 GB/T 5780—2000　M12 × 80"为简化标记,它代表了标记示例的各项内容,此标准件为常用及大量供应的,与标记示例内容不同的不能用简化标记,应按 GB/T 1237—2000 规定标记,以后各螺纹连接件均同。7. 表面处理:电镀技术要求按 GB/T 5267—2002;非电解锌粉覆盖技术要求按ISO 10683;如需其他表面镀层或表面处理,应由双方协议。8. GB/T 5780—2000 增加了短规格,推荐采用 GB/T 5781—2000 全螺纹螺栓。

表 9-28　铰制孔用螺栓

（单位：mm）

六角头铰制孔用螺栓 A 级和 B 级(GB/T 27—1988)　六角头螺杆带孔铰制孔用螺栓 A 级和 B 级(GB/ T28—1988)

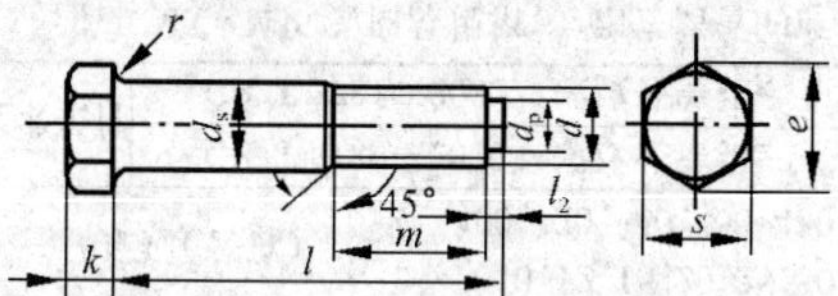

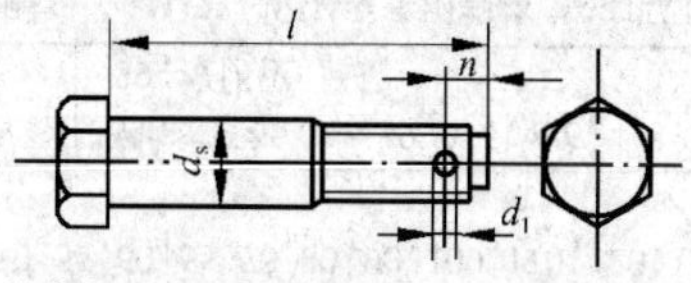

其余的形式与尺寸按 GB/T 27—1988 规定

标记示例：

螺纹规格 d=M12、d_s，尺寸按本表规定、公称长度 l=80mm、性能等级为 8.8 级、表面氧化处理、A 级的六角头铰制孔用螺栓：螺栓　GB/T 27—1988　M12×80

d_s 按 M6 制造时应加标记 M6：　螺栓　GB/T 27—1988　M12×M6×80

螺纹规格 d		M6	M8	M10	M12	(M14)	M16	(M18)	M20	(M22)	M24	(M27)	M30	M36	M42	M48
d_s (h9)	max	7	9	11	13	15	17	19	21	23	25	28	32	38	44	50
	min	6.964	8.964	10.957	12.957	14.957	16.957	18.948	20.948	22.948	24.948	27.948	31.938	37.938	43.938	49.938
s	max	10	13	16	18	21	24	27	30	34	36	41	46	55	65	75
k	公称	4	5	6	7	8	9	10	11	12	13	15	17	20	23	26
r	min	0.25	0.4				0.6			0.8			1		1.2	1.6
e		11.05	14.38	17.77	20.03	23.35	26.75	30.14	33.53	37.72	39.98	—	—	—	—	—
d_p		4	5.5	7	8.5	10	12	13	15	17	18	21	23	28	33	38
l_2		1.5		2			3			4			5	6	7	8
d_1	min	1.6	2	2.5	3.2			4			5		6.3		8	

2. 螺柱

表 9-29　双头螺柱　　（单位：mm）

GB/T 897—1988（$b_m=1d$）　GB/T 898—1988（$b_m=1.25d$）
GB/T 899—1988（$b_m=1.5d$）　GB/T 900—1988（$b_m=2d$）

A 型

B 型

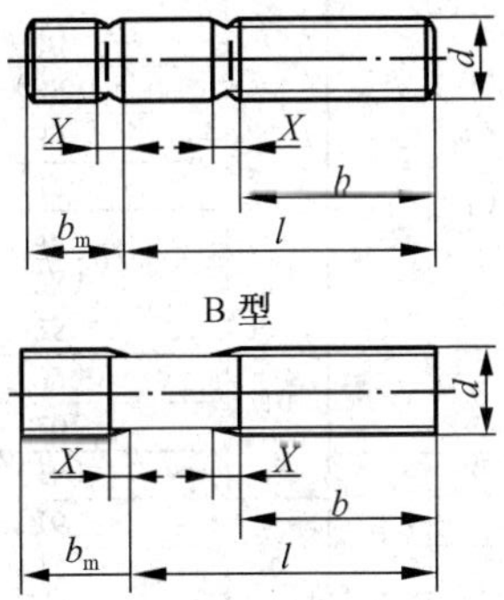

$X \approx 1.5P$（粗牙螺距）

标记示例：

两端形式	d /mm	l /mm	性能等级	表面处理	型号	b_m /mm	标　记
两端均为粗牙普通螺纹	10	50	4.8	不处理	B	1d	螺柱 GB/T 897—1988 M10×50
旋入机体一端为粗牙普通螺纹，旋螺母一端为螺距 P=1mm 的细牙普通螺纹	10	50	4.8	不处理	A	1d	螺柱 GB/T 897—1988 AM10-M10×1×50
旋入机体一端为过渡配合螺纹的第一种配合，旋螺母一端为粗牙普通螺纹	10	50	8.8	镀锌钝化	B	1d	螺柱 GB/T 807—1988 GM10-M10×50-8.8-Zn・D
旋入机体一端为过盈配合螺纹，旋螺母一端为粗牙普通螺纹	10	50	8.8	镀锌钝化	A	2d	螺柱 GB/T 900—1988 AYM10-M10×50-8.8-Zn・D

续表

螺纹规格 d	M2	M2.5	M3	M4	M5	M6	M8	M10	M12	(M14)	M16	(M18)	M20	(M22)	M24	(M27)	M30	(M33)	M36	(M39)	M42	M48	
b_m GB/T 897—1988	—	—	—	—	5	6	8	10	12	14	16	18	20	22	24	27	30	33	36	39	42	48	
b_m GB/T 898—1988	—	—	—	—	6	8	10	12	15	—	20	—	25	—	30	—	38	—	45	—	52	60	
b_m GB/T 899—1988	3	3.5	4.5	6	8	10	12	15	18	21	24	27	30	33	36	40	45	49	54	58	63	72	
b_m GB/T 900—1988	4	5	6	8	10	12	16	20	24	28	32	36	40	44	48	54	60	66	72	78	84	96	
l	b																						l
12																							140
(14)	6																						150
16		8							36	40													160
(18)			6	8	10						44	48	52	56	60	66	72	78	84	90	96	108	170
20	10					10	12																180
(22)																							190
25		11																					200
(28)						14	16	14	16														210
30			12																				220
(32)				14						18							85						230
35					16			16			20												240
(38)									20			22	25					91	97	103	109	121	250
40										25													260
45														30									280
50						18					30	35			30								300
(55)													35			35							
60							22							40									
(65)															45		40						
70																		45	45	50	50		
(75)								26								50							
80									30	34							50						
(85)											38	42						60				60	
90													46						60	65	70		
(95)														50	54								
100																60						80	
110																	66	72					
120																			78	84	90	102	
130								32															

续表

螺纹规格 d		M2	M2.5	M3	M4	M5	M6	M8	M10	M12	(M14)	M16	(M18)	M20	(M22)	M24	(M27)	M30	(M33)	M36	(M39)	M42	M48
b_m	GB/T 897—1988	—	—	—	—	5	6	8	10	12	14	16	18	20	22	24	27	30	33	36	39	42	48
	GB/T 898—1988	—	—	—	—	6	8	10	12	15	—	20	—	25	—	30	—	38	—	45	—	52	60
	GB/T 899—1988	3	3.5	4.5	6	8	10	12	15	18	21	24	27	30	33	36	40	45	49	54	58	63	72
	GB/T 900—1988	4	5	6	8	10	12	16	20	24	28	32	36	40	44	48	54	60	66	72	78	84	96
100mm 长重量≈/kg		0.002	0.003	0.005	0.009	0.015	0.022	0.041	0.065	0.096	0.134	0.183	0.235	0.301	0.377	0.454	0.604	0.766	0.968	1.197	1.463	1.737	2.409

技术条件	材　料	性能等级	过滤及过盈配合螺纹	螺纹公差	表面处理（GB/T 897—1988、GB/T 898—1988）	表面处理（GB/T899—1988、GB/T 900—1988）	产品等级：B
	钢	4.8、5.8、6.8、8.8、10.9、12.9	GM、G3M、YM（GB/T 900—1988）	6g	①不经处理；②氧化；③镀锌钝化	①不经处理；②氧化；③镀锌钝化	
	不锈钢	A2-50、A2-70	GM、G2M（GB/T 897—1988、GB/T 898—1988、GB/T 899—1988）			不经处理	

注：1. 左边的 l 系列查左边二粗黑线之间的 b 值，右边的 l 系列查右边的粗黑线上方的 b 值。2. 当 $b-b_m \leqslant 5$mm 时，旋螺母一端应制成倒圆端。3. 允许采用细牙螺纹和过渡配合螺纹。4. GB/T 898—1988 d = M5 ~ M20 为商品规格，其余均为通用规格。5. $b_m=d$ 一般用于钢对钢；$b_m=(1.25\sim1.5)d$，一般用于钢对铸铁；$b_m=2d$ 一般用于钢对铝合金。6. 末端按 GB/T 2—1985 规定。

3. 螺钉

表 9-30 内六角圆柱头螺钉(GB/T 70.1—2000) (单位：mm)

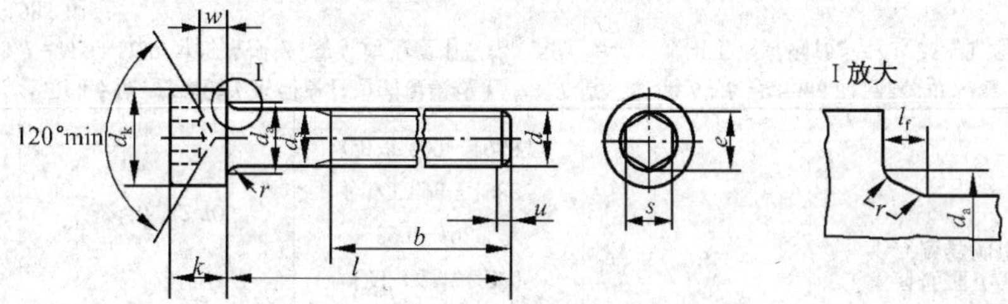

标记示例：

螺纹规格 D = M5、公称长度 l = 20mm、性能级别 8.8 级、表面氧化的 A 级内六角圆柱螺钉：GB/T 70.1—2000 M5×20

螺纹规格 d	M1.6	M2	M2.5	M3	M4	M5	M6	M8	M10	M12	(M14)	M16	M20	M24	M30	M36	M42	M48	M56	M64
螺距 P	0.35	0.4	0.45	0.5	0.7	0.8	1	1.25	1.5	1.75	2	2	2.5	3	3.5	4	4.5	5	5.5	6
b	15	16	17	18	20	22	24	28	32	36	40	44	52	60	72	84	96	106	124	140
d_k max①	3	3.8	4.5	5.5	7	8.5	10	13	16	18	21	24	30	36	45	54	63	72	84	96
d_k max②	3.14	3.98	4.68	5.68	7.22	8.72	10.22	13.27	16.27	18.27	21.33	24.33	30.33	36.39	45.39	54.46	63.46	72.46	84.54	96.54
d_a max	2	2.6	3.1	3.6	4.7	5.7	6.8	9.2	11.2	13.7	15.7	17.7	22.4	26.4	33.4	39.4	45.6	52.6	63	71
d_s max	1.6	2	2.5	3	4	5	6	8	10	12	14	16	20	24	30	36	42	48	56	60
e min	1.73	1.73	2.3	2.87	3.44	4.58	5.72	7.78	9.15	11.43	13.72	16	19.44	21.73	25.15	30.85	36.57	41.13	46.83	52.53
l_f max	0.34	0.51	0.51	0.51	0.6	0.6	0.68	1.02	1.02	1.45	1.45	1.45	2.04	2.04	2.89	2.89	3.06	3.91	5.95	5.95
k max	1.6	2	2.5	3	4	5	6	8	10	12	14	16	20	24	30	36	42	48	56	60
r min	0.1	0.1	0.1	9.1	0.2	0.2	0.25	0.4	0.4	0.6	0.6	0.6	0.8	0.8	1	1	1.2	1.6	2	2
s 公称	1.5	1.5	2	2.5	3	4	5	6	8	10	12	14	17	19	22	27	32	36	41	46

续表

螺纹规格 d	M1.6	M2	M2.5	M3	M4	M5	M6	M8	M10	M12	(M14)	M16	M20	M24	M30	M36	M42	M48	M56	M64
w (min)	0.55	0.55	0.85	1.15	1.4	1.9	2.3	3.3	4	4.8	5.8	6.8	8.8	10.4	13.1	15.3	16.3	17.5	19	22
商品规格长度 l	2.5 ~ 16	3 ~ 20	4 ~ 25	5 ~ 30	6 ~ 40	8 ~ 50	10 ~ 60	12 ~ 80	16 ~ 100	20 ~ 120	25 ~ 140	25 ~ 160	30 ~ 200	40 ~ 200	45 ~ 200	55 ~ 200	60 ~ 300	70 ~ 300	80 ~ 300	90 ~ 300
全螺纹长度 l	2.5 ~ 16	3 ~ 16	4 ~ 20	5 ~ 20	6 ~ 20	8 ~ 20	10 ~ 30	12 ~ 35	16 ~ 40	20 ~ 50	25 ~ 55	25 ~ 60	30 ~ 70	40 ~ 80	45 ~ 100	55 ~ 110	60 ~ 130	70 ~ 150	80 ~ 160	100 ~ 180
l 系列	2.5,3,4,5,6,8,10,12,16,20,25,30,35,40,45,50,55,60,65,70,80,90,100,110,120,130,140,150,160,180,200,220,240,260,280,300																			

技术条件	材料	钢	不锈钢	有色金属	螺纹公差	产品等级	其他
	性能等级	$d<3$ 或 $d>39$:按协议 $3 \leqslant d \leqslant 39$:8.8、10.9、12.9	$d \leqslant 24$:A2-70、A4-70 $24<d \leqslant 39$:A2-50、A4-50 $d>39$:按协议	CU2、CU3	12.9 级:5g、6g 其他等级:6g	A	(1)对不适合进行拉力试验的螺钉,应按 GB/T 3098.1—2000 8.4 条的规定进行硬度实验 (2)棒料切制的不锈钢螺钉,允许使用 A1-70($d \leqslant 12$mm)和 A1-50($D>12$mm),但应在螺钉上标明其性能等级
	表面处理	氧化	简单处理	简单处理			
		(1)电镀技术要求按 GB/T 5267—2002 (2)非电解锌粉覆盖层技术要求按 ISO 10683 (3)如需其他表面镀层或表面处理,应由供需双方协议					

① 光滑头部。② 滚花头部。

表 9-31　开槽长圆柱销紧定螺钉（GB/T 75—1985）　　（单位：mm）

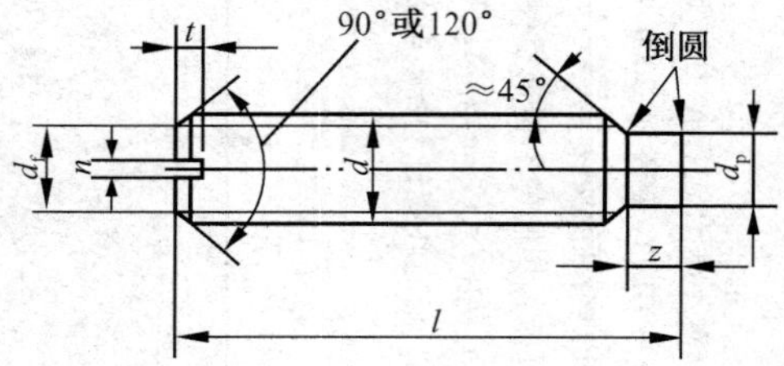

标记示例：

螺纹规格 d=M5、公称长度 l=12mm、性能等级为14H级、表面氧化的开槽锥端紧定螺钉：

螺钉　GB/T 71—1985　M5×12

螺纹规格 d		M1.2①	M1.6①	M2①	M2.5①	M3	M4	M5	M6	M8	M10	M12
螺距 P		0.25	0.35	0.4	0.45	0.5	0.7	0.8	1	1.25	1.5	1.75
d_f≈		螺纹小径										
n	公称	0.2	0.25		0.4		0.6	0.8	1	1.2	1.6	2
t	max	0.52	0.74	0.84	0.95	1.05	1.42	1.63	2	2.5	3	3.6
d_1≈		—	—	—	—	1.7	2.1	2.5	3.4	4.7	6	7.3
d_2（推荐）		—	—	—	—	1.8	2.2	2.6	3.5	5	6.5	8
d_z	max	—	0.8	1	1.2	1.4	2	2.5	3	5	6	8
d_t	max	0.12	0.16	0.2	0.25	0.3	0.4	0.5	1.5	2	2.5	3
d_p	max	0.6	0.8	1	1.5	2	2.5	3.5	4	5.5	7	8.5
z	GB/T 75—1985	—	1.05	1.25	1.5	1.75	2.25	2.75	3.25	4.3	5.3	6.3
	GB/T 72—1985	—	—	—	—	1.5	2	2.5	3	4	5	6
商品规格长度 l	GB/T 71—1985	2～6	2～8	3～10	3～12	4～16	6～20	8～25	8～30	10～40	12～50	14～60
	GB/T 72—1985	—	—	—	—	4～16	4～20	5～20	6～25	8～35	10～45	12～50
	GB/T 73—1985	2～6	2～8	2～10	2.5～12	3～16	4～20	5～25	6～30	8～40	10～50	12～60
	GB/T 74—1985	—	2～8	2.5～10	3～12	3～16	4～20	5～25	6～30	8～40	10～50	12～60
	GB/T 75—1985	—	2.5～8	3～10	4～12	5～16	6～20	8～25	8～30	10～40	12～50	14～60
l 系列		2，2.5，3，4，5，6，8，10，12，(14)，16，20，25，30，35，40，45，50，(55)，60										

技术条件	材料		钢	不锈钢	螺纹公差：6g	产品等级：A
	性能等级	GB/T 72—1985	14H、33H	A1-50、C4-50		
		其他	14H、22H	A1-50		
	表面处理	GB/T 72—1985	(1) 不经处理；(2) 氧化；(3) 镀锌钝化	不经处理		
		其他	(1) 氧化；(2) 镀锌钝化			

① 表示 GB/T 72—1985 无此规格；GB/T 74—1985、75—1985 没有 M1.2 规格。

表 9-32　吊环螺钉（GB/T 825—1988）　　（单位：mm）

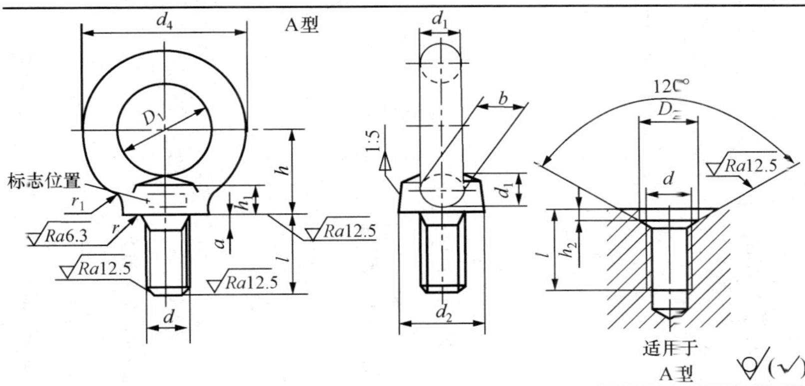

标记示例：

规格为 20mm、材料为 20 钢、经正火处理、不经表面处理的 A 型吊环螺钉的标记为：

螺钉　GB/T 825 M20

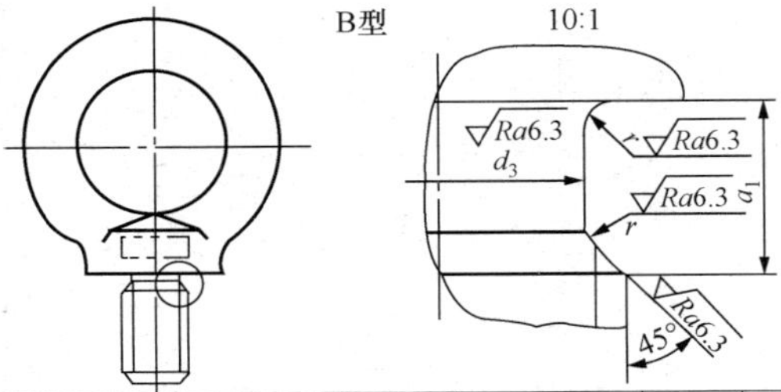

起吊方式	
单螺钉起吊	双螺钉起吊
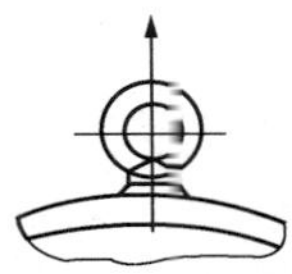	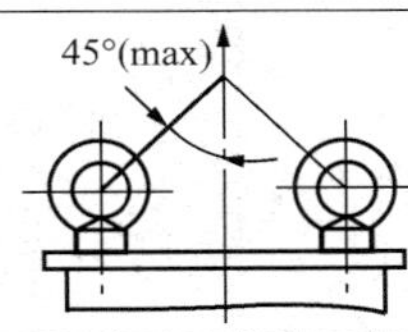

螺纹规格（d）		M8	M10	M12	M16	M20	M24	M30	M36	M42	M48
d_1	max	9.1	11.1	13.1	15.2	17.4	21.4	25.7	30	34.4	40.7
D_1	公称	20	24	28	34	40	48	56	67	80	95
d_2	max	21.1	25.1	29.1	35.2	41.4	49.4	57.7	69	82.4	97.7
h_1	max	7	9	11	13	15.1	19.1	23.2	27.4	31.7	36.9
l	公称	16	20	22	28	35	40	45	55	65	70
d_4	参考	36	44	52	62	72	88	104	123	144	171
h		18	22	26	31	36	44	53	63	74	87
r		4	4	6	6	8	12	15	18	20	22
r	min	1	1	1	1	1	2	2	3	3	3
a_1	max	3.75	4.5	5.25	6	7.5	9	10.5	12	13.5	15
d_3	公称（max）	6	7.7	9.4	13	16.4	19.6	25	30.8	35.6	41
a	max	2.5	3	3.5	4	5	6	7	8	9	10
b		10	12	14	16	19	24	28	32	38	46
D_2	公称（min）	13	15	17	22	28	32	38	45	52	60
h_2	公称（min）	2.5	3	3.5	4.5	5	7	8	9.5	10.5	11.5
最大起吊重量/t　单螺钉起吊	（参见右上图）	0.16	0.25	0.4	0.63	1	1.6	2.5	4	6.3	8
最大起吊重量/t　双螺钉起吊	（参见右上图）	0.08	0.125	0.2	0.32	0.5	0.8	1.25	2	3.2	4

减速器类型		一级圆柱齿轮减速器						二级圆柱齿轮减速器				
中心距 a		100	125	160	200	250	315	100×140	140×200	180×250	200×280	250×355
重量	W/kN	0.26	0.52	1.05	2.1	4	8	1	2.6	4.8	6.8	12.5

注：1. M8～M36 为商品规格。

2. “减速器重量 W” 非 GB/T 825 内容，仅供课程设计参考用。

4. 螺母

表 9-33　六角螺母　（单位：mm）

六角螺母　C 级（GB/T 41—2000）

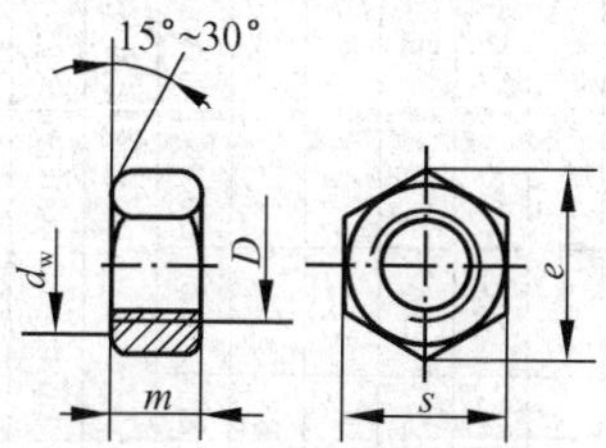

标记示例：

螺纹规格 D=M12、性能等级为 5 级、不经表面处理、产品等级为 C 级的六角螺母：

螺母　GB/T 41—2000　M12

1 型六角螺母（GB/T 6170—2000）

六角薄螺母（GB/T 6172.1—2000）

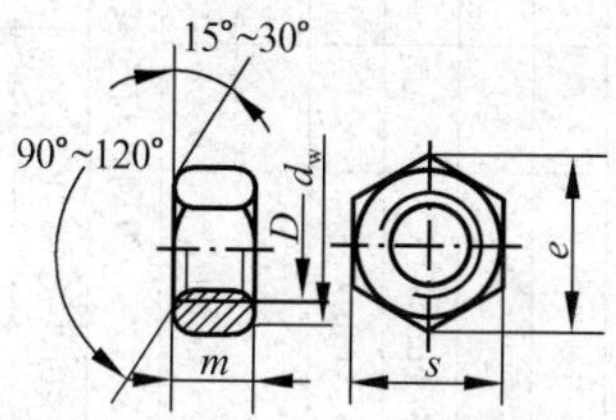

标记示例：

螺纹规格 D=M12、性能等级为 10 级、不经表面处理、A 级的 1 型六角螺母：

螺母　GB/T 6170—2000　M12

螺纹规格 D=M12、性能等级为 04 级、不经表面处理、A 级的六角薄螺母：

螺母　GB/T 6172.1—2000　M12

六角薄螺母无倒角（GB/T 6174—2000）

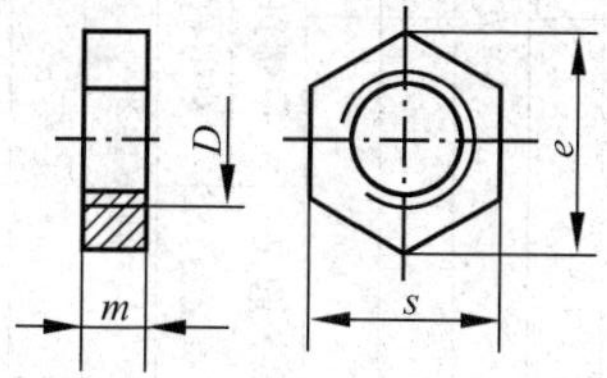

标记示例：

螺纹规格 D=M6、机械性能为 HV110、不经表面处理、B 级的六角薄螺母：

螺母　GB/T 6174—2000　M6

续表

螺纹规格 *D*		M1.6	M2	M2.5	M3	(M3.5)	M4	M5	M6	M8	M10	M12	(M14)	M16	(M18)	M20	(M22)	M24	(M27)	M30	M36	M42	M48	M56	M64
e min	1①	3.3	4.2	5.3	5.9	6.4	7.5	8.6	10.9	14.2	17.6	19.9	22.8	26.2	29.6	33	37.3	39.6	45.2	50.9	60.8	71.3	82.6	93.6	104.9
	2②	3.4	4.3	5.5	6	6.6	7.7	8.8	11	14.4	17.8	20	23.4	26.8	29.6	33	37.3	39.6	45.2	50.9	60.8	71.3	82.6	93.6	104.9
s 公称		3.2	4	5	5.5	6	7	8	10	13	16	18	21	24	27	30	34	36	41	46	55	65	75	85	95
d_w min	1①	—	—	—	—	—	—	6.7	8.7	11.5	14.5	16.5	19.2	22	24.9	27.7	31.4	33.3	38	42.8	51.1	60	69.5	78.7	88.2
	2②	2.4	3.1	4.1	4.6	5.1	5.9	6.9	8.9	11.6	14.6	16.6	19.6	22.5	24.9	27.7	31.4	33.3	38	42.8	51.1	60	69.5	78.7	88.2
m max	GB/T 6170—2000	1.3	1.6	2	2.4	2.8	3.2	4.7	5.2	6.8	8.4	10.8	12.8	14.8	15.8	18	19.4	21.5	23.8	25.6	31	34	38	45	51
	GB/T 6172.1—2000 GB/T 6174—2000	1	1.2	1.6	1.8	2	2.2	2.7	3.2	4	5	6	7	8	9	10	11	12	13.5	15	18	21	24	28	32
	GB/T 41—2000	—	—	—	—	—	—	5.6	6.4	7.9	9.5	12.2	13.9	15.9	16.9	19	20.2	22.3	24.7	26.4	31.9	34.9	38.9	45.9	52.4
每1000个的质量≈/kg	GB/T 6170—2000 GB/T 41—2000	0.05	0.09	0.2	0.27	0.36	0.58	1.05	1.95	4.22	7.94	11.93	18.89	29	36.87	51.55	73.85	88.8	132.4	184.4	317	502.9	744.4	1 091	1 053
	GB/T 6172.1—2000 GB/T 6174—2000	0.03	0.07	0.15	0.2	0.26	0.39	0.58	1.15	2.43	4.64	6.56	10.03	15.26	20.56	27.76	40.43	47.92	72.97	105.5	182.5	305.8	464.3	671.1	930.7

技术条件

标准	材料	性能等级	表面处理	公差等级	产品等级
GB/T 41—2000	钢	*D*≤M16:5;M16<*D*≤M39:4、5;*D*>M39:按协议	不经处理③	7H	C
GB/T 6170—2000	钢	*D*≤M3:按协议 M3<*D*≤M39:6、8、10 *D*>M39:按协议	不经处理③	6H	A B
	不锈钢	*D*≤M24:A2-70、A4-70 M24<*D*≤M39:A2-50、A4-50 *D*>M39:按协议	简单处理③		
	有色金属	CU2、CU3、AL4	简单处理③		
GB/T 6172—2000	钢	*D*≤M3:按协议 M3<*D*≤M39:04、05 *D*>M39:按协议	不经处理③	6H	A B
	不锈钢	*D*≤M24:A2-035、A4-035 M24<*D*≤M39:A2-035、A4-025 *D*>M39:按协议	简单处理②		
	有色金属	CU2、CU3、AL4	简单处理③		
GB/T 5174—2000	钢	硬度 110HV30,min	不经处理③	6H	B
	有色金属	CU2、CU3、AL4	简单处理③		

①为 GB/T 41—2000 及 GB/T 6174—2000 的尺寸。②为 GB/T 6170—2000 及 GB/T 6172.1—2000 的尺寸。③为各种规格的表面处理要求,详细要求(如电镀及锌粉覆盖等)请查阅国标。

注:1. A 级用于 *D*≤16mm,B 级用于 *D*>16mm 的螺母。

2. 尽量不采用括号中的尺寸,除表中所列外,还有(M33)、(M39)、(M45)、(M52)和(M60)。

3. GB/T 41—2000 的螺纹规格为 M5 ~ M60;GB/T 6174—2000 的螺纹规格为 M1.6 ~ M10。

5. 垫圈

表 9-34　平垫圈的基本规格

（GB/T 848—2002，GB/T 97.1、97.2—2002，GB/T 95—2002 摘录）（单位：mm）

小垫圈（GB/T 848—2002）
平垫圈（GB/T 97.1—2002）　　平垫圈—倒角型（GB/T 97.2—2002）　　平垫圈—C 级（GB/T 95—2002）

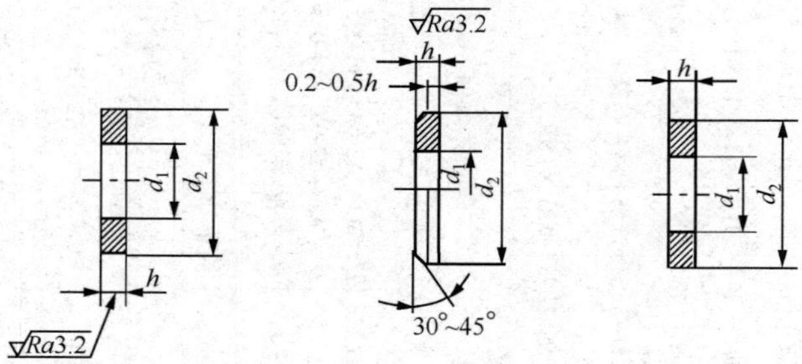

标准系列，公称尺寸 d=8mm、性能等级为 140HV 级、不经表面处理的平垫圈标记为

垫圈 GB 97.1　8-140HV

<table>
<tr><th colspan="2">公称尺寸（螺纹规格）d</th><th>4</th><th>5</th><th>6</th><th>8</th><th>10</th><th>12</th><th>14</th><th>16</th><th>20</th><th>24</th><th>30</th><th>36</th></tr>
<tr><td rowspan="4">d_1
公称（min）</td><td>GB/T 848—2002</td><td rowspan="2">4.3</td><td rowspan="4">5.3</td><td rowspan="4">6.4</td><td rowspan="4">8.4</td><td rowspan="4">10.5</td><td rowspan="4">13</td><td rowspan="4">15</td><td rowspan="4">17</td><td rowspan="4">21</td><td rowspan="4">25</td><td rowspan="4">31</td><td rowspan="4">37</td></tr>
<tr><td>GB/T 97.1—2002</td></tr>
<tr><td>GB/T 97.2—2002</td><td rowspan="2">—</td></tr>
<tr><td>GB/T 95—2002</td></tr>
<tr><td rowspan="4">d_2
公称（max）</td><td>GB/T 848—2002</td><td>8</td><td>9</td><td>11</td><td>15</td><td>18</td><td>20</td><td>24</td><td>28</td><td>34</td><td>39</td><td>50</td><td>60</td></tr>
<tr><td>GB/T 97.1—2002</td><td>9</td><td rowspan="3">10</td><td rowspan="3">12</td><td rowspan="3">16</td><td rowspan="3">20</td><td rowspan="3">24</td><td rowspan="3">28</td><td rowspan="3">30</td><td rowspan="3">37</td><td rowspan="3">44</td><td rowspan="3">56</td><td rowspan="3">66</td></tr>
<tr><td>GB/T 97.2—2002</td><td rowspan="2">—</td></tr>
<tr><td>GB/T 95—2002</td></tr>
<tr><td rowspan="4">h
公称</td><td>GB/T 848—2002</td><td>0.5</td><td rowspan="4">1</td><td colspan="3">1.6</td><td>2</td><td colspan="2">2.5</td><td>3</td><td rowspan="4" colspan="2">4</td><td rowspan="4">5</td></tr>
<tr><td>GB/T 97.1—2002</td><td>0.8</td><td rowspan="3" colspan="3">1.6</td><td rowspan="3">2</td><td rowspan="3" colspan="2">2.5</td><td rowspan="3">3</td></tr>
<tr><td>GB/T 97.2—2002</td><td rowspan="2">—</td></tr>
<tr><td>GB/T 95—2002</td></tr>
</table>

表 9-35 圆螺母用止动垫圈（GB/T 858—1988 摘录） （单位：mm）

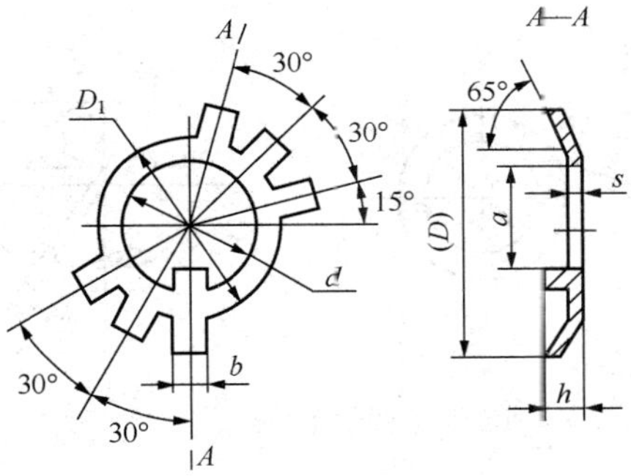

标记示例：

规格 16mm，材料为 Q235、经退火表面氧化的圆螺母用止动垫圈：

垫圈 GB/T 858 16

规格（螺纹大径）	d	(D)	D_1	s	b	a	h	轴端 b_1	轴端 t	规格（螺纹大径）	d	(D)	D_1	s	b	a	h	轴端 b_1	轴端 t
14	14.5	32	30	1	3.8	11	3	4	10	55*	56	82	67	1.5	7.7	52	6	8	—
16	16.5	34	22		4.8	13		5	12	56	57	90	74			53			52
18	18.5	35	24			15	4		14	60	61	94	79			57			56
20	20.5	38	27			17			16	64	65	100	84			61			60
22	22.5	42	30			19			18	65*	66	100	84			62			—
24	24.5	45	34			21			20	68	69	105	88		9.6	65		10	64
25*	25.5	45	34			22			—	72	73	110	93			69	7		68
27	27.5	48	37			24	5		23	75*	76	110	93			71			—
30	30.5	52	40			27			26	76	77	115	98			72			70
33	33.5	56	43	1.5	5.7	30		6	29	80	81	120	103	2		76			74
35*	35.5	56	43			32			—	85	86	125	108			81			79
36	36.5	60	46			33			32	90	91	130	112		11.6	86		12	84
39	39.5	62	49			36			35	95	96	135	117			91			89
40*	40.5	62	49			37			—	100	101	140	122			96			94
42	42.5	66	53			39			38	105	106	145	127			101			99
45	45.5	72	59			42			41	110	111	156	135		13.5	106		14	104
48	48.5	76	61		7.7	45		8	44	115	116	160	140			111			109
50*	50.5	76	61			47			—	120	121	166	145			116			114
52	52.5	82	67			49	6		48	125	126	170	150			121			119

注：标有 * 仅用于滚动轴承锁紧装置。

表 9-36　弹簧垫圈　　（单位：mm）

标准型弹簧垫圈（GB/T 93—1987）、轻型弹簧垫圈（GB/T 859—1987）、
重型弹簧垫圈（GB/T 7244—1987）

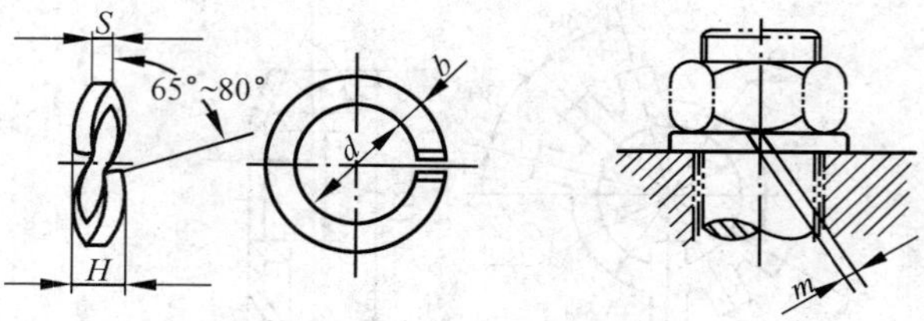

标记示例：

规格 16mm、材料为 65Mn、表面氧化的标准型弹簧垫圈：

垫圈　GB/T 93—1987　16

规格（螺纹大径）	d（min）	GB/T 93—1987				GB/T 859—1987					GB/T 7244—1987				
		S（b）公称	H（max）	m≤	每 1 000 个的质量 ≈/kg	S 公称	b 公称	H（max）	m≤	每 1 000 个的质量 ≈/kg	S 公称	b 公称	H（max）	m≤	每 1 000 个的质量 ≈/kg
2	2.1	0.5	1.25	0.25	0.01	—	—	—	—	—	—	—	—	—	—
2.5	2.6	0.65	1.63	0.33	0.01	—	—	—	—	—	—	—	—	—	—
3	3.1	0.8	2	0.4	0.02	0.6	1	1.5	0.3	0.03	—	—	—	—	—
4	4.1	1.1	2.75	0.55	0.05	0.8	1.2	2	0.4	0.05	—	—	—	—	—
5	5.1	1.3	3.25	0.65	0.08	1.1	1.5	2.75	0.55	0.11	—	—	—	—	—
6	6.1	1.6	4	0.8	0.15	1.3	2	3.25	0.65	0.21	1.8	2.6	4.5	0.9	0.39
8	8.1	2.1	5.25	1.05	0.35	1.6	2.5	4	0.8	0.43	2.4	3.2	6	1.2	0.84
10	10.2	2.6	6.5	1.3	0.68	2	3	5	1	0.81	3	3.8	7.5	1.5	1.56
12	12.2	3.1	7.75	1.55	1.15	2.5	3.5	6.25	1.25	1.41	3.5	4.3	8.75	1.75	2.44
(14)	14.2	3.6	9	1.8	1.81	3	4	7.5	1.5	2.24	4.1	4.8	10.25	2.05	3.69
16	16.2	4.1	10.25	2.05	2.68	3.2	4.5	8	1.6	3.08	4.8	5.3	12	2.4	5.4
(18)	18.2	4.5	11.25	2.25	3.65	3.6	5	9	1.8	4.31	5.3	5.8	13.25	2.65	7.31
20	20.2	5	12.5	2.5	5	4	5.5	10	2	5.84	6	6.4	15	3	10.11
(22)	22.5	5.5	13.75	2.75	6.76	4.5	6	11.25	2.25	7.96	6.6	7.2	16.5	3.3	13.97
24	24.5	6	15	3	8.76	5	7	12.5	2.5	11.2	7.1	7.5	17.75	3.55	16.96
(27)	27.5	6.8	17	3.4	12.6	5.5	8	13.75	2.75	16.04	8	8.5	20	4	24.33
30	30.5	7.5	18.75	3.75	17.02	6	9	15	3	21.89	9	9.3	22.5	4.5	33.11
(33)	33.5	8.5	21.25	4.25	23.84	—	—	—	—	—	9.9	10.2	24.75	4.95	43.86
36	36.5	9	22.5	4.5	29.32	—	—	—	—	—	10.8	11	27	5.4	56.13
(39)	39.5	10	25	5	38.92	—	—	—	—	—	—	—	—	—	—
42	42.5	10.5	26.25	5.25	46.44	—	—	—	—	—	—	—	—	—	—
(45)	45.5	11	27.5	5.5	54.84	—	—	—	—	—	—	—	—	—	—
48	48.5	12	30	6	69.2	—	—	—	—	—	—	—	—	—	—

注：1. 标记示例中的材料为最常用的主要材料，其他技术条件按 GB/T 94.1—1987 规定。

2. 为商品紧固件品种，应优先选用。尽量不采用括号内的规格。

3. m 应大于零。

表 9-37　紧固件通孔及沉头座孔直径(GB 5277—1985，GB 152.4—1988)　(单位：mm)

螺栓或螺钉直径 d			4	5	6	8	10	12	14	16	18	20	22	24	27	39
螺栓、螺柱和螺钉用通孔直径 GB 5277—1985		精装配	4.3	5.3	6.4	8.4	10.5	13	15	17	19	21	23	25	28	31
		中等装配	4.5	5.5	6.6	9	11	13.5	15.5	17.5	20	22	24	26	30	33
		粗装配	4.8	5.8	7	10	12	14.5	16.5	18.5	21	24	26	28	32	35
螺栓或螺钉用直径 d			4	5	6	8	10	12	14	16	18	20	22	24	27	10
六角螺栓、六角螺母用沉孔	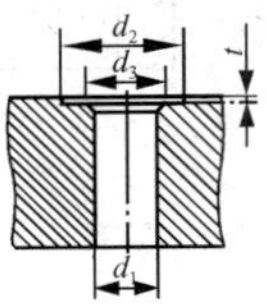	d_2	10	11	13	18	22	26	30	33	36	40	43	48	53	61
		d_3	—	—	—	—	—	16	18	20	22	24	26	28	33	36
		d_1	4.5	5.5	6.6	9.0	11.0	13.5	16.5	17.0	20.0	22.0	24	26	30	33
内六角圆柱头螺钉用沉孔	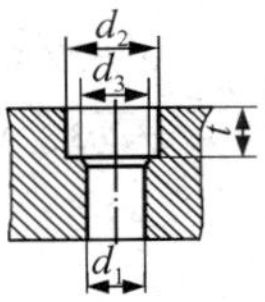	d_2	8.0	10.0	11.0	15.0	18.0	20.0	24.0	26.0	—	63.0	—	40.0	—	48.0
		t	4.6	5.7	6.8	9.0	11.0	13.0	15.0	17.5	—	21.5	—	25.5	—	32.0
		d_3	—	—	—	—	—	16	18	20	—	24	—	28	—	36
		d_1	4.5	5.5	6.6	9.0	11.0	13.5	15.5	17.5	—	22.0	—	26.0	—	33.0

注：1. 六角螺栓和六角螺母用沉孔尺寸 d_1 的公差带为 H13；尺寸 d_2 的公差带为 H15；尺寸 t 只要能制出与通孔轴线垂直的圆平面即可。

2. 内六角圆柱头螺钉用沉孔尺寸 d_1、d_2 和 t 的公差带均为 H13。

表 9-38　粗牙螺栓、螺钉的拧入深度和螺纹孔尺寸（参考）　(单位：mm)

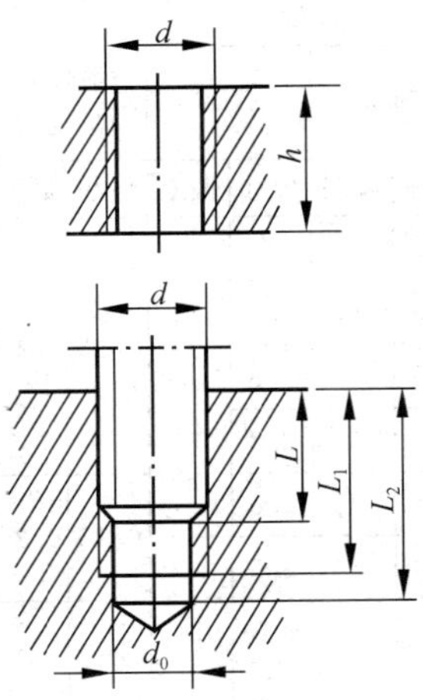

d	d_0	用于钢或青铜				用于铸铁				用于铝			
		h	L	L_1	L_2	h	L	L_1	L_2	h	L	L_1	L_2
6	5	8	6	10	12	12	10	14	16	22	19	24	26
8	6.7	10	8	12	16	15	12	16	20	25	22	26	30
10	8.5	12	10	16	20	18	15	20	24	36	28	31	38
12	10.2	15	12	18	22	22	18	24	28	38	32	38	42
14	11.9	18	14	22	26	24	20	28	32	42	36	44	48
16	14	20	16	24	28	26	22	30	34	50	42	50	54
18	15.4	22	18	28	34	30	25	35	40	55	46	56	62
20	17.4	24	20	30	35	32	28	38	44	60	52	62	68
22	19.5	27	22	32	38	35	30	40	46	65	58	68	74
24	20.9	30	24	36	42	42	35	43	54	75	65	78	84
27	24	32	27	40	45	45	38	50	56	80	70	82	88
30	26.4	36	30	44	52	48	42	53	62	90	80	94	102
36	32	42	36	52	60	55	50	63	74	105	90	106	114
42	37.3	48	42	60	70	65	58	76	86	115	105	128	138
48	42.7	55	48	68	78	75	65	85	95	130	120	140	150
56		68	50	78	90	90	78	100	112	170	145	168	180

注：h 为内螺纹通孔长度；L 为双头螺栓或螺钉拧入深度。

6. 键连接

表 9-39　普通平键键槽的尺寸与公差（根据 GB/T 1095—2003）　（单位：mm）

平键　键和键槽的剖面尺寸（GB/T 1095—2003）

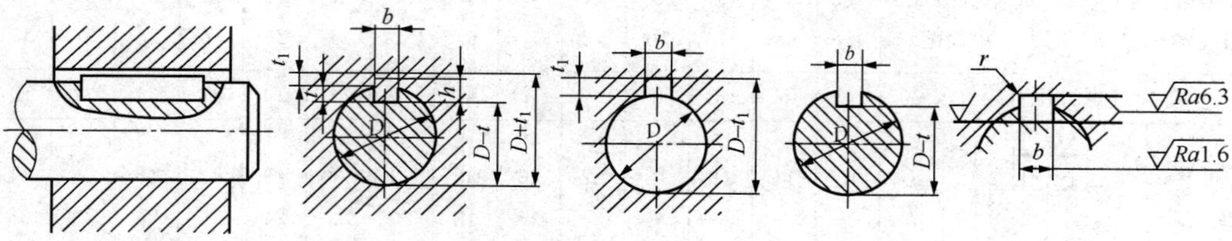

普通平键　形式尺寸（GB/T 1096—2003）

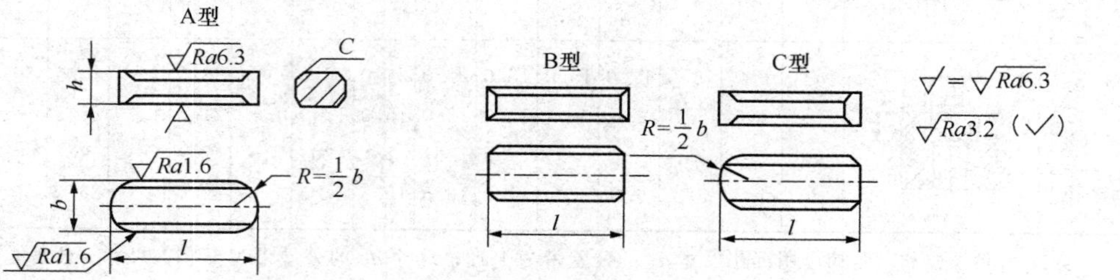

标记示例：

L=100mm

键　18×100 GB/T 2003

平头普通平键（B 型）、b=18mm、h=11mm、L=100mm

键　B18×100 GB/T 2003

单圆头普通平键（C 型）、b=18mm、h=11mm、L=100mm

键　C18×100 GB/T 2003

轴	键	键槽											
		宽度 b						深度				半径 r	
轴颈 D	公称尺寸 $b \times h$	公称尺寸 b	偏差					轴 t		毂 t_1			
			较松键连接		一般键连接		较紧键连接						
			轴 H9	毂 D10	轴 N9	毂 Js9	轴和毂 P9	公称	偏差	公称	偏差	最小	最大
自 6～8	2×2	2	+0.025	+0.060	−0.004	±0.012 5	−0.006	1.2		1			
>8～10	3×3	3	0	+0.020	−0.029		−0.031	1.8	+0.1	1.4	+0.1		
>10～12	4×4	4	+0.030	+0.078	0		−0.012	2.5		1.8		0.08	0.16
>12～17	5×5	5				±0.015		3.0	0	2.3	0		
>17～22	6×6	6	0	+0.030	−0.030		−0.042	3.5		2.8		0.16	0.25
>22～30	8×7	8	+0.036	+0.098	0		−0.015	4.0		3.3			
>30～38	10×8	10	0	+0.040	−0.036	±0.018	−0.051	5.0		3.3			
>38～44	12×8	12	+0.043	+0.120	0		−0.018	5.0		3.3			
>44～50	14×9	14						5.5	+0.2	3.8	+0.2	0.25	0.40
>50～58	16×10	16				±0.021 5		6.0		4.3			
>58～65	18×11	18	0	+0.050	−0.043		−0.051	7.0		4.4			

续表

轴	键	键槽											
轴颈 D	公称尺寸 $b\times h$	宽度 b						深度				半径 r	
		公称尺寸 b	偏差					轴 t		毂 t_1			
			较松键连接		一般键连接		较紧键连接						
			轴 H9	毂 D10	轴 N9	毂 Js9	轴和毂 P9	公称	偏差	公称	偏差	最小	最大
>65~75	20×12	20	+0.052	+0.149				7.5		4.9			
>75~85	22×14	22			0 −0.052	±0.026	−0.022 −0.074	9.0	0	5.4	0	0.40	0.60
>85~95	25×14	25						9.0		5.4			
>95~110	28×16	28	0	+0.065				10.0		6.4			

注：$D-t$ 和 $D+t_1$ 两组组合尺寸的偏差按相应的 t 和 t_1 的偏差选取，但 $D-t$ 偏差值应取负号（−）。对于键，b 的偏差按 h9，h 的偏差按 h11，L 的偏差按 h14。

长度（L）系列为：6，8，10，12，14，16，18，20，22，25，28，32，35，40，45，50，55，60，70，80，90，100，…，500。

表 9-40 半圆键（GB/T 1098、1099.1—2003 摘录）　　（单位：mm）

半圆键　键和键槽的剖面尺寸（GB/T 1098—2003）

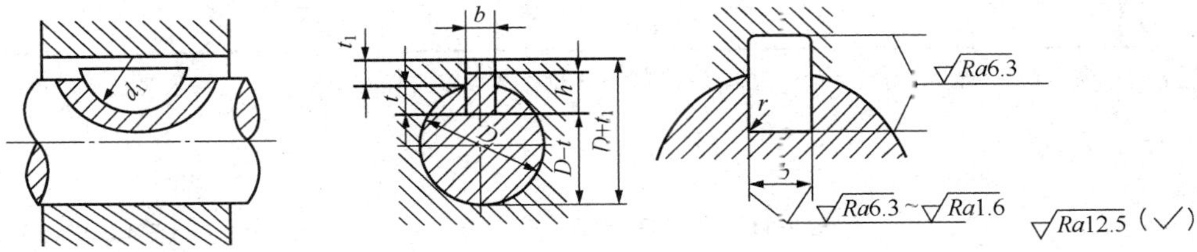

半圆键　形式尺寸（GB/T 1099.1—2003）

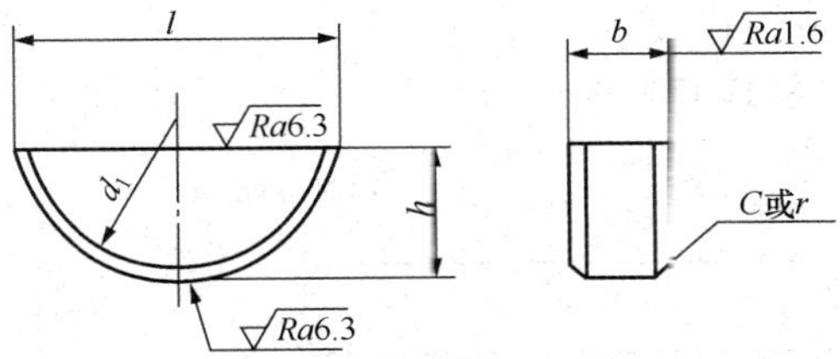

标记示例：

b=6mm、h=10mm、d_1=25mm 的半圆键：

键　6×25 GB/T 1099.1—2003

轴颈 D		键	键槽									
键传递扭矩	键定位用	公称尺寸 $b\times h\times d_1$	宽度 b				深度				半径 r	
			公称尺寸 b	极限偏差			轴 t		毂 t_1			
				一般键连接		较紧键连接						
				轴 N9	毂 Js9	轴和毂 P9	公称	偏差	公称	偏差	最小	最大
自 3~4	自 3~4	1.0×1.4×4	1.0				1.0	+0.1	0.6			
>4~5	>4~6	1.5×2.6×7	1.5	−0.004		−0.006	2.0		0.8			
>5~6	>6~8	2.0×2.6×7	2.0				1.8		1.0		0.08	0.16
>6~7	>8~10	2.0×3.7×10	2.0		±0.012		2.9		1.0	+0.1		
>7~8	>10~12	2.5×3.7×10	2.5				2.7	0	1.2			

续表

轴颈 D		键	键槽									
			宽度 b				深度				半径 r	
键传递扭矩	键定位用	公称尺寸 $b \times h \times d_1$	公称尺寸	极限偏差			轴 t		毂 t_1			
				一般键连接		较紧键连接						
			b	轴 N9	毂 Js9	轴和毂 P9	公称	偏差	公称	偏差	最小	最大
>8～10	>12～15	3.0×5.0×12	3.0	−0.029		−0.031	3.8	+0.2	1.4			
>10～12	>15～18	3.0×6.5×16	3.0				5.3		1.4			
>12～14	>18～20	4.0×6.5×16	4.0				5.0		1.8			
>14～16	>20～22	4.0×7.5×19	4.0	0		−0.012	6.0		1.8			
>16～18	>22～25	5.0×6.5×19	5.0				4.5		2.3		0.16	0.25
>18～20	>25～28	5.0×7.5×19	5.0		±0.015		5.5	0	2.3	0		
>20～22	>28～32	5.0×9.0×22	5.0	−0.030		−0.042	7.0		2.3			
>22～25	>32～36	6.0×9.0×22	6.0				6.5	+0.3	2.8			
>25～28	>36～40	6.0×10.0×25	6.0				7.5		2.8			
>28～32	40	8.0×11.0×28	8.0	0	±0.018	−0.015	8.0	0	3.3	+0.2	0.25	0.40
>32～38	—	10.0×13.0×32	10.0	−0.036		−0.051	10.0		3.3	0		

注：$D-t$ 和 $D+t_1$ 两组组合尺寸的极限偏差按相应的 t 和 t_1 的极限偏差选取，但 $D-t$ 极限偏差值应取负号。

7. 销连接

表 9-41 圆锥销（GB/T 117—2000） （单位：mm）

A 型（磨削）：锥面表面粗糙度值 $Ra=0.8\mu m$

B 型（切削或冷镦）：锥面表面粗糙度 $Ra=3.2\mu m$

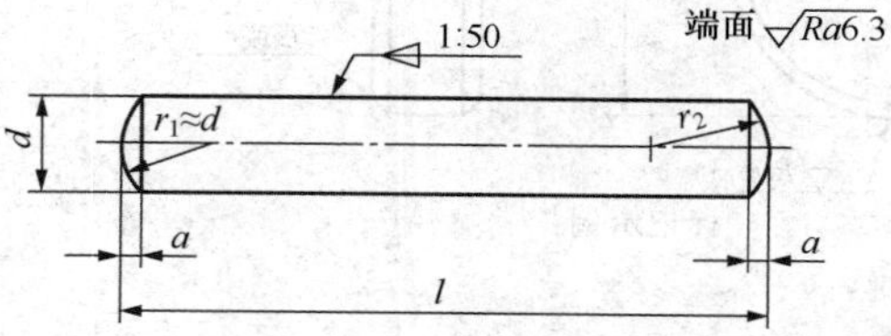

$$r_2=\frac{a}{2}+d+\frac{(0.02l)^2}{8a}$$

标记示例：

公称直径 d=6mm、公称长度 l=30mm、材料为 35 钢、热处理硬度 28～38HRC、表面氧化处理 A 型圆锥销的标记：

销 GB/T 117 6×30

d h10	0.6	0.8	1	1.2	1.5	2	2.5	3	4	5	6	8	10	12	16	20	25	30	40	50
a	0.08	0.1	0.12	0.16	0.2	0.25	0.3	0.4	0.5	0.63	0.8	1	1.2	1.6	2	2.5	3	4	5	6.3
商品规格 l	4～8	5～12	6～16	6～20	8～24	10～35	10～35	12～45	14～55	18～60	22～90	22～120	26～160	32～180	40～200	45～200	50～200	55～200	60～200	65～200
l 系列	2，3，4，5，6，8，10，12，14，16，18，20，22，24，26，28，30，32，35，40，45，50，55，60，65，70，75，80，85，90，95，100，120，140，160，180，200																			

续表

技术条件	材料	易切钢：Y12、Y15；碳素钢：35、45；合金钢：30CrMnSiA；不锈钢：1Cr13、2Cr13、Cr17Ni2、0Cr18Ni9Ti
	表面处理	①钢：不经处理；氧化；磷化；镀锌钝化。②不锈钢：简单处理。③其他表面镀层或表面处理，由供需双方协议。④所有公差仅适用于涂、镀前的公差

注：1. d 的其他公差，如 a11、c11、f8 由供需双方协议。

2. 公称长度大于 200mm，按 20mm 递增。

表 9-42　圆柱销（GB/T 119.1、119.2—2000 摘录）　　（单位：mm）

圆柱销　不淬硬钢和奥氏体不锈钢
（GB/T 119.1—2000）

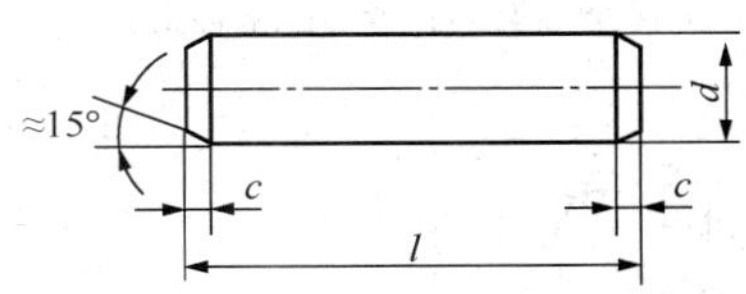

标记示例：

公称直径 d＝6mm、其公差为 m6、公称长度 l＝30mm、材料为钢、不经淬火、不经表面处理的圆柱销：

销　GB/T 119.1　6m6×30

公称直径 d＝6mm、其公差为 m6、公称长度 l＝30mm、材料为 A1 组奥氏体不锈钢、表面简单处理的圆柱销：

销　GB/T 119.1　6m6×30－A1

圆柱销　淬硬钢和马氏体不锈钢
（GB/T 119.2—2000）
末端形状，由制造者确定

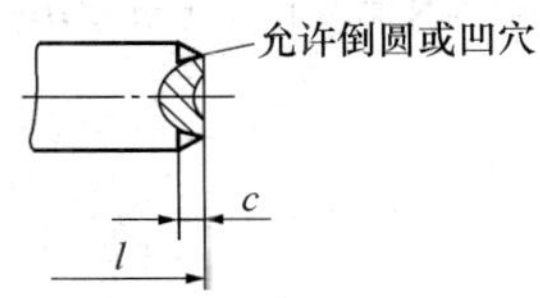

标记示例：

公称直径 d＝6mm、其公差为 m6、公称长度 l＝30mm、材料为钢、普通淬火（A 型）、表面氧处理的圆柱销：

销　GB/T 119.2　6×30

公称直径 d＝6mm、其公差为 m6、公称长度 l＝30mm、材料为 C1 组马氏体不锈钢、表面简单处理的圆柱销：

销　GB/T 119.2　6×30－C1

d m6/h8	0.6	0.8	1	1.2	1.5	2	2.5	3	4	5	6	8	10	12	16	20	25	30	40	50
c	0.12	0.16	0.2	0.25	0.3	0.35	0.4	0.5	0.63	0.8	1.2	1.6	2	2.5	3	3.5	4	5	6.3	8
商品规格 l	2～6	2～8	4～10	4～12	4～16	6～20	6～24	8～30	8～40	10～50	12～60	14～80	18～95	22～140	26～180	35～200	50～200	60～200	80～200	95～200
1m 长约重量/kg	0.002	0.004	0.006	—	0.014	0.024	0.037	0.054	0.097	0.147	0.221	0.395	0.611	0.887	1.57	2.42	3.83	5.52	9.64	15.2
l 系列	2，3，4，5，6，8，10，12，14，16，18，20，22，24，26，28，30，32，35，40，45，50，55，60，65，70，75，80，85，90，95，100，120，140，160，180，200																			

续表

技术条件	材料	GB/T 119.1 钢：奥氏体不锈钢 A1。GB/T 119.2 钢：A 型，普通淬火；B 型，表面淬火；马氏体不锈钢 C1
	表面粗糙度	GB/T 119.1　公差 m6：$Ra \leqslant 0.8\mu m$；h8：$Ra \leqslant 1.6\mu m$。GB/T 119.2　$Ra \leqslant 0.8\mu m$
	表面处理	①钢：不经处理；氧化；磷化；镀锌钝化。②不锈钢：简单处理。③其他表面镀层或表面处理，应由供需双方协议。④所有公差仅适用于涂、镀前的公差

注：1. d 的其他公差由供需双方协议；

2. GB/T 119.2d 的尺寸范围为 1～20mm；

3. 公称长度大于 200mm（GB/T 119.1），大于 100mm（GB/T 119.2），按 20mm 递增。

9.4　滚动轴承

表 9-43　深沟球轴承（GB/T 276—1994）

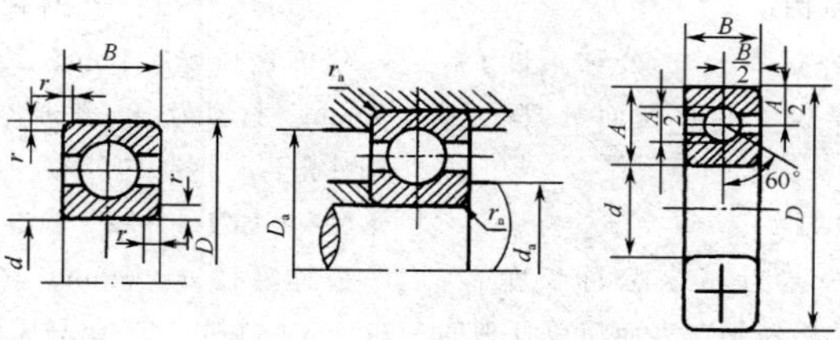

60000 型　　安装尺寸　　规定画法

标记示例：滚动轴承 6210GB/T276—1994

F_a/C_{or}	e	γ	径向当量动载荷	径向当量静载荷
0.014	0.19	2.30		
0.028	0.22	1.99		
0.056	0.26	1.71	当$\frac{F_a}{F_r} \leqslant e \cdot P_r = F_r$	$P_{or} = F_r$
0.084	0.28	1.55		
0.11	0.30	1.45		$P_{or} = 0.6F_r + 0.5F_a$
0.17	0.34	1.31		
0.28	0.38	1.15	当$\frac{F_a}{F_r} > e$，$P_r = 0.56F_r + YF_a$	取上列两式计算结果的较大值
0.42	0.42	1.04		
0.56	0.44	1.00		

续表

轴承代号	基本尺寸/mm				安装尺寸/mm			基本额定动载荷 C_r	基本额定静载荷 C_{0r}	极限转速/(r/min)		原轴承代号
	d	D	B	r (min)	d_a (min)	D_a (max)	r_a (max)	kN		脂润滑	油润滑	
(1) 0 尺寸系列												
6000	10	26	8	0.3	12.4	23.6	0.3	4.58	1.98	20 000	28 000	100
6001	12	28	8	0.3	14.4	25.6	0.3	5.10	2.38	19 000	26 000	101
6002	15	32	9	0.3	17.4	29.6	0.3	5.58	2.85	18 000	24 000	102
6003	17	35	10	0.3	19.4	32.6	0.3	6.00	3.25	17 000	22 000	103
6004	20	42	12	0.6	25	37	0.6	9.38	5.02	15 000	19 000	104
6005	25	47	12	0.6	30	42	0.6	10.0	5.85	13 000	17 000	105
6006	30	55	13	1	36	49	1	13.2	8.30	10 000	14 000	106
6007	35	62	14	1	41	56	1	16.2	10.5	9 000	12 000	107
6008	40	68	15	1	46	62	1	17.0	11.8	8 500	11 000	108
6009	45	75	16	1	51	69	1	21.0	14.8	8 000	10 000	109
6010	50	80	16	1	56	74	1	22.0	16.2	7 000	9 000	110
6011	55	90	18	1.1	62	83	1	30.2	21.8	6 300	8 000	111
6012	60	95	18	1.1	67	88	1	31.5	24.2	6 000	7 500	112
6013	65	100	18	1.1	72	93	1	32.0	24.8	5 600	7 000	113
6014	70	110	20	1.1	77	103	1	38.5	30.5	5 300	6 700	114
6015	75	115	20	1.1	82	108	1	40.2	33.2	5 000	6 300	115
6016	80	125	22	1.1	87	118	1	47.5	39.8	4 800	6 000	116
6017	85	130	22	1.1	92	123	1	50.8	42.8	4 500	5 600	117
6018	90	140	24	1.5	99	131	1.5	58.0	49.8	4 300	5 300	118
6019	95	145	24	1.5	104	136	1.5	57.8	50.0	4 000	5 000	119
6020	100	150	24	1.5	109	141	1.5	64.5	56.2	3 800	4 800	120
(0) 2 尺寸系列												
6200	10	30	9	0.6	15	25	0.6	5.10	2.38	19 000	26 000	200
6201	12	32	10	0.6	17	27	0.6	6.82	3.05	18 000	24 000	201
6202	15	35	11	0.6	20	30	0.6	7.65	3.72	17 000	22 000	202
6203	17	40	12	0.6	22	35	0.6	9.58	4.78	16 000	20 000	203
6204	20	47	14	1	26	41	1	12.8	6.65	14 000	18 000	204
6205	25	52	15	1	31	46	1	14.0	7.88	12 000	16 000	205
6206	30	62	16	1	36	56	1	19.5	11.5	9 500	13 000	206
6207	35	72	17	1.1	42	65	1	25.5	15.2	8 500	11 000	207
6208	40	80	18	1.1	47	73	1	29.5	18.0	8 000	10 000	208
6209	45	85	19	1.1	52	78	1	31.5	20.5	7 000	9 000	209
6210	50	90	20	1.1	57	83	1	35.0	23.2	6 700	8 500	210
6211	55	100	21	1.5	64	91	1.5	43.2	29.2	6 000	7 500	211
6212	60	110	22	1.5	69	101	1.5	47.8	32.8	5 600	7 000	212
6213	65	120	23	1.5	74	111	1.5	57.2	40.0	5 000	6 300	213
6214	70	120	24	1.5	79	116	1.5	60.8	45.0	4 800	6 000	214
6215	75	130	25	1.5	84	121	1.5	66.0	49.5	4 500	5 600	215
6216	80	140	26	2	90	130	2	71.5	54.2	4 300	5 300	216
6217	85	150	28	2	95	140	2	83.2	63.8	4 000	5 000	217
6218	90	160	30	2	100	150	2	95.8	71.5	3 800	4 800	218
6219	95	170	32	2.1	107	158	2.1	110	82.8	3 600	4 500	219
6220	100	180	34	2.1	112	168	2.1	122	92.8	3 400	4 300	220

续表

轴承代号	基本尺寸/mm				安装尺寸/mm			基本额定动载荷 C_r	基本额定静载荷 C_{0r}	极限转速/(r/min)		原轴承代号
	d	D	B	r (min)	d_a (min)	D_a (max)	r_a (max)	kN		脂润滑	油润滑	
(0) 3 尺寸系列												
6300	10	35	11	0.6	15	30	0.6	7.65	3.48	18 000	24 000	300
6301	12	37	12	1	18	31	1	9.72	5.08	17 000	22 000	301
6302	15	42	13	1	21	36	1	11.5	5.42	16 000	20 000	302
6303	17	47	14	1	23	41	1	13.5	6.58	15 000	19 000	303
6304	20	52	15	1.1	27	45	1	15.8	7.88	13 000	17 000	304
6305	25	62	17	1.1	32	55	1	22.2	11.5	10 000	14 000	305
6306	30	72	19	1.1	37	65	1	27.0	15.2	9 000	12 000	306
6307	35	80	21	1.5	44	71	1.5	33.2	19.2	8 000	10 000	307
6308	40	90	23	1.5	49	81	1.5	40.8	24.0	7 000	9 000	308
6309	45	100	25	1.5	54	91	1.5	52.8	31.8	6 300	8 000	309
6310	50	110	27	2	60	100	2	61.8	38.0	6 000	7 500	310
6311	55	120	29	2	65	110	2	71.5	44.8	5 300	6 700	311
6312	60	130	31	2.1	72	118	2.1	81.8	51.8	5 000	6 300	312
6313	65	140	33	2.1	77	128	2.1	93.8	60.5	4 500	5 600	313
6314	70	150	35	2.1	82	138	2.1	105	68.0	4 300	5 300	314
6315	75	160	37	2.1	87	148	2.1	112	76.8	4 000	5 000	315
6316	80	170	39	2.1	92	158	2.1	122	86.5	3 800	4 800	316
6317	85	180	41	3	99	166	2.5	132	96.5	3 600	4 500	317
6318	90	190	43	3	104	176	2.5	145	108	3 400	4 300	318
6319	95	200	45	3	109	186	2.5	155	122	3 200	4 000	319
6320	100	215	47	3	114	201	2.5	172	140	2 800	3 600	3200
(0) 4 尺寸系列												
6403	17	62	17	1.1	24	55	1	22.5	10.8	11 000	15 000	403
6404	20	72	19	1.1	27	65	1	31.0	15.2	9 500	13 000	404
6405	25	80	21	1.5	34	71	1.5	38.2	19.2	8 500	11 000	405
6406	30	90	23	1.5	39	81	1.5	47.5	24.5	8 000	10 000	406
6407	35	100	25	1.5	44	91	1.5	56.8	29.5	6 700	8 500	407
6408	40	110	27	2	50	100	2	65.5	37.5	6 300	8 000	408
6409	45	120	29	2	55	110	2	77.5	45.5	5 600	7 000	409
6410	50	130	31	2.1	62	118	2.1	92.2	55.2	5 300	6 700	410
6411	55	140	33	2.1	67	128	2.1	100	62.5	4 800	6 000	411
6412	60	150	35	2.1	72	138	2.1	108	70.0	4 500	5 600	412
6413	65	160	37	2.1	77	148	2.1	118	78.5	4 300	5 300	413
6414	70	180	42	3	84	166	2.5	140	99.5	3 800	4 800	414
6415	75	190	45	3	89	176	2.5	155	115	3 600	4 500	415
6416	80	200	48	3	94	186	2.5	162	125	3 400	4 300	416
6417	85	210	52	4	103	192	3	175	138	3 200	4 000	417
6418	90	225	54	4	108	207	3	192	158	2 800	3 600	418
6420	100	250	58	4	118	232	3	222	195	2 400	3 200	420

注：1. 表中 C_r 值适用于轴承为真空脱气轴承钢材料。如为普通电炉钢，C_r 值降低；如为真空重熔或电渣重熔轴承钢，C_r 值提高[9]。

2. r（min）为 r 的单向最小倒角尺寸；r_a（max）为 r_a 的单向最大倒角尺寸。

表 9-44　角接触球轴承（GB/T292—1994 摘录）

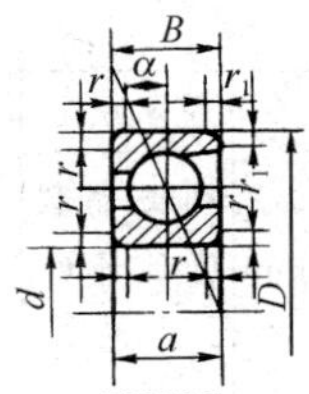
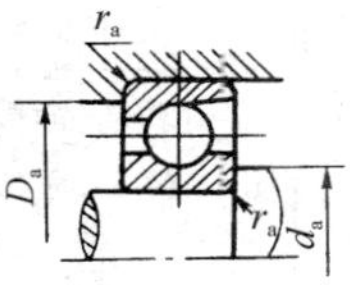
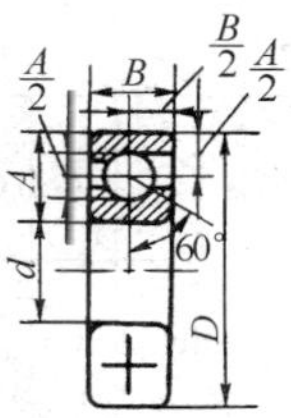

70000C
70000AC 型　　　安装尺寸　　　规定画法

标记示例：滚动轴承 7210CGB/T 292—1994

iF_a/C_{0r}	e	Y	70000C 型	70000AC 型
0.015	0.38	1.47	径向当量动载荷 当 $F_a/F_r \leqslant e$　$P_r=F_r$ 当 $F_a/F_r > e$　$P_r=0.44F_r+YF_a$	径向当量动载荷 当 $F_a/F_r \leqslant 0.68$，$P_r=F_r$ 当 $F_a/F_r > 0.68$　$P_r=0.41F_r+0.87F_a$
0.029	0.40	1.40		
0.058	0.43	1.30		
0.087	0.46	1.23		
0.12	0.47	1.19	径向当量静载荷 $P_{0r}=0.5F_r+0.46F_a$ 当 $F_{0r}<F_r$　取 $P_{0r}=F_r$	径向当量静载荷 $P_{0r}=0.5F_r+0.38F_a$ 当 $F_{0r}<F_r$　取 $P_{0r}=F_r$
0.17	0.50	1.12		
0.29	0.55	1.02		
0.44	0.56	1.00		
0.58	0.56	1.00		

轴承代号		基本尺寸/mm					安装尺寸/mm			70000C ($\alpha=15°$)			70000AC ($\alpha=25°$)			极限转速/(r/min)		原轴承代号	
		d	D	B	r_s	r_{1s}	d_a	d_s	r_{as}	a/mm	基本额定 动载荷 C_r	基本额定 静载荷 C_{0r}	a/mm	基本额定 动载荷 C_r	基本额定 静载荷 C_{0r}	脂润滑	油润滑		
					min	min	min	max	max		kN	kN		kN	kN				
(1) 0 尺寸系列																			
7000C	7000AC	10	26	8	0.3	0.15	12.4	23.6	0.3	6.4	4.92	2.25	8.2	4.75	2.12	19000	28000	36100	46100
7001C	7001AC	12	28	8	0.3	0.15	14.4	25.6	0.3	6.7	5.42	2.65	8.7	5.20	2.55	18000	26000	36101	46101
7002C	7002AC	15	32	9	0.3	0.15	17.4	29.6	0.3	7.6	6.25	3.42	10	5.95	3.25	17000	24000	36102	46102
7003C	7003AC	17	35	10	0.3	0.15	19.4	32.6	0.3	8.5	6.60	3.85	11.1	6.30	3.68	16000	22000	36103	46103
7004C	7004AC	20	42	12	0.6	0.15	25	37	0.6	10.2	10.5	6.08	13.2	10.0	5.78	14000	19000	36104	46104
7005C	7005AC	25	47	12	0.6	0.15	30	42	0.6	10.8	11.5	7.45	14.4	11.2	7.08	12000	17000	36105	46105
7006C	7006AC	30	55	13	1	0.3	36	49	1	12.2	15.2	10.2	16.4	14.5	9.85	9500	14000	36106	46106
7007C	7007AC	35	62	14	1	0.3	41	56	1	13.5	19.5	14.2	18.3	18.5	13.5	8500	12000	36107	46107
7008C	7008AC	40	68	15	1	0.3	46	62	1	14.7	20.0	15.2	20.1	19.0	14.5	8000	11000	36108	46108
7009C	7009AC	45	75	16	1	0.3	51	69	1	16	25.8	20.5	21.9	25.8	19.5	7500	10000	36109	46109

续表

轴承代号		基本尺寸/mm d	基本尺寸/mm D	基本尺寸/mm B	r_s min	r_{1s} min	安装尺寸/mm d_a min	安装尺寸/mm d_s max	安装尺寸/mm r_{as} max	70000C (α=15°) a/mm	70000C 基本额定动载荷 C_r/kN	70000C 基本额定静载荷 C_{0r}/kN	70000AC (α=25°) a/mm	70000AC 基本额定动载荷 C_r/kN	70000AC 基本额定静载荷 C_{0r}/kN	极限转速/(r/min) 脂润滑	极限转速/(r/min) 油润滑	原轴承代号	
(1) 0尺寸系列																			
7010C	7010AC	50	80	16	1	0.3	56	74	1	16.7	26.5	22.0	23.2	25.2	21.0	6700	9000	36110	46110
7011C	7011AC	55	90	18	1.1	0.6	62	83	1	18.7	37.2	30.5	25.9	35.2	29.2	6000	8000	36111	46111
7012C	7012AC	60	95	18	1.1	0.6	67	88	1	19.4	38.2	32.8	27.1	36.2	31.5	5600	7500	36112	46112
7013C	7013AC	65	100	18	1.1	0.6	72	93	1	20.1	40.0	35.5	28.2	38.0	33.8	5300	7000	36113	46113
7014C	7014AC	70	110	20	1.1	0.6	77	103	1	22.1	48.2	43.5	30.9	45.8	41.5	5000	6700	36114	46114
7015C	7015AC	75	115	20	1.1	0.6	82	108	1	22.7	48.5	46.5	32.2	46.8	44.2	4800	6300	36115	46115
7016C	7016AC	80	125	22	1.5	0.6	89	116	1.5	24.7	58.5	55.8	34.9	55.5	53.2	4500	6000	36116	46116
7017C	7017AC	85	130	22	1.5	0.6	94	121	1.5	25.4	62.5	60.2	36.1	59.2	57.2	4300	5600	36117	46117
7018C	7018AC	90	140	24	1.5	0.6	99	131	1.5	27.4	71.5	69.8	38.8	67.5	66.5	4000	5300	36118	46118
7019C	7019AC	95	145	24	1.5	0.6	104	136	1.5	28.1	73.5	73.2	40	69.5	69.8	3800	5000	36119	46119
7020C	7020AC	100	150	24	1.5	0.6	109	141	1.5	28.7	79.2	78.5	41.2	75	74.8	3800	5000	36120	46120
(0) 2尺寸系列																			
7200C	7200AC	10	30	9	0.6	0.15	15	25	0.6	7.2	5.82	2.95	9.2	5.58	2.82	18000	26200	36200	46200
7021C	7021AC	12	32	10	0.6	0.15	17	27	0.6	8	7.35	3.52	10.2	7.10	3.35	17000	24000	36201	46201
7202C	7202AC	15	35	11	0.6	0.15	20	30	0.6	8.9	8.68	4.62	11.4	8.35	4.40	16000	22000	36202	46202
7203C	7203AC	17	40	12	0.6	0.3	22	35	0.6	9.9	10.8	5.95	12.8	10.5	5.65	15000	20000	36203	46203
7204C	7204AC	20	47	14	1	0.3	26	41	1	11.5	14.5	8.22	14.9	14.0	7.82	13000	18000	36204	46204
7205C	7205AC	25	52	15	1	0.3	31	46	1	12.7	16.5	10.5	16.4	15.8	9.88	11000	16000	36205	46205
7206C	7206AC	30	62	16	1	0.3	36	56	1	14.2	23.0	15.0	18.7	22.0	14.2	9000	13000	36206	46206
7207C	7207AC	35	72	17	1.1	0.6	42	65	1	15.7	30.5	20.0	21	29.0	19.2	8000	11000	36207	46207
7208C	7208AC	40	80	18	1.1	0.6	47	73	1	17	36.8	25.8	23	35.2	24.5	7500	10000	36208	46208
7209C	7209AC	45	85	19	1.1	0.6	52	78	1	18.2	38.5	28.5	24.7	36.8	27.2	6700	9000	36209	46209
7210C	7210AC	50	90	20	1.1	0.6	57	83	1	19.4	42.8	32.0	26.3	40.8	30.5	6300	8500	36210	46210
7211C	7211AC	55	100	21	1.5	0.6	64	91	1.5	20.9	52.8	40.5	28.6	50.5	38.5	5600	7500	36211	46211
7212C	7212AC	60	110	22	1.5	0.6	69	101	1.5	22.4	61.0	48.5	30.8	58.2	46.2	5300	7000	36212	46212
7213C	7213AC	65	120	23	1.5	0.6	74	111	1.5	24.2	69.8	55.2	33.5	66.5	52.5	4800	6300	36213	46213
7214C	7214AC	70	125	24	1.5	0.6	79	116	1.5	25.3	70.2	60.0	35.1	69.2	57.5	4500	6000	36214	46214
7215C	7215AC	75	130	25	1.5	0.6	84	121	1.5	26.4	79.2	65.8	36.6	75.2	63.0	4300	5600	36215	46215
7216C	7216AC	80	140	26	2	1	90	130	2	27.7	89.5	78.2	38.9	85.0	74.5	4000	5300	36216	46216
7217C	7217AC	85	150	28	2	1	95	140	2	29.9	99.8	5.0	41.6	94.8	81.5	3800	5000	36217	46217
7218C	7218AC	90	160	30	2	1	100	150	2	31.7	122	105	44.2	118	100	3600	4800	36218	46218
7219C	7219AC	95	170	32	2.1	1.1	107	158	2.1	33.8	135	115	46.9	128	108	3400	4500	36219	46219
7220C	7220AC	100	180	34	2.1	1.1	112	168	2.1	35.8	148	128	49.7	142	122	3200	4300	36220	46220

续表

轴承代号		基本尺寸/mm					安装尺寸/mm			70000C（$\alpha=15°$）			70000AC（$\alpha=25°$）			极限转速/(r/min)		原轴承代号	
		d	D	B	r_s	r_{1s}	d_a	d_s	r_{as}	a/mm	基本额定		a/mm	基本额定		脂润滑	油润滑		
					min		min	max			动载荷 C_r	静载荷 C_{0r}		动载荷 C_r	静载荷 C_{0r}				
											kN			kN					
(0) 3 尺寸系列																			
7301C	7301AC	12	37	12	1	0.3	18	31	1	8.6	8.10	5.22	12	8.08	4.88	16000	22000	36301	46301
7302C	7302AC	15	42	13	1	0.3	21	36	1	9.6	9.38	5.95	13.5	9.08	5.58	15000	20000	36302	46302
7303C	7303AC	17	47	14	1	0.3	23	41	1	10.4	12.8	8.62	14.8	11.5	7.08	14000	19000	36303	46303
7304C	7304AC	20	52	15	1.1	0.6	27	45	1	11.3	14.2	9.68	16.8	13.8	9.10	12000	17000	36304	46304
7305C	7305AC	25	62	17	1.1	0.6	32	55	1	13.1	21.5	15.8	19.1	20.8	14.8	9500	14000	36305	46305
7306C	7306AC	30	72	19	1.1	0.6	37	65	1	15	26.5	19.8	22.2	25.2	18.5	8500	12000	36306	46306
7307C	7307AC	35	80	21	1.5	0.6	44	71	1.5	16.6	34.2	26.8	24.5	32.8	24.8	7500	10000	36307	46307
7308C	7308AC	40	90	23	1.5	0.6	49	81	1.5	18.5	40.2	32.3	27.5	38.5	30.5	6700	9000	36308	46308
7309C	7309AC	45	100	25	1.5	0.6	54	91	1.5	20.2	49.2	39.8	30.2	47.5	37.2	6000	8000	36309	46309
7310C	7310AC	50	110	27	2	1	60	100	2	22	53.5	47.2	33	55.5	44.5	5600	7500	36310	46310
7311C	7310AC	55	120	29	2	1	65	110	2	23.8	70.5	60.5	35.8	67.2	56.8	5000	6700	36311	46311
7312C	7312AC	60	130	31	2.1	1.1	72	118	2.1	25.6	80.5	70.2	38.7	77.8	65.8	4800	6300	36312	46312
7313C	7313AC	65	140	33	2.1	1.1	77	128	2.1	27.4	91.5	80.5	41.5	89.8	75.5	4300	5600	36313	46313
7314C	7314AC	70	150	35	2.1	1.1	82	138	2.1	29.2	102	91.5	44.3	98.5	86.0	4000	5300	36314	46314
7315C	7315AC	75	160	37	2.1	1.1	87	148	2.1	31	112	105	47.2	108	97.0	3800	5000	36315	46315
7316C	7316AC	80	170	39	2.1	1.1	92	158	2.1	32.8	122	118	50	118	108	3600	4800	36316	46316
7317C	7317AC	85	180	41	3	1.1	99	166	2.5	34.6	132	128	52.8	125	122	3400	4500	36317	46317
7318C	7318AC	90	190	43	3	1.1	104	176	2.5	36.4	142	142	55.6	135	135	3200	4300	36318	46318
7319C	7319AC	95	200	45	3	1.1	109	186	2.5	38.2	152	158	58.5	145	148	3000	4000	36319	46379
7320C	7320AC	100	215	47	3	1.1	114	201	2.5	40.2	162	175	61.9	165	178	2600	3600	36320	46320
(0) 4 尺寸系列																			
	7406AC	30	90	23	1.5	0.6	39	81	1				26.1	42.5	32.2	75000	10000		46406
	7407AC	35	100	25	1.5	0.6	44	91	1.5				29	53.8	43.5	6300	8500		46407
	7408AC	40	110	27	2	1	50	100	2				31.8	62.0	49.5	6000	8000		46408
	7409AC	45	120	29	2	1	55	110	2				34.6	66.8	52.8	5300	7000		46409
	7410AC	50	130	31	2.1	1.1	62	118	2.1				37.4	76.5	64.2	5000	6700		46410
	7412AC	60	150	35	2.1	1.1	72	138	2.1				43.1	102	90.8	4300	5600		46412
	7414AC	70	180	42	3	1.1	84	166	2.5				51.5	125	125	3600	4800		46414
	7416AC	80	200	48	3	1.1	94	186	2.5				58.1	152	162	3200	4300		46416

注：表中 C_r 值，对(1)0、(0)2系列为真空脱气轴承钢的负荷能力，对(0)3、(0)4系列为电炉轴承钢的负荷能力。

表 9-45 圆锥滚子轴承(GB/T 297—1994 摘录)

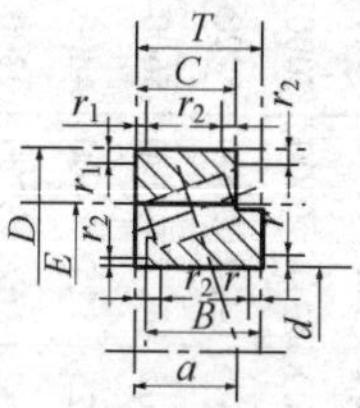

30000 型

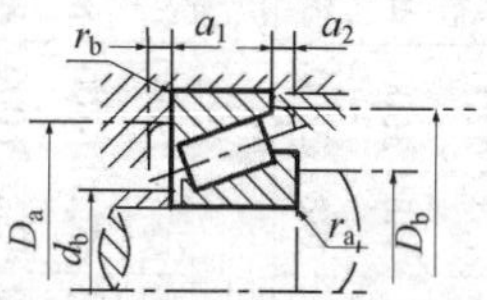

安装尺寸

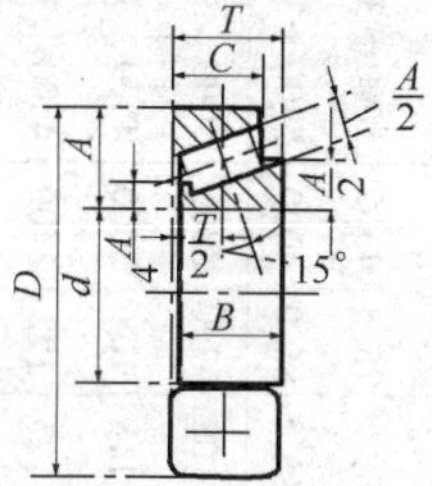

规定画法

径向当量动载荷	当 $\frac{F_a}{F_r} \leqslant e$，$p_r = F_r$ 当 $\frac{F_a}{F_r} > e$，$p_r = 0.4F_r + YF_a$
径向当量静载荷	$P_{or} = F_r$ $P_{or} = 0.5F_r + Y_0F_a$ 取上列两式计算结果的较大值

标记示例：滚动轴承 30310 GB/T297—1994

轴承代号	尺寸/mm								安装尺寸/mm									计算系数			基本额定		极限转速 /(r/min)		原轴承代号
	d	D	T	B	C	r_s (min)	r_{1s} (min)	a ≈	d_a (min)	d_b (max)	D_a (min)	D_a (max)	D_b (min)	a_1 (min)	a_2 (min)	r_{as} (max)	r_{bs} (max)	e	Y	Y_0	动载荷 C_r	静载荷 C_{0r}			
																					kN		脂润滑	油润滑	
	02 尺寸系列																								
30203	17	40	13.25	12	11	1	1	9.9	23	23	34	34	37	2	2.5	1	1	0.35	1.7	1	20.8	21.8	9000	12000	7203E
30204	20	47	15.25	14	12	1	1	11.2	26	27	40	41	43	2	3.5	1	1	0.35	1.7	1	28.2	30.5	8000	10000	7204E
30205	25	52	16.25	15	13	1	1	12.5	31	31	44	46	48	2	3.5	1	1	0.37	1.6	0.9	32.2	37.0	7000	9000	7205E
30206	30	62	17.25	16	14	1	1	13.8	36	37	53	56	58	2	3.5	1	1	0.37	1.6	0.9	43.2	50.5	6000	7500	7206E
30207	35	72	18.25	17	15	1.5	1.5	15.3	42	44	62	65	67	3	3.5	1.5	1.5	0.37	1.6	0.9	54.2	63.5	5300	6700	7207E
30208	40	80	19.75	18	16	1.5	1.5	16.9	47	49	69	73	75	3	4	1.5	1.5	0.37	1.6	0.9	63.0	74.0	5000	6300	7208E
30209	45	85	20.75	19	16	1.5	1.5	18.6	52	53	74	78	80	3	5	1.5	1.5	0.4	1.5	0.8	67.8	83.5	4500	5600	7209E
30210	50	90	21.75	20	17	1.5	1.5	20	57	58	79	83	86	3	5	1.5	1.5	0.42	1.4	0.8	73.2	92.0	4300	5300	7210E
30211	55	100	22.75	21	18	2	1.5	21	64	64	88	91	95	4	5	2	1.5	0.4	1.5	0.8	90.8	115	3800	4800	7211E

续表

轴承代号	尺寸/mm								安装尺寸/mm									计算系数			基本额定		极限转速/(r/min)		原轴承代号
	d	D	T	B	C	r_s (min)	r_{1s} (min)	a ≈	d_a (min)	d_b (max)	D_a (min)	D_a (max)	D_b (min)	a_1 (min)	a_2 (min)	r_{as} (max)	r_{bs} (max)	e	Y	Y_0	动载荷 C_r	静载荷 C_{0r}	脂润滑	油润滑	
																					kN				
02 尺寸系列																									
30212	60	110	23.75	22	19	2	1.5	22.3	69	69	96	101	103	4	5	2	1.5	0.4	1.5	0.8	102	130	3600	4500	7212E
30213	65	120	24.75	23	20	2	1.5	23.8	74	77	106	111	114	4	5	2	1.5	0.4	1.5	0.8	120	152	3200	4000	7213E
30214	70	125	26.25	24	21	2	1.5	25.8	79	81	110	116	119	4	5.5	2	1.5	0.42	1.4	0.8	132	175	3000	3800	7214E
30215	75	130	27.25	25	22	2	1.5	27.4	84	85	115	121	125	4	5.5	2	1.5	0.44	1.4	0.8	138	185	2800	3600	7215E
30216	80	140	28.25	26	22	2.5	2	28.1	90	90	124	130	133	4	6	2.1	2	0.42	1.4	0.8	160	212	2600	3400	7216E
30217	85	150	30.5	28	24	2.5	2	30.3	95	96	132	140	142	5	6.5	2.1	2	0.42	1.4	0.8	178	238	2400	3200	7217E
30218	90	160	32.5	30	26	2.5	2	32.3	100	102	140	150	151	5	6.5	2.1	2	0.42	1.4	0.8	200	270	2200	3000	7218E
30219	95	170	34.5	32	27	3	2.5	34.2	107	108	149	158	160	5	7.5	2.5	2.1	0.42	1.4	0.8	228	308	2000	2800	7219E
30220	100	180	37	34	29	3	2.5	36.4	112	114	157	168	169	5	8	2.5	2.1	0.42	1.4	0.8	255	350	1900	2600	7220E
03 尺寸系列																									
30302	15	42	14.25	13	11	1	1	9.6	21	22	36	36	38	2	3.5	1	1	0.29	2.1	.2	22.8	21.5	9000	12000	7302E
30303	17	47	15.25	14	12	1	1	10.4	23	25	40	41	43	3	3.5	1	1	0.29	2.1	1.2	28.2	27.2	8500	11000	7303E
30304	20	52	16.25	15	13	1.5	1.5	11.1	27	28	44	45	48	3	3.5	1.5	1.5	0.3	2	1.1	33.0	33.2	7500	9500	7304E
30305	25	62	18.25	17	15	1.5	1.5	13	32	34	54	55	58	3	3.5	1.5	1.5	0.3	2	1.1	46.8	48.0	6300	8000	7305E
30306	30	72	20.75	19	16	1.5	1.5	15.3	37	40	62	65	66	3	5	1.5	1.5	0.31	1.9	1.1	59.0	63.0	5600	7000	7306E
30307	35	80	22.75	21	18	2	1.5	16.8	44	45	70	71	74	3	5	2	1.5	0.31	1.9	1.1	75.2	82.5	5000	6300	7307E
30308	40	90	25.25	23	20	2	1.5	19.5	49	52	77	81	84	3	5.5	2	1.5	0.35	1.7	1	90.8	108	4500	5600	7308E
30309	45	100	27.25	25	22	2	1.5	21.3	54	59	86	91	94	3	5.5	2	1.5	0.35	1.7	1	108	130	4000	5000	7309E
30310	50	110	29.25	27	23	2.5	2	23	60	65	95	100	103	4	6.5	2	2	0.35	1.7	1	130	158	3800	4800	7310E
30311	55	120	31.5	29	25	2.5	2	24.9	65	70	104	110	112	4	6.5	2.5	2	0.35	1.7	1	152	188	3400	4300	7311E

续表

轴承代号	尺寸/mm								安装尺寸/mm									计算系数			基本额定		极限转速/(r/min)		原轴承代号
	d	D	T	B	C	r_s (min)	r_{1s} (min)	a ≈	d_a (min)	d_b (max)	D_a (min)	D_a (max)	D_b (min)	a_1 (min)	a_2 (min)	r_{as} (max)	r_{bs} (max)	e	Y	Y_0	动载荷 C_r	静载荷 C_{0r}			
																					kN		脂润滑	油润滑	
03 尺寸系列																									
30312	60	130	33.5	31	26	3	2.5	26.6	72	76	112	118	121	5	7.5	2.5	2.1	0.35	1.7	1	170	210	3200	4000	7312E
30313	65	140	36	33	28	3	2.5	28.7	77	83	122	128	131	5	8	2.5	2.1	0.35	1.7	1	195	242	2800	3600	7313E
30314	70	150	38	35	30	3	2.5	30.7	82	89	130	138	141	5	8	2.5	2.1	0.35	1.7	1	218	272	2600	3400	7314E
30315	75	160	40	37	31	3	2.5	32	87	95	139	148	150	5	9	2.5	2.1	0.35	1.7	1	252	318	2400	3200	7315E
30316	80	170	42.5	39	33	3	2.5	34.4	92	102	148	158	160	5	9.5	2.5	2.1	0.35	1.7	1	278	352	2200	3000	7316E
30317	85	180	44.5	41	34	4	3	35.9	99	107	156	166	168	6	10.5	3	2.5	0.35	1.7	1	305	388	2000	2800	7317E
30318	90	190	46.5	43	36	4	3	37.5	104	113	165	176	178	6	10.5	3	2.5	0.35	1.7	1	342	440	1900	2600	7318E
30319	95	200	49.5	45	38	4	3	40.1	109	118	172	186	185	6	11.5	3	2.5	0.35	1.7	1	370	478	1800	2400	7319E
30320	100	215	51.5	47	39	4	3	42.2	114	127	184	201	199	6	12.5	3	2.5	0.35	1.7	1	405	525	1600	2000	7320E
22 尺寸系列																									
32206	30	62	21.25	20	17	1	1	15.6	36	36	52	56	58	3	4.5	1	1	0.37	1.6	0.9	51.8	63.8	6000	7500	7506E
32207	35	72	24.25	23	19	1.5	1.5	17.9	42	42	61	65	68	3	5.5	1.5	1.5	0.37	1.6	0.9	70.5	89.5	5300	6700	7507E
32208	40	80	24.75	23	19	1.5	1.5	18.9	47	48	68	73	75	3	6	1.5	1.5	0.37	1.6	0.9	77.8	97.2	5000	6300	7508E
32209	45	85	24.75	23	19	1.5	1.5	20.1	52	53	73	78	81	3	6	1.5	1.5	0.4	1.5	0.8	80.8	105	4500	5600	7509E
32210	50	90	24.75	23	19	1.5	1.5	21	57	57	78	83	86	3	6	1.5	1.5	0.42	1.4	0.8	82.8	108	4300	5300	7510E
32211	55	100	26.75	25	21	2	1.5	22.8	64	62	87	91	96	4	6	2	1.5	0.4	1.5	0.8	108	142	3800	4800	7511E
32212	60	110	29.75	28	24	2	1.5	25	69	68	95	101	105	4	6	2	1.5	0.4	1.5	0.8	132	180	3600	4500	7512E
32213	65	120	32.75	31	27	2	1.5	27.3	74	75	104	111	115	4	6	2	1.5	0.4	1.5	0.8	160	222	3200	4000	7513E
32214	70	125	33.25	31	27	2	1.5	28.8	79	79	108	116	120	4	6.5	2	1.5	0.42	1.4	0.8	168	238	3000	3800	7514E
32215	75	130	33.25	31	27	2	1.5	30	84	84	115	121	126	4	6.5	2	1.5	0.44	1.4	0.8	170	242	2800	3600	7515E

续表

轴承代号	尺寸/mm								安装尺寸/mm									计算系数			基本额定		极限转速/(r/min)		原轴承代号
	d	D	T	B	C	r_s (min)	r_{1s} (min)	a ≈	d_a (min)	d_b (max)	D_a (min)	D_a (max)	D_b (min)	a_1 (min)	a_2 (min)	r_{as} (max)	r_{bs} (max)	e	Y	Y_0	动载荷 C_r	静载荷 C_{0r}	脂润滑	油润滑	
																					kN				
22 尺寸系列																									
32216	80	140	35.25	33	28	2.5	2	31.4	90	89	122	130	135	5	7.5	2.1	2	0.42	1.4	0.8	198	278	2600	3400	7516E
32217	85	150	38.5	36	30	2.5	2	33.9	95	95	130	140	143	5	8.5	2.1	2	0.42	1.4	0.8	228	325	2400	3200	7517E
32218	90	160	42.5	40	34	2.5	2	36.8	100	101	138	150	153	5	8.5	2.1	2	0.42	1.4	0.8	270	395	2200	3000	7518E
32219	95	170	45.5	43	37	3	2.5	39.2	107	106	145	158	163	5	8.5	2.5	2.1	0.42	1.4	0.8	302	448	2000	2800	7519E
32220	100	180	49	46	39	3	2.5	41.9	112	113	154	168	172	5	10	2.5	2.1	0.42	1.4	0.8	340	512	1900	2600	7520E
23 尺寸系列																									
32303	17	47	20.25	19	16	1	1	12.3	23	24	39	41	43	3	4.5	1	1	0.29	2.1	1.2	35.2	36.2	8500	11000	7603E
32304	20	52	22.25	21	18	1.5	1.5	13.6	27	26	43	45	48	3	4.5	1.5	1.5	0.3	2	1.1	42.8	46.2	7500	9500	7604E
32305	25	62	25.25	24	20	1.5	1.5	15.9	32	32	52	55	58	3	5.5	1.5	1.5	0.3	2	1.1	61.5	68.8	6300	8000	7605E
32306	30	72	28.75	27	23	1.5	1.5	18.9	37	38	59	65	66	4	6	1.5	1.5	0.31	1.9	1.1	81.5	96.5	5600	7000	7606E
32307	35	80	32.75	31	25	2	1.5	20.4	44	43	66	71	74	4	8.5	2	1.5	0.31	1.9	1.1	99.0	118	5000	6300	7607E
32308	40	90	35.25	33	27	2	1.5	23.3	49	49	73	81	83	4	8.5	2	1.5	0.35	1.7	1	115	148	4500	5600	7608E
32309	45	100	38.25	36	30	2	1.5	25.6	54	56	82	91	93	4	8.5	2	1.5	0.35	1.7	1	145	188	4000	5000	7609E
32310	50	110	42.25	40	33	2.5	2	28.2	60	61	90	100	102	5	9.5	2	2	0.35	1.7	1	178	235	3800	4800	7610E
32311	55	120	45.5	43	35	2.5	2	30.4	65	66	99	110	111	5	10	2.5	2	0.35	1.7	1	202	270	3400	4300	7611E
32312	60	130	48.5	46	37	3	2.5	32	72	72	107	118	122	6	11.5	2.5	2.1	0.35	1.7	1	228	302	3200	4000	7612E
32313	65	140	51	48	39	3	2.5	34.3	77	79	117	128	131	6	12	2.5	2.1	0.35	1.7	1	260	350	2800	3600	7613E
32314	70	150	54	51	42	3	2.5	36.5	82	84	125	138	141	6	12	2.5	2.1	0.35	1.7	1	298	408	2600	3400	7614E
32315	75	160	58	55	45	3	2.5	39.4	87	91	133	148	150	7	13	2.5	2.1	0.35	1.7	1	348	482	2400	3200	7615E
32316	80	170	61.5	58	48	3	2.5	42.1	92	97	142	158	160	7	13.5	2.5	2.1	0.35	1.7	1	388	542	2200	3000	7616E
32317	85	180	63.5	60	49	4	3	43.5	99	102	150	166	168	8	14.5	3	2.5	0.35	1.7	1	422	592	2000	2800	7617E
32318	90	190	67.5	64	53	4	3	46.2	104	107	157	176	178	8	14.5	3	2.5	0.35	1.7	1	478	682	1900	2600	7618E
32319	95	200	71.5	67	55	4	3	49	109	114	166	186	187	8	16.5	3	2.5	0.35	1.7	1	515	738	1800	2400	7619E
32320	100	215	77.5	73	60	4	3	52.9	114	122	177	201	201	8	17.5	3	2.5	0.35	1.7	1	600	872	1600	2000	7620E

表 9-46　圆柱滚子轴承（GB/T 283—1994 摘录）

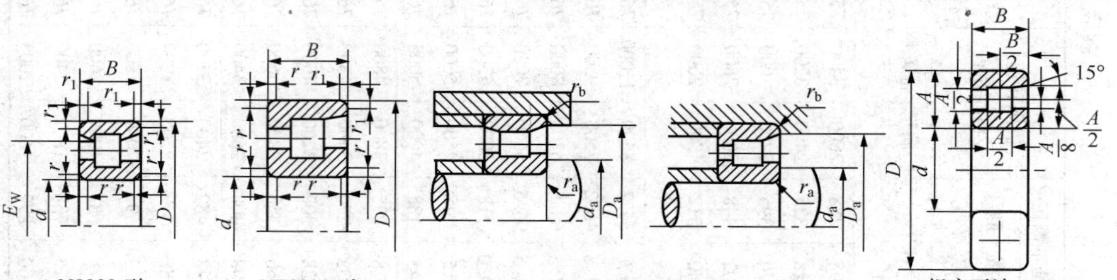

N0000 型　　NF0000 型　　安装尺寸　　规定画法

标记示例：滚动轴承 N216EGB/T 283—1994

径向当量动载荷		径向当量静载荷
$P_r=F_r$	对轴向承载的轴承（NF 型 2、3 系列） $P_r=F_r+0.3F_a$（$0\leqslant F_a/F_r\leqslant 0.12$） $P_r=0.94F_r+0.8F_a$（$0.12\leqslant F_a/F_r\leqslant 0.3$）	$P_{0r}+F_r$

轴承代号		尺寸/mm							安装尺寸/mm				基本额定动载荷 C_r/kN		基本额定静载荷 C_{0r}/kN		极限转速/(r/min)		原轴承代号	
		d	D	B	r_a	r_{1s}	E_w		d_a	D_a	r_{as}	r_{bs}								
					min		N 型	NF 型	min		max		N 型	NF 型	N 型	NF 型	脂润滑	油润滑		
(0) 2 尺寸系列																				
N204E	NF204	20	47	14	1	0.6	41.5	40	25	42	1	0.6	25.8	12.5	24.0	11.0	12000	16000	2204E	12204
N205E	NF205	25	52	15	1	0.6	46.5	45	30	47	1	0.6	27.5	14.2	26.8	12.8	10000	14000	2205E	12205
N206E	NF206	30	62	16	1	0.6	55.5	53.5	36	56	1	0.6	36.0	19.5	35.5	18.20	8500	11000	2206E	12206
N207E	NF207	35	72	17	1.1	0.6	64	61.8	42	64	1	0.6	4.5	28.5	48.0	28.0	7500	9500	2207E	12207
N208E	NF208	40	80	18	1.1	1.1	71.5	70	47	72	1	1	51.5	37.5	53.0	38.2	7000	9000	2208E	12208
N209E	NF209	45	85	19	1.1	1.1	76.5	75	52	77	1	1	58.5	39.8	63.8	41.0	6300	8000	2209E	12209
N210E	NF210	50	90	20	1.1	1.1	81.5	80.4	57	83	1	1	61.2	43.2	69.2	48.5	6000	7500	2210E	12210
N211E	NF211	55	100	21	1.5	1.1	90	88.5	64	91	1.5	1	80.2	52.8	95.5	60.2	5300	6700	2211E	12211
N212E	NF212	60	110	22	1.5	1.5	100	97	69	100	1.5	1.5	89.8	62.8	102	73.5	5000	6300	2212E	12212
N213E	NF213	65	120	23	1.5	1.5	108.5	105.5	74	108	1.5	1.5	102	73.2	118	87.5	4500	5600	2213E	12213
N214E	NF214	70	125	24	1.5	1.5	113.5	110.5	79	114	1.5	1.5	112	73.2	135	87.5	4300	5300	2214E	12214
N215E	NF215	75	130	25	1.5	1.5	118.5	118.3	84	120	1.5	1.5	125	89.0	155	110	4000	5000	2215E	12215
N216E	NF216	80	140	26	2	2	127.3	125	90	128	2	2	132	102	165	125	3800	4800	2216E	12216
N217E	NF217	85	150	28	2	2	136.5	135.5	95	137	2	2	158	115	192	145	3600	4500	2217E	12217
N218E	NF218	90	160	30	2	2	145	143	100	146	2	2	172	142	215	178	3400	4300	2218E	12218
N219E	NF219	95	170	32	2.1	2.1	154.5	151.5	107	155	2.1	2.1	208	152	262	190	3200	4000	2219E	12219
N220E	NF220	100	180	34	2.1	2.1	163	160	112	164	2.1	2.1	235	168	302	212	3000	3800	2220E	12220
(0) 3 尺寸系列																				
N304E	NF304	20	52	15	1.1	0.6	45.5	44.5	26.5	47	1	0.6	29.0	18.0	25.5	15.0	11000	15000	2204E	12304
N305E	NF305	25	62	17	1.1	1.1	54	53	31.5	55	1	1	38.5	25.5	35.8	22.5	9000	12000	2305E	12305
N306E	NF306	30	72	19	1.1	1.1	62.5	62	37	64	1	1	49.2	33.5	48.2	31.5	8000	10000	2306E	12306
N307E	NF307	35	80	21	1.5	1.1	70.2	68.2	44	71	1.5	1	62.0	41.0	63.2	39.2	7000	9000	2307E	12307
N308E	NF308	40	90	23	1.5	1.5	80	77.5	49	80	1.5	1.5	76.8	48.8	77.8	47.5	6300	8000	2308E	12308
N309E	NF309	45	100	25	1.5	1.5	88.5	86.5	54	89	1.5	1.5	93.0	66.8	98.0	66.8	5600	7000	2309E	12309
N310E	NF310E	50	110	27	2	2	97	95	60	98	2	2	105	76.0	112	79.5	5300	6700	2310E	12310
N311E	NF311E	55	120	29	2	2	106.5	104.5	65	107	2	2	128	97.8	138	105	4800	6000	2311E	12311

续表

轴承代号		尺寸/mm							安装尺寸/mm				基本额定动载荷 C_r/kN		基本额定静载荷 C_{0r}/kN		极限转速/(r/min)		原轴承代号	
		d	D	B	r_a	r_{1s}	E_w		d_a	D_a	r_{as}	r_{bs}								
					min		N 型	NF 型	min		max		N 型	NF 型	N 型	NF 型	脂润滑	油润滑		
									(0) 3 尺寸系列											
N312E	NF312	60	130	31	2.1	2.1	115	113	72	116	2.1	2.1	142	118	155	128	4500	5600	2312e	12312
N313E	NF313	65	140	33	2.1		124.5	121.5	77	125	2.1		170	125	188	135	4000	5000	2313E	12313
N314E	NF314	70	150	35	2.1		133	130	82	134	2.1		195	145	220	162	3800	4800	2314E	12314
N315E	NF315	75	160	37	2.1		143	139.5	87	143	2.1		228	165	260	188	3600	4500	2315E	12315
N316E	NF316	80	170	39	2.1		151	147	92	151	2.1		245	175	282	200	3400	4300	2316E	12316
N317E	NF317	85	180	41	3		160	156	99	160	2.5		280	212	332	242	3200	4000	2317E	12317
N318E	NF318	90	190	43	3		169.5	165	104	169	2.5		298	228	348	265	3000	3800	2318E	12318
N319E	NF319	95	200	45	3		177.5	173.5	109	178	2.5		315	245	380	288	2800	3600	2319E	12319
N320E	NF320	100	215	47	3		191.5	185.5	114	190	2.5		365	232	425	340	2600	3200	2320E	12320
									(0) 4 尺寸系列											
N406		30	90	23	1.5		73		39	—	1.5		57.2		53.0		7000	9000	2406	
N407		35	100	25	1.5		83		44	—	1.5		70.8		68.2		6000	7500	2407	
N408		40	110	27	2		92		50	—	2		90.5		89.8		5600	7000	2408	
N409		45	120	29	2		100.5		55	—	2		102		100		5000	6300	2409	
N410		50	130	31	2.1		110.8		62	—	2.1		120		120		4800	6000	2410	
N411		55	140	33	2.1		117.2		67	—	2.1		128		132		4300	5300	2411	
N412		60	150	35	2.1		127		72	—	2.1		155		162		4000	5000	2412	
N413		65	160	37	2.1		135.3		77	—	2.1		170		178		3800	4800	2413	
N414		70	180	42	3		152		84	—	2.5		215		232		3400	4300	2414	
N415		75	190	45	3		160.5		89	—	2.5		250		272		3200	4000	2415	
N416		80	200	48	3		170		94	—	2.5		285		315		3000	3800	2416	
N417		85	210	52	4		179.5		103	—	3		312		345		2800	3600	2417	
N418		90	225	54	4		191.5		108	—	3		352		392		2400	3200	2418	
N419		95	240	55	4		201.5		113	—	3		378		428		2200	3000	2419	
N420		100	250	58	4		211		118	—	3		418		480		2000	2800	2420	
									22 尺寸系列											
N2204E		20	47	18	1	0.6	41.5		25	42	1	0.6	30.8		30.0		12000	16000	2504E	
N2205E		25	52	18	1	0.6	46.5		30	47	1	0.6	32.8		33.8		11000	14000	2505E	
N2206E		30	62	20	1	0.6	55.5		36	56	1	0.6	45.5		48.0		8500	11000	2506E	
N2207E		35	72	23	1.1	0.6	64		42	64	1	0.6	57.5		63.0		7500	9500	2507E	
N2208E		40	80	23	1.1	1.1	71.5		47	72	1	1	67.5		75.5		7000	9000	2508E	
N2209E		45	85	23	1.1	1.1	76.5		52	77	1	1	71.0		82.0		6300	8000	2509E	
N2210E		50	90	23	1.1	1.1	81.5		57	83	1	1	74.2		88.8		6000	7500	2510E	
N2211E		55	100	25	1.5	1.1	90		64	91	1.5	1	94.8		118		5300	6700	2511E	
N2212E		60	110	28	1.5	1.5	100		69	100	1.5	1.5	122		152		5000	6300	2512E	
N2213E		65	120	31	1.5	1.5	108.5		74	108	1.5	1.5	142		180		4500	5600	2513E	
N2214E		70	125	31	1.5	1.5	113.5		79	114	1.5	5	148		192		4300	5300	2514E	
N2215E		75	130	31	1.5	1.5	118.5		84	120	1.5	1.5	155		205		4000	5000	2515E	
N2216E		80	140	33	2	2	127.3		90	128	2	2	178		242		3800	4800	2516E	
N2217E		85	150	36	2	2	136.5		95	137	2	2	205		272		3600	4500	2517E	
N2218E		90	160	40	2	2	145		100	146	2	2	230		312		3400	4300	2518E	
N2219E		95	170	43	2.1	2.1	154.5		107	155	2.1	2.1	275		368		3200	4000	2519E	
N2220E		100	180	46	2.1	2.1	163		112	164	2.1	2.1	318		440		3000	3800	2520E	

注：1. r_{smin}、r_{1smin}分别为 r、r_1 的单向最小倒角尺寸；r_{asmax}、r_{bsmax}分别为 r_{as}、r_{bs}的单向最大倒角尺寸。
2. 后缀带 E 为加强型圆柱滚子轴承，应优先选用。

9.5 联 轴 器

表 9-47 轴孔和键槽的形式、代号及系列尺寸（GB/T 3852—1997） （单位：mm）

	长圆柱形轴孔（Y型）	有沉孔的短圆柱形轴孔（J型）	无沉孔的短圆柱形轴孔（J_1型）	有沉孔的圆锥形轴孔（Z型）
轴孔	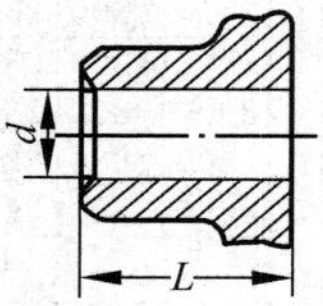	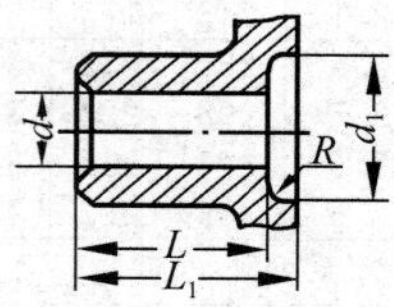	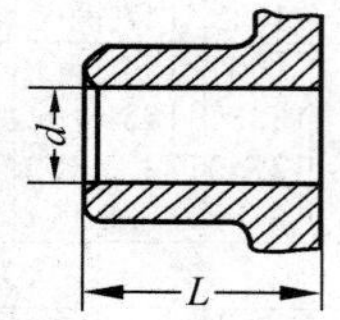	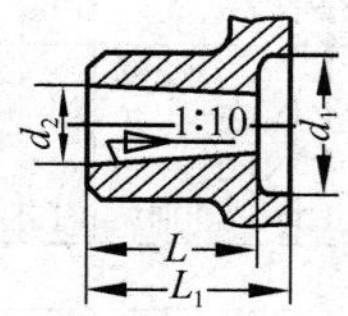
键槽	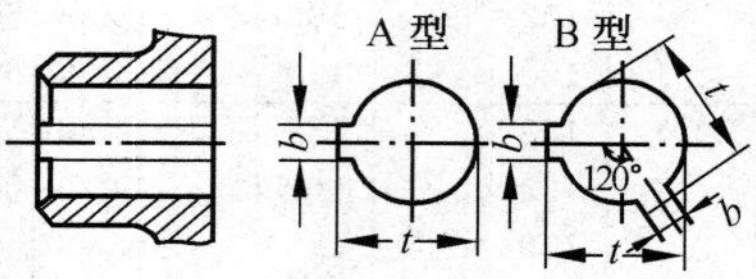		b、t尺寸见 GB 1095—1979	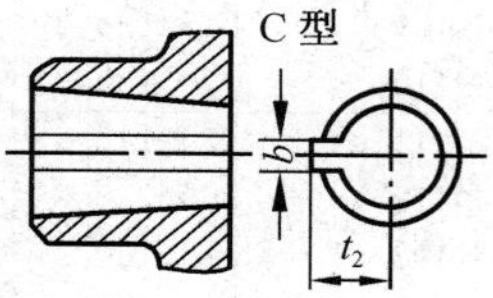

轴孔和C型键槽尺寸

直径	轴孔长度			沉孔		C型键槽			直径	轴孔长度			沉孔		C型键槽		
d、d_z	L Y型	L J、J_1、Z型	L_1	d_1	R	b	t_2 公称尺寸	t_2 极限偏差	d、d_z	L Y型	L J、J_1、Z型	L_1	d_1	R	b	t_2 公称尺寸	t_2 极限偏差
16	42	30	42	38	1.5	3	8.7	±0.1	55	112	84	112	95	2.5	14	29.2	±0.2
18						4	10.1		56							29.7	
19							10.6		60	142	107	142	105		16	31.7	
20	52	38	52				10.9		63							32.2	
22							11.9		65							34.2	
24						5	13.4		70				120		18	36.8	
25	62	44	62	48			13.7		71							37.3	
28							15.2		75							39.3	
30	82	60	82	55			15.8		80	172	132	172	140		20	41.6	
32					2	6	17.3		85					3		44.1	
35							18.3		90				160		22	47.1	
38				65			20.3		95							49.6	
40	112	84	112			10	21.2	±0.2	100	212	167	212	180		25	51.3	
42							22.2		110							56.3	
45				80		12	23.7		120				210		28	62.3	
48							25.2		125					4		64.8	
50				95			26.2		130	252	202	252	235			66.4	

续表

轴孔与轴伸的配合、键槽宽度 b 的极限偏差				
d、d_z/mm	圆柱形轴孔与轴伸的配合		圆锥形轴孔的直径偏差	键槽宽度 b 的极限偏差
6～30	H7/j6	根据使用要求也可选用 H7/r6 或 H7/n6	Js10 （圆锥角度及圆锥形状公差应小于直径公差）	P9 （或 Js9、D10）
＞30～50	H7/k6			
＞50	H7/m6			

注：无沉孔的圆锥形轴孔（Z_1 型）和 B_1 型、D 型键槽尺寸，详见 GB 3852—1983。

表 9-48　凸缘联轴器（GB 5843—2003 摘录）

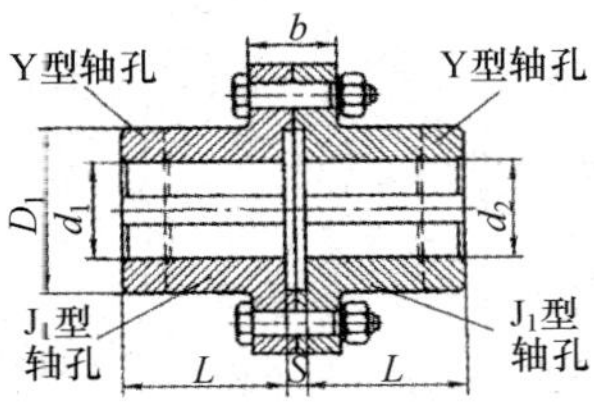

GY型—基本型

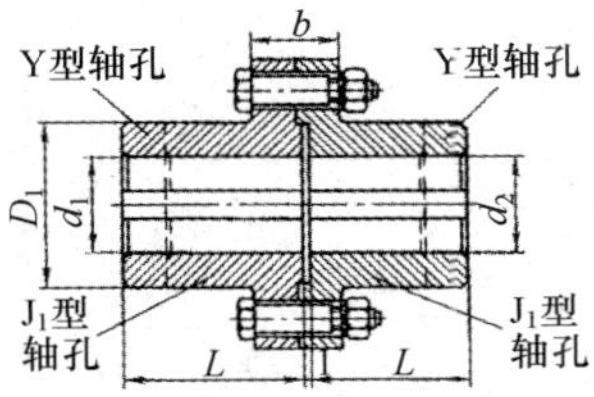

GYS型—对中榫型

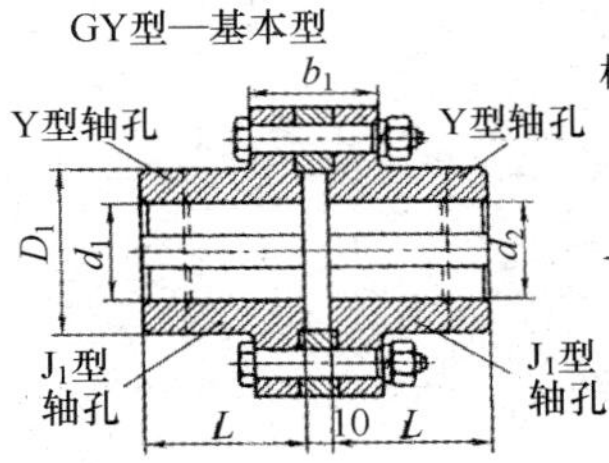

GYH型—对中环型

零件名称	材　料
半联轴器	35
对中环	
螺栓	性能等级 8.8 级
螺母	性能等级 8 级

标记示例：

例 1：　GY5 凸缘联轴器

主动端：Y 型轴孔、A 型键槽，d=30，L=82

主动端：J_1 型轴孔、A 型键槽，d=30，L=60。标记为：

$$\text{GY5 联轴器}\ \frac{30\times 82}{J_1 30\times 60}\ \text{GB/T 5843—2003}$$

例 2：　GY6 凸缘联轴器

主动端：J_1 型轴孔、A 型键槽，d=45，L=84

主动端：J_1 型轴孔、A 型键槽，d=45，L=84。标记为：

GYS6 联轴器 $J_1 45\times 84$GB/T 5843—2003

凸缘联轴器基本参数和主要尺寸

型号	公称转矩 T_n	许用转速 n_p	轴孔直径 d_1、d_2	轴孔长度 L		D	D_1	b	b_1	S	转动惯量	质量
				Y 型	J_1 型							
	N·m	r / min	mm								kg·m^2	kg
GY1 GYS1 GYH1	25	12000	12	32	27	80	30	26	42	6	0.0008	1.16
			14									
			16	42	30							
			18									
			19									
GY2 GYS2 GYH2	63	10000	16	42	30	90	40	28	44	6	0.0015	1.72
			18									
			19									
			20	52	38							
			22									
			24									
			25	62	44							

续表

<table>
<tr><th rowspan="2">型号</th><th>公称转矩 T_n</th><th>许用转速 n_p</th><th rowspan="2">轴孔直径 d_1d_2</th><th colspan="2">轴孔长度 L</th><th rowspan="2">D</th><th rowspan="2">D_1</th><th rowspan="2">b</th><th rowspan="2">b_1</th><th rowspan="2">S</th><th>转动惯量</th><th>质量</th></tr>
<tr><th>N·m</th><th>r / min</th><th>Y 型</th><th>J_1 型</th><th>kg·m^2</th><th>kg</th></tr>
<tr><td></td><td></td><td></td><td colspan="8">mm</td><td></td><td></td></tr>
<tr><td rowspan="5">GY3
GYS3
GYH3</td><td rowspan="5">112</td><td rowspan="5">9500</td><td>20</td><td rowspan="3">52</td><td rowspan="3">38</td><td rowspan="5">100</td><td rowspan="5">45</td><td rowspan="5">30</td><td rowspan="5">45</td><td rowspan="5">6</td><td rowspan="5">0.0025</td><td rowspan="5">2.38</td></tr>
<tr><td>22</td></tr>
<tr><td>24</td></tr>
<tr><td>25</td><td rowspan="2">62</td><td rowspan="2">44</td></tr>
<tr><td>28</td></tr>
<tr><td rowspan="5">GY4
GYS4
GYH4</td><td rowspan="5">224</td><td rowspan="5">9000</td><td>25</td><td rowspan="2">62</td><td rowspan="2">44</td><td rowspan="5">105</td><td rowspan="5">35</td><td rowspan="5">32</td><td rowspan="5">48</td><td rowspan="5">6</td><td rowspan="5">0.003</td><td rowspan="5">3.15</td></tr>
<tr><td>28</td></tr>
<tr><td>30</td><td rowspan="3">82</td><td rowspan="3">60</td></tr>
<tr><td>32</td></tr>
<tr><td>35</td></tr>
<tr><td rowspan="6">GY5
GYS5
GYH5</td><td rowspan="6">400</td><td rowspan="6">8000</td><td>30</td><td rowspan="4">82</td><td rowspan="4">60</td><td rowspan="6">120</td><td rowspan="6">68</td><td rowspan="6">36</td><td rowspan="6">52</td><td rowspan="6">8</td><td rowspan="6">0.007</td><td rowspan="6">5.43</td></tr>
<tr><td>32</td></tr>
<tr><td>35</td></tr>
<tr><td>38</td></tr>
<tr><td>40</td><td rowspan="2">112</td><td rowspan="2">84</td></tr>
<tr><td>42</td></tr>
<tr><td rowspan="6">GY6
GYS6
GYH6</td><td rowspan="6">900</td><td rowspan="6">6800</td><td>38</td><td>82</td><td>60</td><td rowspan="6">140</td><td rowspan="6">80</td><td rowspan="6">40</td><td rowspan="6">56</td><td rowspan="6">8</td><td rowspan="6">0.015</td><td rowspan="6">7.59</td></tr>
<tr><td>40</td><td rowspan="5">112</td><td rowspan="5">84</td></tr>
<tr><td>42</td></tr>
<tr><td>45</td></tr>
<tr><td>48</td></tr>
<tr><td>50</td></tr>
<tr><td rowspan="6">GY7
GYS7
GYH7</td><td rowspan="6">1600</td><td rowspan="6">6000</td><td>48</td><td rowspan="4">112</td><td rowspan="4">84</td><td rowspan="6">160</td><td rowspan="6">100</td><td rowspan="6">40</td><td rowspan="6">56</td><td rowspan="6">8</td><td rowspan="6">0.031</td><td rowspan="6">13.1</td></tr>
<tr><td>50</td></tr>
<tr><td>55</td></tr>
<tr><td>56</td></tr>
<tr><td>60</td><td rowspan="2">142</td><td rowspan="2">107</td></tr>
<tr><td>63</td></tr>
<tr><td rowspan="7">GY8
GYS8
GYH8</td><td rowspan="7">3150</td><td rowspan="7">4800</td><td>60</td><td rowspan="6">142</td><td rowspan="6">107</td><td rowspan="7">200</td><td rowspan="7">130</td><td rowspan="7">50</td><td rowspan="7">68</td><td rowspan="7">10</td><td rowspan="7">0.103</td><td rowspan="7">27.5</td></tr>
<tr><td>63</td></tr>
<tr><td>65</td></tr>
<tr><td>70</td></tr>
<tr><td>71</td></tr>
<tr><td>75</td></tr>
<tr><td>80</td><td>172</td><td>132</td></tr>
</table>

表 9-49　弹性柱销联轴器（GB 5014—2003 摘录）

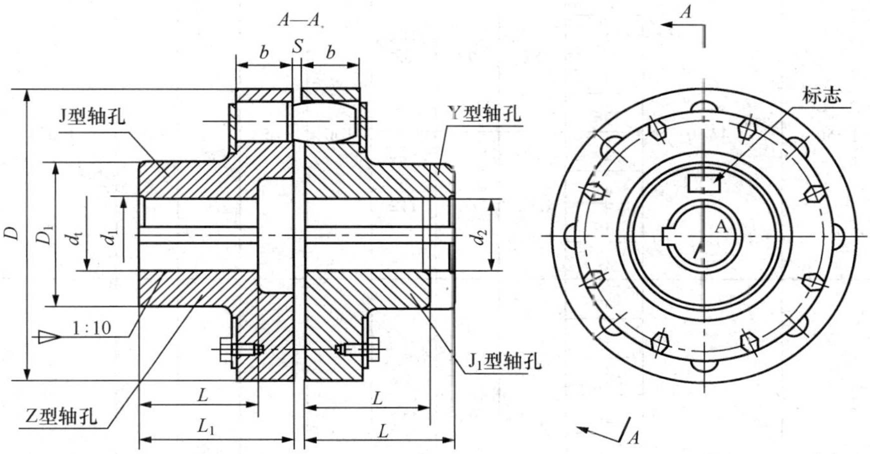

型号	公称转矩 T_n/(N·m)	许用转速[n]/(r/min)	轴孔直径 d_1、d_2、d_z	轴孔长度 L：Y 型 L	J、J_1、Z 型 L	J、J_1、Z 型 L_1	D	D_1	b	S	转动惯量 J/(kg·m^2)	质量 m/kg
LX1	250	8500	12	32	27	—	90	40	20	2.5	0.002	2
			14									
			16	42	30	42						
			18									
			19									
			20	52	38	52						
			22									
			24									
LX2	560	6300	20	52	38	52	120	55	28	2.5	0.009	5
			22									
			24	62	44	62						
			25									
			28									
			30	82	60	82						
			32									
			35									

续表

型号	公称转矩 T_n/(N·m)	许用转速[n]/(r/min)	轴孔直径 d_1、d_2、d_z	轴孔长度 L Y型 L	轴孔长度 L J、J_1、Z型 L	轴孔长度 L J、J_1、Z型 L_1	D	D_1	b	S	转动惯量 J/(kg·m²)	质量 m/kg
LX3	1 250	4 750	30	82	60	82	160	75	36	2.5	0.026	8
			32									
			35									
			38									
			40	112	84	112						
			42									
			45									
			48									
LX4	2 500	3 870	40	112	84	112	195	100	45	3	0.109	22
			42									
			45									
			48									
			50									
			55									
			56									
			60	142	107	142						
			63									
LX5	3 150	3 450	50	112	84	112	220	120	45	3	0.191	30
			55									
			56									
			60	142	107	142						
			63									
			65									
			70									
			71									
			75									
LX6	6 300	2 720	60	142	107	142	280	140	56	4	0.543	53
			63									
			65									
			70									
			71									
			75									

表 9-50　弹性套柱销联轴器（GB 4323—2002 摘录）　　（单位：mm）

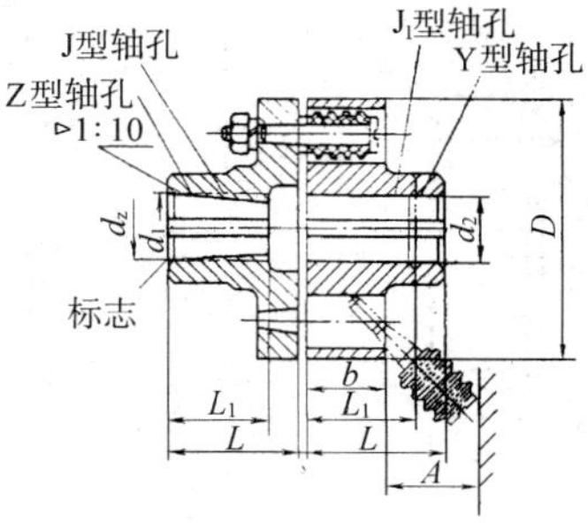

工作温度：$-20\sim70$℃。

标记示例：

LT5 弹性套柱销联轴器

主动端：J_1 型轴孔、A 型键槽，d=30mm、L=20mm

从动端：J_1 型轴孔、A 型键槽，d=35mm、L=50mm。标记为：

LT5 联轴器 $\dfrac{J_1 30\times50}{J_1 35\times50}$ GB/T 4323—2002

<table>
<tr><th rowspan="4">型号</th><th rowspan="3">公称转矩 T_n</th><th rowspan="3">许用转速 n_p</th><th rowspan="3">轴孔直径 d_1、d_2、d_z</th><th colspan="4">轴孔长度 L</th><th rowspan="3">D</th><th rowspan="3">b</th><th rowspan="3">s</th><th rowspan="3">A</th><th rowspan="3">质量</th><th rowspan="3">转动惯量</th></tr>
<tr><th>Y 型</th><th colspan="2">J、J_1、Z 型</th><th rowspan="2">$L_{推荐}$</th></tr>
<tr><th>L</th><th>L_1</th><th>L</th></tr>
<tr><th>N·m</th><th>$r\cdot min^{-1}$</th><th colspan="9">mm</th><th>kg</th><th>$kg\cdot m^2$</th></tr>
<tr><td rowspan="3">LT1</td><td rowspan="3">6.3</td><td rowspan="3">8800</td><td>9</td><td>50</td><td>14</td><td rowspan="4">—</td><td rowspan="3">25</td><td rowspan="3">71</td><td rowspan="5">16</td><td rowspan="5">3</td><td rowspan="5">18</td><td rowspan="3">0.82</td><td rowspan="3">0.0005</td></tr>
<tr><td>10、11</td><td>25</td><td>17</td></tr>
<tr><td>12、14</td><td rowspan="2">32</td><td rowspan="2">20</td></tr>
<tr><td rowspan="2">LT2</td><td rowspan="2">16</td><td rowspan="2">7600</td><td>12、14</td><td rowspan="2">35</td><td rowspan="2">80</td><td rowspan="2">1.20</td><td rowspan="2">0.0008</td></tr>
<tr><td>16、18、19</td><td rowspan="2">42</td><td rowspan="2">30</td><td rowspan="2">42</td></tr>
<tr><td rowspan="2">LT3</td><td rowspan="2">31.5</td><td rowspan="2">6300</td><td>16、18、19</td><td rowspan="2">38</td><td rowspan="2">95</td><td rowspan="4">23</td><td rowspan="4">4</td><td rowspan="4">35</td><td rowspan="2">2.20</td><td rowspan="2">0.0023</td></tr>
<tr><td>20、22</td><td rowspan="2">52</td><td rowspan="2">38</td><td rowspan="2">52</td></tr>
<tr><td rowspan="2">LT4</td><td rowspan="2">63</td><td rowspan="2">5700</td><td>20、22、24</td><td rowspan="2">40</td><td rowspan="2">106</td><td rowspan="2">2.84</td><td rowspan="2">0.0037</td></tr>
<tr><td>25、28</td><td rowspan="2">62</td><td rowspan="2">44</td><td rowspan="2">62</td></tr>
<tr><td rowspan="2">LT5</td><td rowspan="2">125</td><td rowspan="2">4600</td><td>25、28</td><td rowspan="2">50</td><td rowspan="2">130</td><td rowspan="5">38</td><td rowspan="5">5</td><td rowspan="5">45</td><td rowspan="2">6.05</td><td rowspan="2">0.0120</td></tr>
<tr><td>30、32、35</td><td rowspan="2">82</td><td rowspan="2">60</td><td rowspan="2">82</td></tr>
<tr><td rowspan="2">LT6</td><td rowspan="2">250</td><td rowspan="2">3800</td><td>32、35、38</td><td rowspan="2">55</td><td rowspan="2">160</td><td rowspan="2">9.57</td><td rowspan="2">0.0280</td></tr>
<tr><td>40、42</td><td rowspan="3">112</td><td rowspan="3">84</td><td rowspan="3">112</td></tr>
<tr><td>LT7</td><td>500</td><td>3600</td><td>40、42、45、48</td><td>65</td><td>190</td><td>14.01</td><td>0.0550</td></tr>
<tr><td rowspan="2">LT8</td><td rowspan="2">710</td><td rowspan="2">3000</td><td>45、48、50、55、56</td><td rowspan="2">70</td><td rowspan="2">224</td><td rowspan="4">48</td><td rowspan="4">6</td><td rowspan="4">65</td><td rowspan="2">23.12</td><td rowspan="2">0.1340</td></tr>
<tr><td>60、63</td><td>142</td><td>107</td><td>142</td></tr>
<tr><td rowspan="2">LT9</td><td rowspan="2">1000</td><td rowspan="2">2850</td><td>50、55、56</td><td>112</td><td>84</td><td>112</td><td rowspan="2">80</td><td rowspan="2">250</td><td rowspan="2">30.69</td><td rowspan="2">0.2130</td></tr>
<tr><td>60、63、65、70、71</td><td rowspan="2">142</td><td rowspan="2">107</td><td rowspan="2">142</td></tr>
<tr><td rowspan="2">LT10</td><td rowspan="2">2000</td><td rowspan="2">2300</td><td>63、65、70、71、75</td><td rowspan="2">100</td><td rowspan="2">315</td><td rowspan="2">58</td><td rowspan="2">8</td><td rowspan="2">80</td><td rowspan="2">61.40</td><td rowspan="2">0.6600</td></tr>
<tr><td>80、85、90、95</td><td rowspan="2">172</td><td rowspan="2">132</td><td rowspan="2">172</td></tr>
<tr><td rowspan="2">LT11</td><td rowspan="2">4000</td><td rowspan="2">1800</td><td>80、85、90、95</td><td rowspan="2">115</td><td rowspan="2">400</td><td rowspan="2">73</td><td rowspan="2">10</td><td rowspan="2">100</td><td rowspan="2">120.70</td><td rowspan="2">2.1220</td></tr>
<tr><td>100、110</td><td rowspan="2">212</td><td rowspan="2">167</td><td rowspan="2">212</td></tr>
<tr><td rowspan="2">LT12</td><td rowspan="2">8000</td><td rowspan="2">1450</td><td>100、110、120、125</td><td rowspan="2">135</td><td rowspan="2">475</td><td rowspan="2">90</td><td rowspan="2">12</td><td rowspan="2">130</td><td rowspan="2">210.34</td><td rowspan="2">5.3900</td></tr>
<tr><td>130</td><td>252</td><td>202</td><td>252</td></tr>
<tr><td rowspan="3">LT13</td><td rowspan="3">16000</td><td rowspan="3">1150</td><td>120、125</td><td>212</td><td>167</td><td>212</td><td rowspan="3">160</td><td rowspan="3">600</td><td rowspan="3">110</td><td rowspan="3">14</td><td rowspan="3">180</td><td rowspan="3">419.36</td><td rowspan="3">17.5800</td></tr>
<tr><td>130、140、150</td><td>252</td><td>202</td><td>252</td></tr>
<tr><td>160、170</td><td>302</td><td>242</td><td>302</td></tr>
</table>

注：1. 质量、转动惯量是按无孔、$L_{推荐}$计算的近似值。

2. 尺寸 b、s 摘自重型机械标准。

表 9-51　十字滑块联轴器　　（单位：mm）

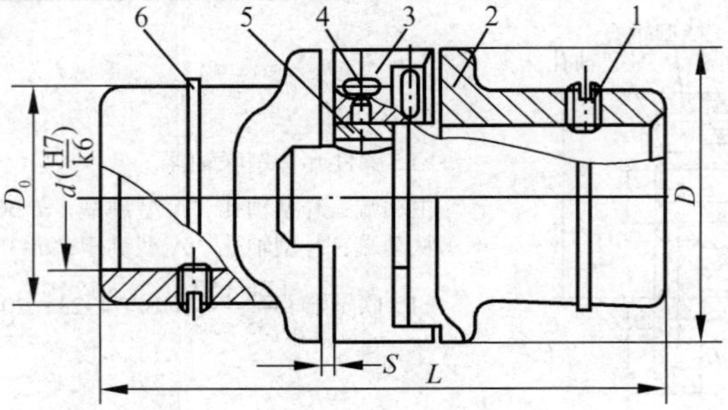

联轴器装配位置偏差

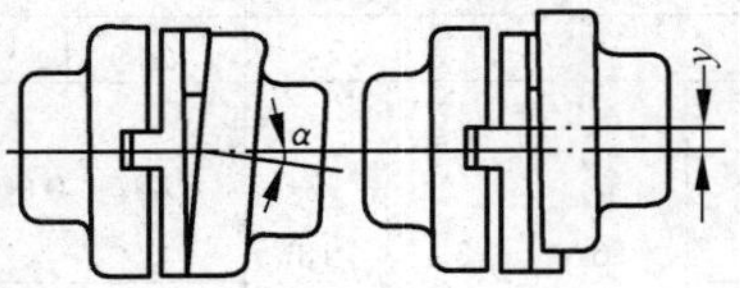

$\alpha \leqslant 30'$　　$y \leqslant 0.04d$

序号	名　　称	数量	材　　料
1	平端紧定螺钉 GB 73—1985	2	35
2	半联轴器	2	ZG 310—570
3	圆盘	1	45
4	压配式注油杯 GB 1155—1989	2	
5	套筒	1	Q 255
6	锁圈	2	弹簧钢丝

d	许用转矩/(N·m)	许用转速/(r/min)	D_0	D	L	S
15，17，18	120	250	32	70	95	$0.5^{+0.3}_{0}$
20，25，30	250	250	45	90	115	$0.5^{+0.3}_{0}$
36，40	500	250	60	110	160	$0.5^{+0.3}_{0}$
45，50	800	250	80	130	200	$0.5^{+0.3}_{0}$
55，60	1 250	250	95	150	240	$0.5^{+0.3}_{0}$
65，70	2 000	250	105	170	275	$0.5^{+0.3}_{0}$
75，80	3 200	250	115	190	310	$0.5^{+0.3}_{0}$
85，90	5 000	250	130	210	355	$1.0^{+0.5}_{0}$
95，100	8 000	250	140	240	395	$1.0^{+0.5}_{0}$
110，120	10 000	100	170	280	435	$1.0^{+0.5}_{0}$
130，140	16 000	100	190	320	485	$1.0^{+0.5}_{0}$
150	20 000	100	210	340	550	$1.0^{+0.5}_{0}$

9.6 密封件和润滑剂

表 9-52 毡圈油封及槽（参考） （单位：mm）

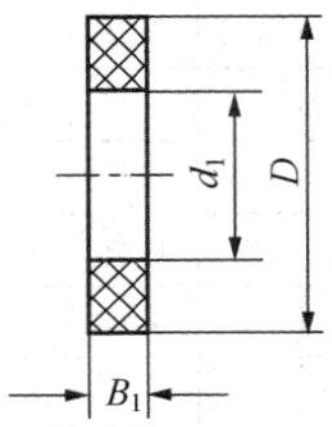

毡圈

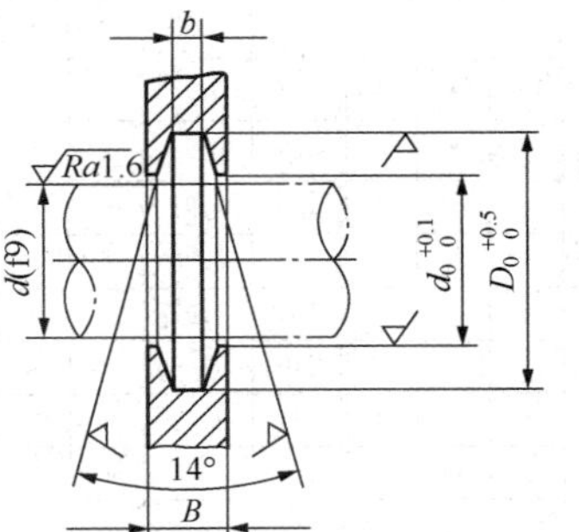

装毡圈的沟槽尺寸 $\sqrt{} = \sqrt{Ra25}$

轴径 d	毡圈			槽				
	D	d_1	B_1	D_0	d_0	b	B_{min} 钢	B_{min} 铸铁
15	29	14	6	23	16	5	10	12
20	33	19		32	21			
25	39	24	7	33	26	6	12	15
30	45	29		44	31			
35	49	34		43	36			
40	53	39		52	41			
45	61	44	8	60	46	7		
50	69	49		68	51			
55	74	53		72	56			
60	80	58		78	61			
65	84	63		82	66			
70	90	68		88	71			
75	94	73		92	77			
80	102	78	9	100	82	8	15	18
85	107	83		105	87			
90	112	88		110	92			
95	117	93	10	115	97			
100	122	98		120	102			

注：本表内的数值适用于线速度 $v<5\text{m/s}$。

表 9-53 O 形橡胶密封圈（GB/T 3452.1—2005 摘录） （单位：mm）

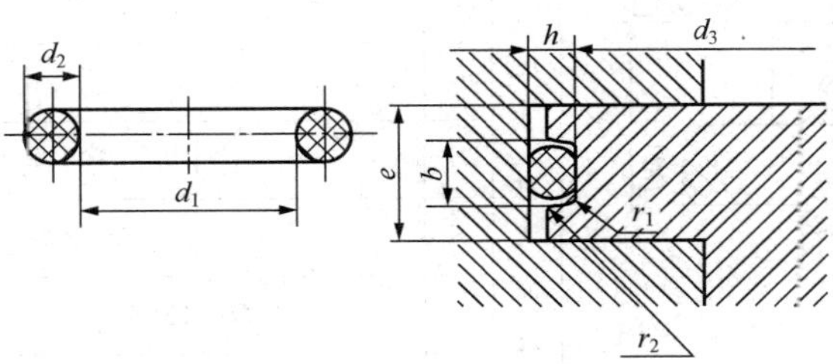

标记示例：

40×3.55 GB/T 3452.1

（内径 $d_1=40.0\text{mm}$，截面直径 $d_2=3.55\text{mm}$ 的通用 O 形密封圈）

沟槽尺寸（GB/T 3452.3—2005）					
d_2	$b^{+0.25}_{0}$	$h^{+0.10}_{0}$	d_3 偏差值	r_1	r_2
1.8	2.4	1.38	0 −0.04	0.2～0.4	0.1～0.3
2.65	3.6	2.07	0 −0.05	0.4～0.8	
3.55	4.8	2.74	0 −0.06		
5.3	7.1	4.19	0 −0.07	0.8～1.2	
7.0	9.5	5.67	0 −0.09		

续表

内径		截面直径 d_2			内径		截面直径 d_2				内径		截面直径 d_2			内径		截面直径 d_2			
d_1	极限偏差	1.80±0.08	2.65±0.09	3.55±0.10	d_1	极限偏差	1.80±0.08	2.65±0.09	3.55±0.10	5.30±0.13	d_1	极限偏差	2.65±0.09	3.55±0.10	5.30±0.13	d_1	极限偏差	2.65±0.09	3.55±0.10	5.30±0.13	7.0±0.15
13.2	0.21	*	*		33.5	0.36	*	*	*		56.0	0.52	*	*	*	95.0	0.79	*	*	*	
14.0	0.22	*	*		34.5	0.37	*	*	*		58.0	0.54	*	*	*	97.5	0.81	*	*	*	
15.0	0.22	*	*		35.5	0.38	*	*	*		60.0	0.55	*	*	*	100	0.82	*	*	*	
16.0	0.23	*	*		36.5	0.38	*	*	*		61.5	0.56	*	*	*	103	0.85	*	*	*	
17.0	0.24	*	*		37.5	0.39	*	*	*		63.0	0.57	*	*	*	106	0.87	*	*	*	
18.0	0.25	*	*	*	38.7	0.40	*	*	*		65.0	0.58	*	*	*	109	0.89	*	*	*	
19.0	0.25	*	*	*	40.0	0.41	*	*	*	*	67.0	0.60	*	*	*	112	0.91	*	*	*	*
20.0	0.26	*	*	*	41.2	0.42	*	*	*	*	69.0	0.61	*	*	*	115	0.93	*	*	*	*
21.2	0.27	*	*	*	42.5	0.43	*	*	*	*	71.0	0.63	*	*	*	118	0.95	*	*	*	*
22.4	0.28	*	*	*	43.7	0.44	*	*	*	*	73.0	0.64	*	*	*	122	0.97	*	*	*	*
23.6	0.29	*	*	*	45.0	0.44	*	*	*	*	75.0	0.65	*	*	*	125	0.99	*	*	*	*
25.0	0.30	*	*	*	46.2	0.45	*	*	*	*	77.5	0.67	*	*	*	128	1.01	*	*	*	*
25.8	0.31	*	*	*	47.5	0.46	*	*	*	*	80.0	0.69	*	*	*	132	1.04	*	*	*	*
26.5	0.31	*	*	*	48.7	0.47	*	*	*	*	82.5	0.71	*	*	*	136	1.07	*	*	*	*
28.0	0.32	*	*	*	50.0	0.48	*	*	*	*	85.0	0.72	*	*	*	140	1.09	*	*	*	*
30.0	0.34	*	*	*	51.5	0.49		*	*	*	87.5	0.74	*	*	*	145	1.13	*	*	*	*
31.5	0.35		*	*	53.0	0.50		*	*	*	90.0	0.76	*	*	*	150	1.16	*	*	*	*
32.5	0.36	*	*	*	54.5	0.51		*	*	*	92.5	0.77	*	*	*	155	1.18	*	*	*	*

表 9-54　J 型无骨架橡胶油封　　（单位：mm）

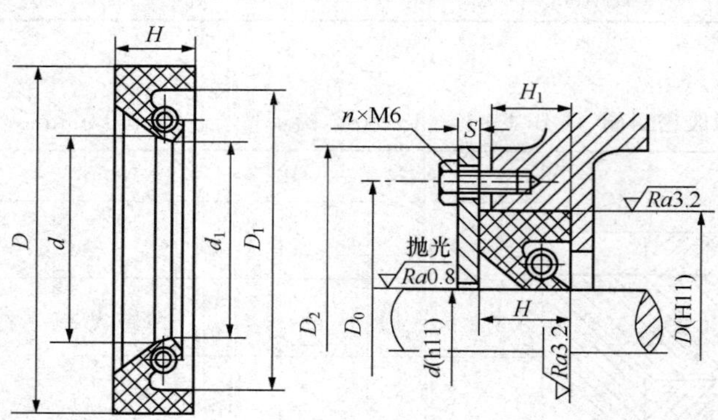

标记示例：

J 型油封 50×75×12 橡胶 I-1HG4-338—1966

（d=50mm、D=75mm、H=12mm、材料为耐油橡胶Ⅰ-1 的 J 形无骨架橡胶油封）

轴径 d		30～95（按 5 进位）	100～170（按 10 进位）
油封尺寸	D	d+25	d+30
	D_1	d+16	d+20
	d_1	d－1	
	H	12	16
油封槽尺寸	S	6～8	8～10
	D_0	D+15	
	D_2	D_0+15	
	n	4	6
	H_1	H－(1～2)	

表 9-55　旋转轴唇形密封圈的型式、尺寸及其安装要求（GB 13871—1992 摘录）

（单位：mm）

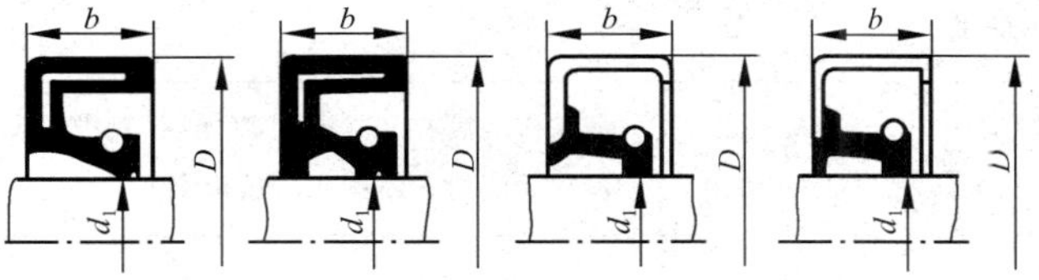

B 型 内包骨架型　　FB 型 带副唇内包骨架型　　W 型 外露骨架型　　FW 型 带副唇外露骨架型

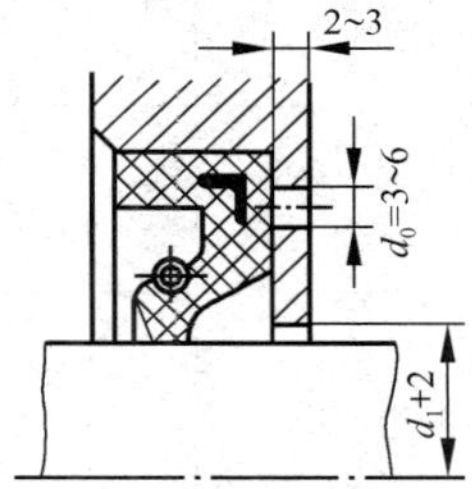

安装图

标记示例：

（F）B　120　150　GB 13871—1992

（带副唇的内包骨架型旋转轴唇形密封圈，d_1=120，D=150）

d_1	D	b	d_1	D	b	d_1	D	b
6	16，22	7	25	40，47，52	7	55	72，(75)，80	8
7	22	7	28	40，47，52	7	60	80，85	8
8	22，24	7	30	42，47，(50)	7	65	85，90	10
9	22	7	30	52	8	70	90，95	10
10	22，25	7	32	45，47，52	8	75	95，100	10
12	24，25，30	7	35	50，52，55	8	80	100，110	10
15	26，30，35	7	38	52，58，62	8	85	110，120	12
16	30，(35)	7	40	55，(60)，62	8	90	(115)，120	12
18	30，35	7	42	55，62	8	95	120	12
20	35，40，(45)	7	45	62，65	8	100	125	12
22	35，40，47	7	50	68，(70)，72	8	105	(130)	12

旋转轴唇形密封圈的安装要求

轴导入倒角

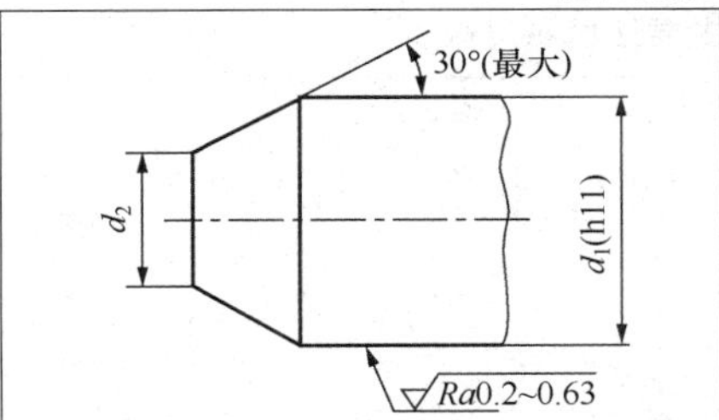

d_1	d_1-d_2	d_1	d_1-d_2
d_1≤10	1.5	40<d_1≤50	3.5
10<d_1≤20	2.0	50<d_1≤70	4.0
20<d_1≤30	2.5	70<d_1≤95	4.5
30<d_1≤40	3.0	95<d_1≤130	5.5

腔体内孔尺寸

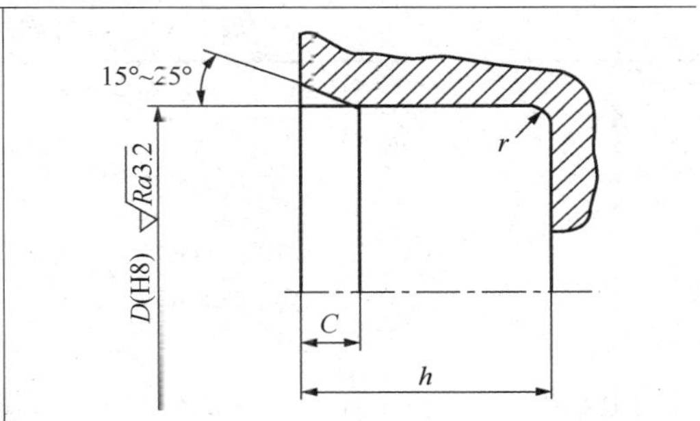

基本宽度 b	最小内孔深 h	倒角长度 C	r_{max}
≤10	b+0.9	0.70～1.00	0.50
>b	b+1.2	1.20～1.50	0.75

注：1. 标准中考虑到国内实际情况，除全部采用国际标准的基本尺寸外，还补充了若干种国内常用的规格，并加括号以示区别。

2. 安装要求中若轴端采用倒圆倒入导角，则倒圆的圆角半径不小于表中的 d_1-d_2 之值。

表 9-56　常用润滑脂的主要性质和用途

名　　称	牌　　号	滴点/℃ 不低于	工作锥入度 (25℃　150g) 1/10mm	应　　用
钠基润滑脂 (GB 492—1989)	2 3	160 160	265～295 220～250	工作温度在－10～110℃的一般中负荷机械设备轴承润滑；不耐水（或潮湿）
钙基润滑脂 (GB 491—1987)	1 2 3 4	80 85 90 95	310～340 265～295 220～250 175～205	适用于工业、农业、交通运输等机械设备的润滑
钙钠基润滑脂 (ZBE 36001—1988)	ZGN－1 ZGN－2	120 135	250～290 200～240	在 80～100℃有水分或较潮湿环境中工作的机械润滑；多用于铁路机车、列车、小电动机、发电机滚动轴承（温度较高者）润滑；不适于低温工作
石墨钙基润滑脂 (SH/T 0369—1992)	ZG－S	80	—	人字齿轮、起重机、挖掘机的底盘齿轮、矿山机械、绞车钢丝绳等高负荷、高压力、低速度的粗糙机械润滑及一般开式齿轮润滑；能耐潮湿
通用锂基润滑脂 (GB 7324—1994)	ZL－1 ZL－2 ZL－3	170 175 180	310～340 265～295 220～250	适用于－20～120℃宽温度范围内各种机械的滚动轴承、滑动轴承及其他摩擦部位的润滑
7407 号齿轮润滑脂 (SY 4036—1984)		160	75～90	适用于各种低速、中、重载荷齿轮、链和联轴器等部位的润滑，使用温度≤120℃，可承受冲击载荷≤25 000MPa

表 9-57　常用润滑油的主要性质和用途

名　　称	代号	运动黏度 cSt		闪点开口/℃ 不低于	凝点/℃ 不高于	主要用途
		40℃	50℃			
机械油 (GB 443—1984)	5	4.14～5.06	(3.27～3.91)	110	－10	对润滑油无特殊要求的锭子、轴承、齿轮和其他低负荷机械
	7	6.12～7.48	(4.63～5.52)			
	10	9.00～11.00	6.53～7.83	125		
	15	13.5～16.5	9.43～11.3	165	－15	
	22	19.8～24.2	13.6～16.3	170		
	32	28.8～35.2	19.0～22.6			
	46	41.4～50.6	26.1～31.3	180	－10	
	68	61.2～74.8	37.1～44.4	190		
	100	90.0～110	52.4～63.0	210	0	
	150	135～165	75.9～91.2	220		

续表

名称	代号	运动黏度 cSt		闪点开口/℃不低于	凝点/℃不高于	主要用途
		40℃	50℃			
抗氧防锈工业齿轮油(SY 1172—1980)	68	61.2～74.8	37.1～44.4			
	100	90～110	52.4～63.0	170		
	150	135～165	75.9～91.2			一般齿轮，齿面应力小于 350～500N/mm² 时的润滑
	220	198～242	108～129		－8	
	320	288～352	151～182	200		
	460	414～506	210～252			
	680	612～748	300～360			
中负荷工业齿轮油(GB 5903—1986)	68	61.2～74.8	37.1～44.4			
	100	90～110	52.4～63.0	170		有冲击的低负荷齿轮及中负荷齿轮齿面应力为 500～1 000N/mm²，如化工、冶金、矿山等机械的齿轮
	150	135～165	75.9～91.2			
	220	198～242	108～129		－8	
	320	288～352	151～182	200		
	460	414～506	210～252			
	680	612～748	300～360	220		
重负荷工业齿轮油(GB 3141—1994)	68	61.2～74.8	37.1～44.4			
	100	90～110	52.4～63.0	170		
	150	135～165	75.9～91.2			高负荷齿轮，齿面应力大于 1 100N/mm²，冶金、轧钢、井下采掘机械的齿轮
	220	198～242	108～129		－8	
	320	288～352	151～182	200		
	460	414～506	210～252			
	680	612～748	300～360	220		
蜗轮蜗杆油(SH/T 0094—1998)	220	198～242	108～129			
	320	288～352	151～182			用于蜗杆蜗轮传动的润滑
	460	414～506	210～252			
	680	612～748	300～360			
	1 000	900～1 100	425～509			

9.7 公差与配合

1. 极限与配合

表 9-58 基本尺寸至 3 150mm 的标准公差数值（GB/T 1800.3—1998 摘录）

基本尺寸/mm	标准公差等级																	
	IT1	IT2	IT3	IT4	IT5	IT6	IT7	IT8	IT9	IT10	IT11	IT12	IT13	IT14	IT15	IT16	IT17	IT18
≤3	0.8	1.2	2	3	4	6	10	14	25	40	60	100	140	250	400	600	1 000	1 400
>3～6	1	1.5	2.5	4	5	8	12	18	30	48	75	120	180	300	480	750	1 200	1 800
>6～10	1	1.5	2.5	4	6	9	15	22	36	58	90	150	220	360	580	900	1 500	2 200
>10～18	1.2	2	3	5	8	11	18	27	43	70	110	180	270	430	700	1 100	1 800	2 700
>18～30	1.5	2.5	4	6	9	13	21	33	52	84	130	210	330	520	840	1 300	2 100	3 300
>30～50	1.5	2.5	4	7	11	16	25	39	62	100	160	250	390	620	1 000	1 600	2 500	3 900
>50～80	2	3	5	8	13	19	30	46	74	120	190	300	460	740	1 200	1 900	3 000	4 600
>80～120	2.5	4	6	10	15	22	35	54	87	140	220	350	540	870	1 400	2 200	3 500	5 400
>120～180	3.5	5	8	12	18	25	40	63	100	160	250	400	630	1 000	1 600	2 500	4 000	6 300
>180～250	4.5	7	10	14	20	29	46	72	115	185	290	460	720	1 150	1 850	2 900	4 600	7 200
>250～315	6	8	12	16	23	32	52	81	130	210	320	520	810	1 300	2 100	3 200	5 200	8 100
>315～400	7	9	13	18	25	36	57	89	140	230	360	570	890	1 400	2 300	3 600	5 700	8 900
>400～500	8	10	15	20	27	40	63	97	155	250	400	630	970	1 550	2 500	4 000	6 300	9 700
>500～630	9	11	16	22	30	44	70	110	175	280	440	700	1 100	1 750	2 800	4 400	7 000	11 000
>630～800	10	13	18	25	35	50	80	125	200	320	500	800	1 250	2 000	3 200	5 000	8 000	12 500

注：1. 基本尺寸大于 500mm 的 IT1 至 IT5 的数值为试行的。

2. 基本尺寸小于或等于 1mm 时，无 IT14 至 IT18。

表 9-59 轴的各种基本偏差的应用

配合种类	基本偏差	配合特性及应用
间隙配合	a、b	可得到特别大的间隙，很少应用
	c	可得到很大的间隙，一般适用于缓慢、松弛的动配合，用于工作条件较差（如农业机械）、受力变形，或为了便于装配，而必须保证有较大的间隙时。推荐配合为 H11/c11，其较高级的配合，如 H8/c7 适用于轴在高温工作的紧密间隙配合，例如，内燃机排气阀和导管
	d	一般用于 IT7～IT11 级，适用于松的转动配合，如密封盖、滑轮、空转带轮等与轴的配合，也适用于大直径滑动轴承配合，如透平机、球磨机、轧辊成型和重型弯曲机及其他重型机械中的一些滑动支承
	e	多用于 IT7～IT9 级，通常适用于要求有明显间隙，易于转动的支承配合，如大跨距、多支点支承等。高等级的 c 轴适用于大型、高速、重载支承配合，如涡轮发电机、大型电动机、内燃机、凸轮轴及摇臂支承等
	f	多用于 IT6～IT8 级的一般转动配合。当温度影响不大时，被广泛用于普通润滑油（或润滑脂）润滑的支承，如齿轮箱、小电动机、泵等的转轴与滑动支承的配合

续表

配合种类	基本偏差	配合特性及应用
间隙配合	g	配合间隙很小，制造成本高，除很轻负荷的精密装置外，不推荐用于转动配合。多用于 IT5～IT7 级，最适合不回转的精密滑动配合，也用于插销等定位配合，如精密连杆轴承、活塞、滑阀及连杆销等
	h	多用于 IT4～IT11 级。广泛用于无相对转动的零件，作为一般的定位配合。若没有温度、变形影响，也用于精密滑动配合
过渡配合	js	为完全对称偏差（±IT/2），平均为稍有间隙的配合，多用于 IT4～IT7 级，要求间隙比 h 轴小，并允许略有过盈的定位配合，如联轴器，可用手或木锤装配
	k	平均为没有间隙的配合，适用于 IT4～IT7 级。推荐用于稍有过盈的定位配合，例如为了消除振动用的定位配合，一般用木锤装配
	m	平均为具有小过盈的过渡配合，适用 IT4～IT7 级，一般用木锤装配，但在最大过盈时，要求相当的压入力
	n	平均过盈比 m 轴稍大，很少得到间隙，适用 IT4～IT7 级，用锤或压力机装配，通常推荐用于紧密的组件配合。H6/n5 配合为过盈配合
过盈配合	p	与 H6 孔或 H7 孔配合时是过盈配合，与 H8 孔配合时则为过渡配合。对非铁类零件，为较轻的压入配合，易于拆卸。对钢、铸铁或铜、钢组件装配是标准压入配合
	r	对铁类零件为中等打入配合；对非铁类零件，为轻打入的配合，可拆卸。与 H8 孔配合，直径在 100mm 以上时为过盈配合，直径小时为过渡配合
	s	用于钢和铁制零件的永久性和半永久性装配，可产生相当大的结合力。当用弹性材料，如轻合金时，配合性质与铁类零件的 p 轴相当，如用于套环压装在轴上、阀座与机体等配合。尺寸较大时，为了避免损伤配合表面，需用热胀或冷缩法装配
	t、u、v x、y、z	过盈量依次增大，一般不推荐采用

表 9-60 公差等级与加工方法的关系

加工方法	公差等级（IT）																	
	01	0	1	2	3	4	5	6	7	8	9	10	11	12	13	14	15	16
研磨	—	—	—	—	—	—	—											
珩						—	—	—	—									
圆磨、平磨							—	—	—	—								
金刚石车、金刚石镗							—	—	—									
拉削							—	—	—	—								
铰孔								—	—	—	—	—						
车、镗									—	—	—	—	—					
铣										—	—	—	—					
刨、插												—	—					
钻孔												—	—	—	—			

续表

加工方法	公差等级（IT）																
	01	0	1	2	3	4	5	6	7	8	9	10	11	12	13	14	15	16
滚压、挤压																		
冲压																		
压铸																		
粉末冶金成型																		
粉末冶金烧结																		
砂型铸造、气割																		
锻造																		

表 9-61　优先配合特性及应用举例

基孔制	基轴制	优先配合特性及应用举例
$\frac{H11}{c11}$	$\frac{C11}{h11}$	间隙非常大，用于很松的、转动很慢的间隙配合，或要求大公差与大间隙的外露组件，或要求装配方便的很松的配合
$\frac{H9}{d9}$	$\frac{D9}{h9}$	间隙很大的自由转动配合，用于精度非主要要求时，或有大的温度变动、高转速或大的轴颈压力时
$\frac{H8}{f7}$	$\frac{F8}{h7}$	间隙不大的转动配合，用于中等转速与中等轴颈压力的精确转动，也用于装配较易的中等定位配合
$\frac{H7}{g6}$	$\frac{G7}{h6}$	间隙很小的滑动配合，用于不希望自由转动，但可自由移动和滑动并精密定位时，也可用于要求明确的定位配合
$\frac{H7}{h6}$ $\frac{H8}{h7}$ $\frac{H9}{h9}$ $\frac{H11}{h11}$	$\frac{H7}{h6}$ $\frac{H8}{h7}$ $\frac{H9}{h9}$ $\frac{H11}{h11}$	均为间隙定位配合，零件可自由装拆，而工作时一般相对静止不动。在最大实体条件下的间隙为零，在最小实体条件下的间隙由公差等级决定
$\frac{H7}{k6}$	$\frac{K7}{h6}$	过渡配合，用于精密定位
$\frac{H7}{n6}$	$\frac{N7}{h6}$	过渡配合，允许有较大过盈的更精密定位
$\frac{H7^{*}}{p6}$	$\frac{P7}{h6}$	过盈定位配合，即小过盈配合，用于定位精度特别重要时，能以最好的定位精度达到部件的刚性及对中性要求，而对内孔承受压力无特殊要求，不依靠配合的紧固性传递摩擦负荷
$\frac{H7}{s6}$	$\frac{S7}{h6}$	中等压入配合，适用于一般钢件，或用于薄壁件的冷缩配合，用于铸铁件可得到最紧的配合
$\frac{H7}{u6}$	$\frac{U7}{h6}$	压入配合，适用于可以承受大压入力的零件或不宜承受大压入力的冷缩配合

* 基本尺寸小于或等于 3mm 为过渡配合。

表 9-62　优先配合中轴的极限偏差

基本尺寸/mm		公差带												
		c	d	f	g	h				k	n	p	s	u
大于	至	11	9	7	6	6	7	9	11	6	6	6	6	6
—	3	−60 −120	−20 −45	−6 −16	−2 −8	0 −6	0 −10	0 −25	0* −60	+6 0	+10 +4	+12 +6	+20 +14	+24 +18

续表

基本尺寸/mm		公差带												
		c	d	f	g	h				k	n	p	s	u
大于	至	11	9	7	6	6	7	9	11	6	6	6	6	6
3	6	-70 -145	-30 -60	-10 -22	-4 -12	0 -8	0 -12	0 -30	0 -75	+9 +1	+16 +8	+20 +12	+27 +19	+31 +23
6	10	-80 -170	-40 -76	-13 -28	-5 -14	0 -9	0 -15	0 -36	0 -90	+10 +1	+19 +10	+24 +15	+32 +23	+37 +28
10	14	-95 -205	-50 -93	-16 -34	-6 -17	0 -11	0 -18	0 -43	0 -110	+12 +1	+23 +12	+29 +18	+39 +28	+44 +33
14	18													
18	24	-110 -240	-65 -117	-20 -41	-7 -20	0 -13	0 -21	0 -52	0 -130	+15 +2	+28 +15	+35 +22	+48 +35	+54 +41
24	30													+61 +48
30	40	-120 -280	-80 -142	-25 -50	-9 -25	0 -16	0 -25	0 -62	0 -160	+18 +2	+33 +17	+42 +26	+59 +43	+76 +60
40	50	-130 -290												+86 +70
50	65	-140 -330	-100 -174	-30 -60	-10 -29	0 -19	0 -30	0 -74	0 -190	+21 +2	+39 +20	+51 +32	+72 +53	+106 +87
65	80	-150 -340											+78 +59	+121 +102
80	100	-170 -390	-120 -207	-36 -71	-12 -34	0 -22	0 -35	0 -87	0 -220	+25 +3	+45 +23	+59 +37	+93 +71	+146 +124
100	120	-180 -400											+101 +79	+166 +144
120	140	-200 -450	-145 -245	-43 -83	-14 -39	0 -25	0 -40	0 -100	0 -250	+28 +3	+52 +27	+68 +43	+117 +92	+195 +170
140	160	-210 -460											+125 +100	+215 +190
160	180	-230 -480											+133 +108	+235 +210
180	200	-240 -530	-170 -285	-50 -96	-15 -44	0 -29	0 -46	0 -115	0 -290	+33 +4	+60 +31	+79 +50	+151 +122	+265 +236
200	225	-260 -550											+159 +130	+287 +258
225	250	-280 -570											+169 +140	+313 +284
250	280	-300 -620	-190 -320	-56 -108	-17 -49	0 -32	0 -52	0 -130	0 -320	+36 +4	+66 +34	+88 +56	+190 +158	+347 +315
280	315	-330 -650											+202 +170	+382 +350

续表

基本尺寸/mm		公差带												
		c	d	f	g	h				k	n	p	s	u
大于	至	11	9	7	6	6	7	9	11	6	6	6	6	6
315	355	−360 −720	−210 −350	−62 −119	−18 −54	0 −36	0 −57	0 −140	0 −360	+40 +4	+73 +37	+98 +62	+226 +190	+426 +390
355	400	−400 −760											+244 +208	+471 +435
400	450	−440 −840	−230 −385	−68 −131	−20 −60	0 −40	0 −63	0 −155	0 −400	+45 +5	+80 +40	+108 +68	+272 +232	+530 +490
450	500	−480 −980											+292 +252	+580 +540

表 9-63　优先配合中孔的极限偏差

基本尺寸/mm		公差带												
		c	d	f	g	h				k	n	p	s	u
大于	至	11	9	8	7	7	8	9	11	7	7	7	7	7
—	3	+120 +60	+45 +20	+20 +6	+12 +2	+10 0	+14 0	+25 0	+60 0	0 −10	−4 −14	−6 −16	−14 −24	−18 −28
3	6	+145 +70	+60 +30	+28 +10	+16 +4	+12 0	+18 0	+30 0	+75 0	+3 −9	−4 −16	−8 −20	−15 −27	−19 −31
6	10	+170 +80	+76 +40	+35 +13	+20 +5	+15 0	+22 0	+36 0	+90 0	+5 −10	−4 −19	−9 −24	−17 −32	−22 −37
10	14	+205 +95	+93 +50	+43 +16	+24 +6	+18 0	+27 0	+43 0	+110 0	+6 −12	−5 −23	−11 −29	−21 −39	−26 −44
14	18													
18	24	+240 +110	+117 +65	+53 +20	+28 +7	+21 0	+33 0	+52 0	+130 0	+6 −15	−7 −28	−14 −35	−27 −48	−33 −54
24	30													−40 −61
30	40	+280 +120	+142 +80	+64 +25	+34 +9	+25 0	+39 0	+62 0	+160 0	+7 −18	−8 −33	−17 −42	−34 −59	−51 −76
40	50	+290 +130												−61 −86
50	65	+330 +140	+174 +100	+76 +30	+40 +10	+30 0	+46 0	+74 0	+190 0	+9 −21	−9 −39	−21 −51	−42 −72	−76 −106
65	80	+340 +150											−48 −78	−91 −121
80	100	+390 +170	+207 +120	+90 +36	+47 +12	+35 0	+54 0	+87 0	+220 0	+10 −25	−10 −45	−24 −59	−58 −93	−111 −146
100	120	+400 +180											−66 −101	−131 −166

续表

基本尺寸/mm		公差带												
		c	d	f	g	h				k	n	p	s	u
大于	至	11	9	8	7	7	8	9	11	7	7	7	7	7
120	140	+450 +200											−77 −117	−155 −195
140	160	+460 +210	+245 +145	+106 +43	+54 +14	+40 0	+63 0	+100 0	+250 0	+12 −28	−12 −52	−28 −68	−85 −125	−175 −215
160	180	+480 +230											−93 −133	−195 −235
180	200	+530 +240											−105 −151	−219 −265
200	225	+550 +260	+285 +170	+122 +50	+61 +15	+46 0	+72 0	+115 0	+290 0	+13 −33	−14 −60	−33 −79	−113 −159	−241 −287
225	250	+570 +280											−123 −169	−267 −313
250	280	+620 +300	+320 +190	+137 +56	+69 +17	+52 0	+81 0	+130 0	+320 0	+16 −36	−14 −66	−36 −88	−138 −190	−295 −347
280	315	+650 +330											−150 −202	−330 −382
315	355	+720 +360	+350 +210	+151 +62	+75 +18	+57 0	−89 0	+140 0	+360 0	+17 −40	−16 −73	−41 −98	−169 −226	−369 −426
355	400	+760 +400											−187 −244	−414 −471
400	450	+840 +440	+385 +230	+165 +68	+83 +20	+63 0	+97 0	+155 0	+400 0	+18 −45	−17 −80	−45 −108	−209 −272	−467 −530
450	500	+880 +480											−229 −292	−517 −580

表 9-64　线性尺寸的未注公差（GB/T 1804—2000）　　（单位：mm）

公差等级	线性尺寸的极限偏差数值								倒圆半径与倒角高度尺寸的极限偏差数值			
	尺寸分段								尺寸分段			
	0.5～3	>3～6	>6～30	>30～120	>120～400	>400～1 000	>1 000～2 000	>2 000～4 000	0.5～3	>3～6	>6～30	>30
f（精密级）	±0.05	±0.05	±0.1	±0.15	±0.2	±0.3	±0.5	—	±0.2	±0.5	±1	±2
m（中等级）	±0.1	±0.1	±0.2	±0.3	±0.5	±0.8	±1.2	±2				
c（粗糙级）	±0.2	±0.3	±0.5	±0.8	±1.2	±2	±3	±4	±0.4	±1	±2	±4
v（最粗级）	—	±0.5	±1	±1.5	±2.5	±4	±6	±8				
在图样上，技术文件或标准中的表示方法示例：GB/T 1804—1992 m（表示选用中等级）												

2. 形状和位置公差

表 9-65　几何公差几何特征项目的符号及其标注（GB/T 1182—2008 摘录）

公差特征项目的符号						被测要素、基准要素的标注要求及其他附加符号			
公差类型	几何特征	符号	公差类型	几何特征	符号	说明	符号	说明	符号
形状公差（形状）	直线度	⏤	方向公差	平行度	//	被测要素的标注（直接）	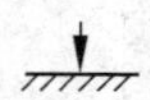	最大实体要求	Ⓜ
				垂直度	⊥				
	平面度	▱		倾斜度	∠	被测要素的标注（用字母）	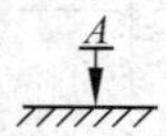	最小实体要求	Ⓛ
	圆度	○	位置公差	同心度（用于中心点）	◎	基准要素的标注		可逆要求	Ⓡ
	圆柱度	⌭		同轴度（用于轴线）	◎	基准目标的标注	(Ø2/A1)	延伸公差带	Ⓟ
形状公差（轮廓）	线轮廓度	⌒		对称度	⌯				
				位置度	⌖	理论正确尺寸	[50]	自由状态（非刚性零件）条件	Ⓕ
	面轮廓度	⌓	跳动公差	圆跳动	↗	包容要求	Ⓔ	全周（轮廓）	
				全跳动	⌰				
公差框格	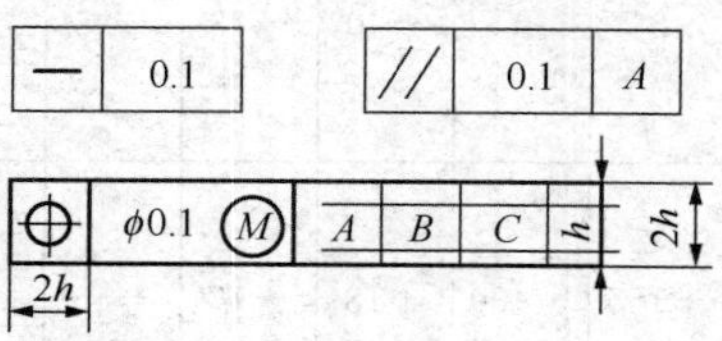					公差要求在矩形方框中给出，该方框由 2 格或多格组成。框格中的内容从左到右按以下次序填写：——公差特征的符号；——公差值；——如需要，用一个或多个字母表示基准要素或基准体系。（h 为图样中采用字体的高度）			

表 9-66　几何公差的数值直线度、平面度公差（GB/T 1184—1996 摘录）

（单位：μm）

主参数 L 图例

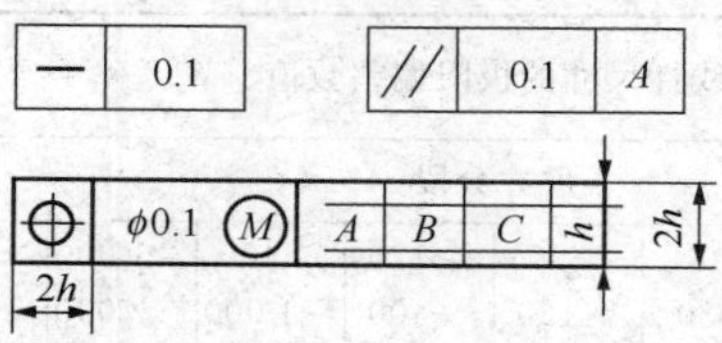

精度等级	主参数 L/mm													应用举例
	≤10	>10～16	>16～25	>25～40	>40～63	>63～100	>100～160	>160～250	>250～400	>400～630	>630～1 000	>1 000～1 600	>1 600～2 500	
5	2	2.5	3	4	5	6	8	10	12	15	20	25	30	普通精度机床导轨，柴油机进、排气门导杆
6	3	4	5	6	8	10	12	15	20	25	30	40	50	

续表

精度等级	主参数 L/mm													应用举例
	≤10	>10 ~16	>16 ~25	>25 ~40	>40 ~63	>63 ~100	>100 ~160	>160 ~250	>250 ~400	>400 ~630	>630 ~1 000	>1 000 ~1 600	>1 600 ~2 500	
7 8	5 8	6 10	8 12	10 15	12 20	15 25	20 30	25 40	30 50	40 60	50 80	60 100	80 120	轴承体的支承面，压力机导轨及滑块，减速器箱体、油泵、轴组件支承轴承的接合面
9 10	12 20	15 25	20 30	25 40	30 50	40 60	50 80	60 100	80 120	100 150	120 200	150 250	200 300	辅助机构及手动机械的支承面，液压管件和法兰的连接面
11 12	30 60	40 80	50 100	60 120	80 150	100 200	120 250	150 300	200 400	250 500	300 600	400 800	500 1 000	离合器的摩擦片，汽车发动机缸盖接合面

标注示例	说　明	标注示例	说　明
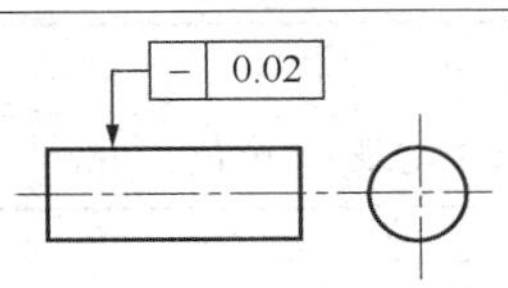	圆柱表面上任一素线必须位于轴向平面内，距离为公差值 0.02mm 的两平行平面之间	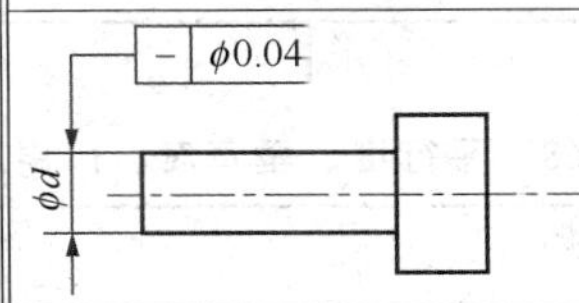	ϕd 圆柱体的轴线必须位于直径为公差值 0.04mm 的圆柱面内
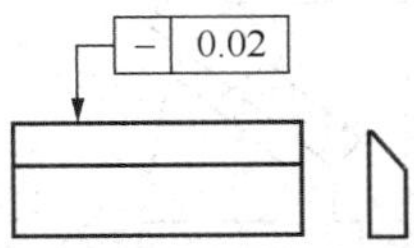	棱线必须位于箭头所示方向，距离为公差值 0.02mm 的两平行平面内	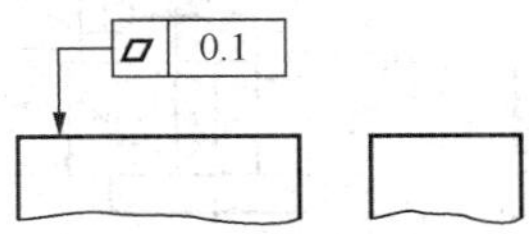	上表面必须位于距离为公差值 0.1mm 的两平行平面内

注：表中“应用举例”非 GB/T 1184—1996 内容，仅供参考。

表 9-67　圆度、圆柱度公差（GB/T 1184—1996 摘录）　　（单位：μm）

主参数 d（D）图例

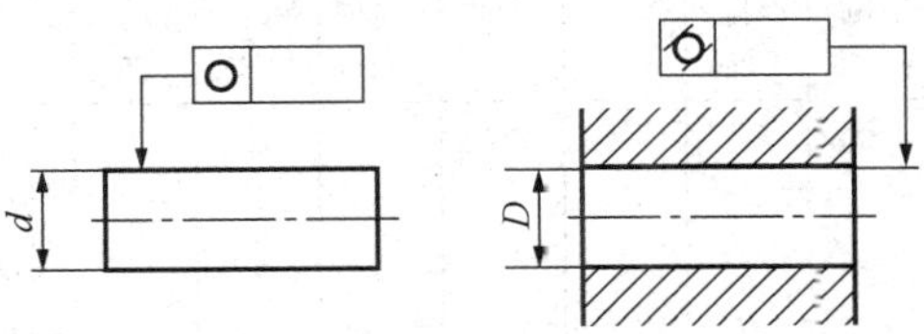

精度等级	主参数 $d(D)$/mm										应用举例
	>10 ~18	>18 ~30	>30 ~50	>50 ~80	>80 ~120	>120 ~180	>180 ~250	>250 ~315	>315 ~400	>400 ~500	
7 8	5 8	6 9	7 11	8 13	10 15	12 18	14 20	16 23	18 25	20 27	发动机的胀圈、活塞销及连杆中装衬套的孔等，千斤顶或压力油缸活塞，水泵及减速器轴颈，液压传动系统的分配机构，拖拉机气缸体与气缸套配合面，炼胶机冷铸轧辊

续表

精度等级	主参数 d(D)/mm										应用举例
	>10~18	>18~30	>30~50	>50~80	>80~120	>120~180	>180~250	>250~315	>315~400	>400~500	
9	11	13	16	19	22	25	29	32	36	40	起重机、卷扬机用的滑动轴承，带软密封的低压泵的活塞和气缸
10	18	21	25	30	35	40	46	52	57	63	通用机械杠杆与拉杆、拖拉机的活塞环与套筒孔

标注示例	说　明
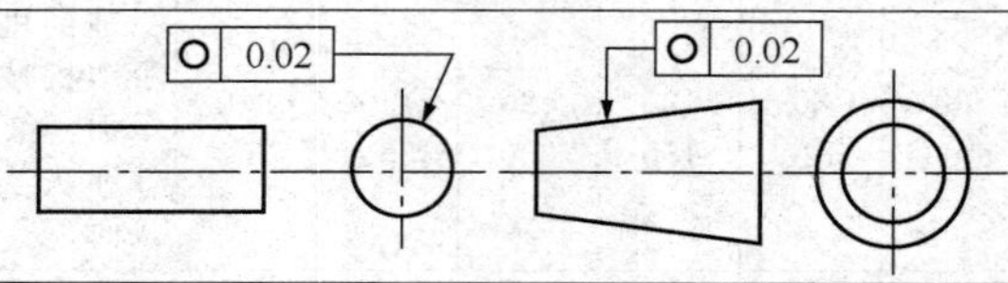	被测圆柱（或圆锥）面任一正截面的圆周必须位于半径差为公差值 0.02mm 的两同心圆之间
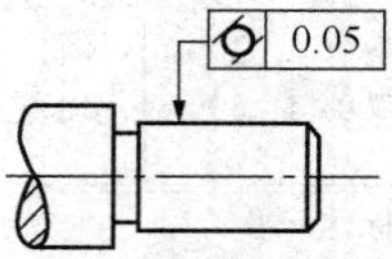	被测圆柱面必须位于半径差为公差值 0.05mm 的两同轴圆柱面之间

注：同附表 3.9。

表 9-68　平行度、垂直度、倾斜度公差（GB/T 1184—1996 摘录）（单位：μm）

主参数 L，d（D）图例

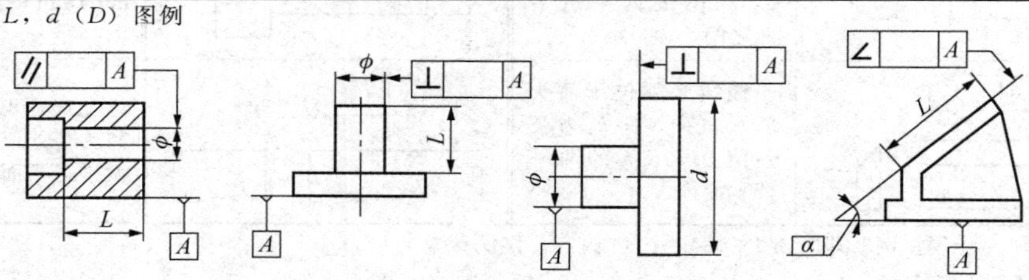

精度等级	主参数 L，d（D）/mm													应用举例	
	≤10	>10~16	>16~25	>25~40	>40~63	>63~100	>100~160	>160~250	>250~400	>400~630	>630~1 000	>1 000~1 600	>1 600~2 500	平行度	垂直度
7	12	15	20	25	30	40	50	60	80	100	120	150	200	一般机床零件的工作面或基准面，压力机和锻锤的工作面，中等精度钻模的工作面，一般刀、量、模具。	低精度机床主要基准面和工作面、回转工作台端面跳动，一般导轨，主轴箱体孔，刀架、砂轮架及工作台回转中心，机床轴肩、气缸配合面对其轴线、活塞销孔对活塞中心线以及装 P6、P0 级轴承壳体孔的轴线等
8	20	25	30	40	50	60	80	100	120	150	200	250	300	机床一般轴承孔对基准面的要求，床头箱一般孔间要求，气缸轴线，变速器箱孔，主轴花键对定心直径，重型机械轴承盖的端面，卷扬机、手动传动装置中的传动轴	

续表

精度等级	主参数 L，d（D）/mm													应用举例	
	≤10	>10～16	>16～25	>25～40	>40～63	>63～100	>100～160	>160～250	>250～400	>400～630	>630～1 000	>1 000～1 600	>1 600～2 500	平行度	垂直度
9	30	40	50	60	80	100	120	150	200	250	300	400	500	低精度零件，重型机械滚动轴承端盖 柴油机和煤气发动机的曲轴孔、轴颈等	花键轴轴肩端面、带式输送机法兰盘等端面对轴心线，手动卷扬机及传动装置中轴承端面、减速器壳体平面等
10	50	60	80	100	120	150	200	250	300	400	500	600	800		

标注示例	说　明	标注示例	说　明
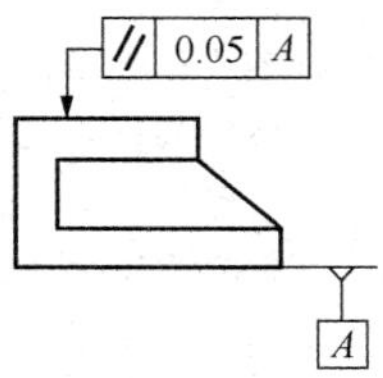	上表面必须位于距离为公差值 0.05mm，且平行于基准表面 A 的两平行平面之间	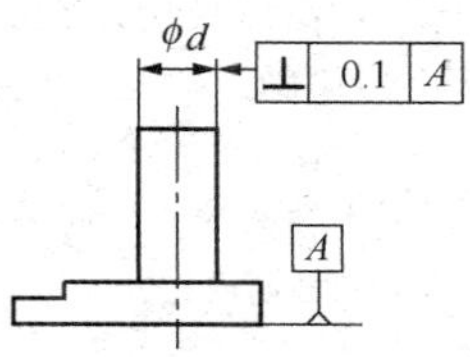	ϕd 的轴线必须位于距离为公差值 0.1mm，且垂直于基准平面的两平行平面之间 （若框格内数字标注为 ϕ0.1mm，则说明 ϕd 的轴线必须位于直径为公差值 0.1mm，且垂直于基准平面 A 的圆柱面内）
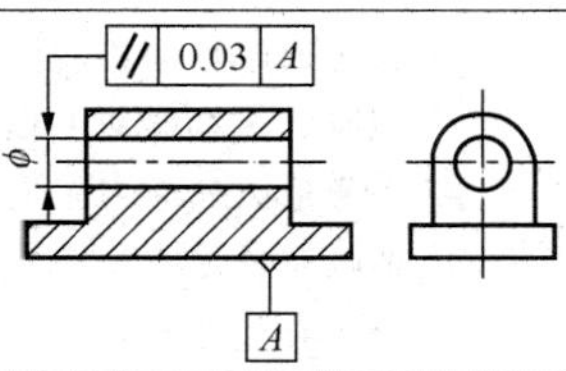	孔的轴线必须位于距离为公差值 0.03mm，且平行于基准表面 A 的两平行平面之间	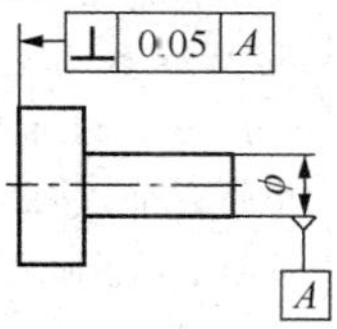	左侧端面必须位于距离为公差值 0.05mm，且垂直于基准轴线的两平行平面之间

表 9-69　同轴度、对称度、圆跳动和全跳动公差（GB/T 1184—1996 摘录）（单位：μm）

主参数 d（D），B，L 图例

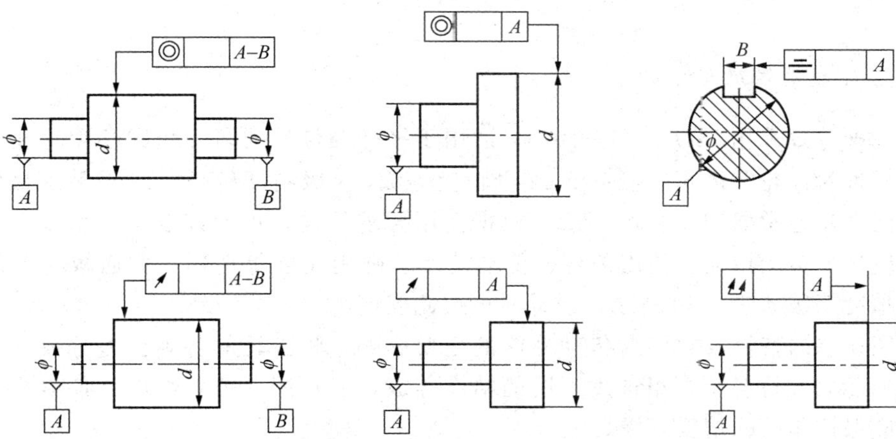

续表

精度等级	主参数 d (D)、L、B/mm											应用举例
	>3 ~6	>6 ~10	>10 ~18	>18 ~30	>30 ~50	>50 ~120	>120 ~250	>250 ~500	>500 ~800	>800 ~1 250	>1 250 ~2 000	
7	8	10	12	15	20	25	30	40	50	60	80	8级和9级精度齿轮轴的配合面，拖拉机发动机分配轴轴颈，普通精度高速轴（1 000r/min以下），长度在1m以下的主传动轴，起重运输机的鼓轮配合孔和导轮的滚动面
8	12	15	20	25	30	40	50	60	80	100	120	
9	25	30	40	50	60	80	100	120	150	200	250	10级和11级精度齿轮轴的配合面，发动机气缸套配合面，水泵叶轮，离心泵泵件，摩托车活塞，自行车中轴
10	50	60	80	100	120	150	200	250	300	400	500	

标注示例	说　明	标注示例	说　明
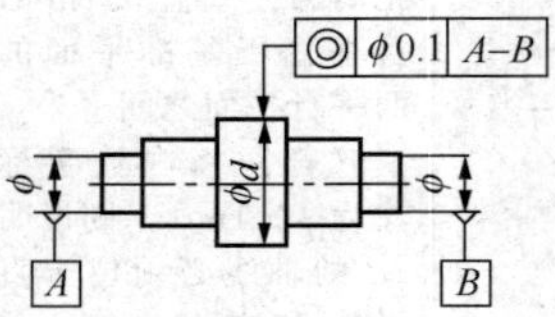	ϕd的轴线必须位于直径为公差值0.1mm，且与公共基准轴线A—B同轴的圆柱面内	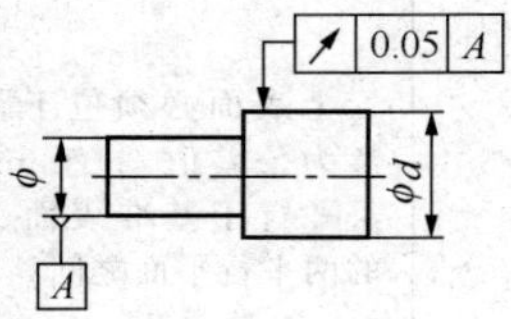	ϕd圆柱面绕公共基准轴线作无轴向移动旋转一周时，在任一测量平面内的径向跳动量均不得大于公差值0.05mm
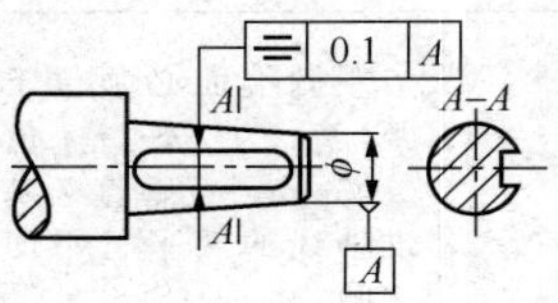	键槽的中心面必须位于距离为公差值0.1mm且相对于基准中心平面A对称配置的两平行平面之间	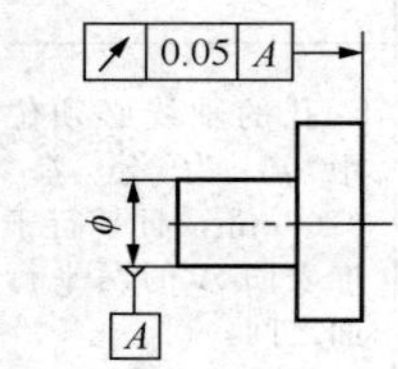	当零件绕基准轴线作无轴向移动旋转一周时，在右端面上任一测量圆柱面内轴向的跳动量均不得大于公差值0.05mm

9.8　渐开线圆柱齿轮精度

1. 齿轮精度等级与分组

本标准等效采用ISO 1328—1975，适用于平行轴传动的渐开线圆柱齿轮及其齿轮副。本标准对齿轮及齿轮副规定了12个精度等级，1级精度最高，12级精度最低，齿轮副中两齿轮通常取同一精度等级，根据使用要求不同，也允许取不同精度等级。齿轮精度应根据传动用途、使用条件、传动功率、圆周速度等选用，普通减速器齿轮应采用的精度等级如表9-70所示，设计时可按此表选用。

按照误差的特性及它们对传动性能的主要影响，将齿轮的各项公差分成三组，如表9-71所示，允许各公差组选用不同的精度等级，但在同一公差组内，各项公差与极限偏差应保持相同的精度等级。

表 9-70 普通减速器齿轮的最低精度等级

齿轮圆周速度 m/s		精度等级按 GB/T 10095—2001	
斜齿轮	直齿轮	软或中硬齿面	硬齿面
≤8	≤3	997	886
>8～12.5	>3～7	887	776
>12.5～18	>7～12	877	766
>18	>12～18	766	766

表 9-71 齿轮各项公差的分组表

公差组	公差与极限偏差项目	误差特性	对传动性能的主要影响
I	F'_i，F_p，F_{pK}，F''_i，F_r，F_w	以齿轮一转为周期的误差	传递运动的准确性
II	f'_i，f_f，$\pm f_{pt}$，$\pm f_{pb}$，f''_i，$f_{f\beta}$	在齿轮一周内，多次周期地重复出现的误差	传动的平稳性、噪声、振动
III	F_β，F_b，$\pm F_{px}$	齿向线的误差	载荷分布的均匀性

注：F'_i——切向综合公差；F_p——齿距累积公差；F_{pK}——K 个齿距累积公差；F''_i——径向综合公差；F_r——齿圈径向跳动公差；F_w——公法线长度变动公差；f'_i——齿切向综合公差；f_f——齿形公差；$\pm f_{pt}$——齿距极限偏差；$\pm f_{pb}$——基节极限偏差；f''_i——齿径向综合公差；$f_{f\beta}$——螺旋线波度公差；F_β——齿向公差；F_b——接触线公差；$\pm F_{px}$——轴向齿距极限偏差。

2. 齿坯公差要求

齿轮在加工、检验和安装时的径向基准面和轴向辅助基准应尽可能一致，并在齿轮零件图上予以标注。齿轮公差包括轴或孔的尺寸、形状和位置公差以及基准面的跳动，各项公差值推荐按表 9-72 和表 9-73 选用。

表 9-72 齿坯公差要求

<table>
<tr><td colspan="2">齿轮精度等级①</td><td>6</td><td>7</td><td>8</td><td>9</td></tr>
<tr><td rowspan="2">基准孔</td><td>尺寸公差</td><td rowspan="2">IT6</td><td rowspan="2" colspan="2">IT7</td><td rowspan="2">IT8</td></tr>
<tr><td>形状公差</td></tr>
<tr><td rowspan="2">基准轴颈</td><td>尺寸公差</td><td rowspan="2">IT5</td><td rowspan="2" colspan="2">IT6</td><td rowspan="2">IT7</td></tr>
<tr><td>形状公差</td></tr>
<tr><td colspan="2">顶圆直径②</td><td colspan="3">IT8</td><td>IT9</td></tr>
<tr><td colspan="2">基准面的径向圆跳动③
基准面的端面圆跳动</td><td colspan="3">参见表 9-73</td><td></td></tr>
</table>

① 当三个公差组的精度等级不同时，按最高的精度等级确定公差值。

② 当顶圆不作测量齿厚的基准时，尺寸公差按 IT11 给定，但不大于 $0.1m_n$。

③ 当以顶圆作基准面时，本栏就指顶圆的径向跳动。

表 9-73　齿轮基准圆径向和端面圆跳动公差

分度圆直径/mm		精度等级		
大于	到	5 和 6	7 和 8	9 和 12
—	125	11	18	28
125	400	14	22	36
400	800	20	32	50

3．齿轮检验与公差要求

齿轮公差项目较多，有一些检验作用和性质近似，一般只在各公差组中任选 1～2 个检验组检测即可。圆柱齿轮和齿轮副的检测项目如表 9-74 所示，各项目的名称、代号和定义如表 9-75 所示。

表 9-74　圆柱齿轮和齿轮副的检测项目

项　　目		精度等级	
		7～8	9
公差组	I	F''_i 与 F_w 或 F_r 与 F_w	F_r
	II	f''_i 或 f_f 与 $\pm f_{pb}$	$\pm f_{pt}$ 与 $\pm f_{pb}$
	III	F_β	
齿轮副	对齿轮	E_w 或 E_a	
	对传动	接触斑点，$\pm f_a$	
	对箱体	f_x，f_y	
齿轮毛坯公差		顶圆直径公差，齿轮轴孔公差，基准面径向和端面跳动公差	

注：本表中推荐的圆柱齿轮和齿轮副检验项目的名称、代号和定义见表 9-75。

表 9-75　圆柱齿轮和齿轮副检测项目的名称、代号和定义

名　　称	代号	定　　义
齿圈径向跳动  **齿圈径向跳动公差**	ΔF_r F_r	在齿轮一转范围内，测头在齿槽内与齿高中部双面接触，测头相对于齿轮轴线的最大变动量
公法线长度变动 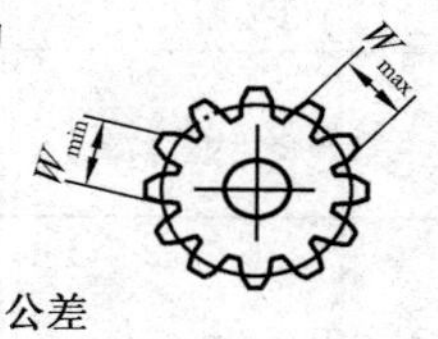 **公法线长度变动公差**	ΔF_w F_w	在齿轮一周范围内，实际公法线长度最大值与最小值之差： $\Delta F_w = W_{max} - W_{min}$

续表

名　　称	代号	定　　义
齿形误差 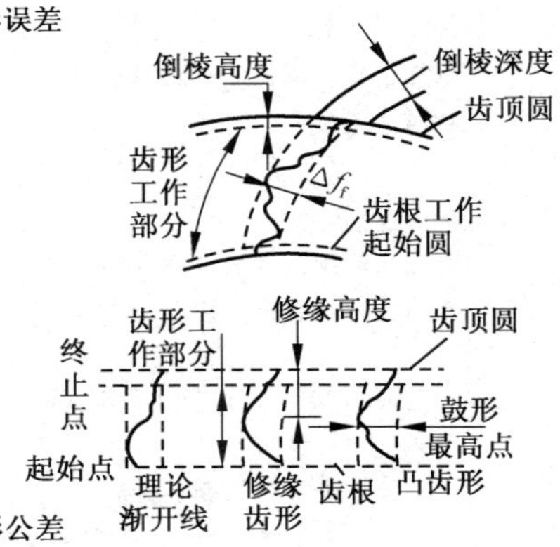 齿形公差	Δf_f f_f	在端截面上[①]，齿形工作部分内（齿顶倒棱部分除外），包容实际齿形的两条最近的设计齿形间的法向距离 设计齿形可以是修正的理论渐开线，包括修缘齿形、凸齿形等
齿距偏差 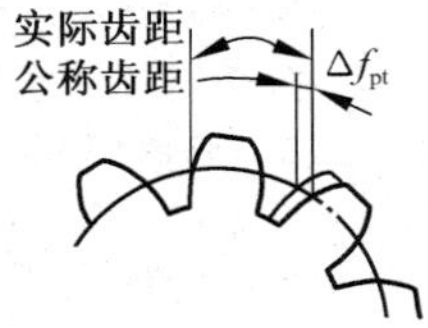 齿距极限偏差	Δf_{pt} $\pm f_{pt}$	在分度圆上，实际齿距与公称齿距之差 公称齿距是指所有实际齿距的平均值
基节偏差 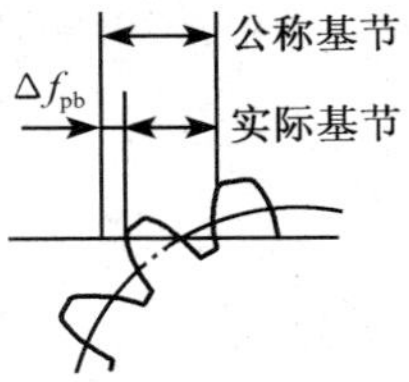 基节极限偏差	Δf_{pb} $\pm f_{pb}$	实际基节与公称基节之差 实际基节是指基圆柱切平面所截两相邻同侧齿面的交线之间的法向距离
齿向误差 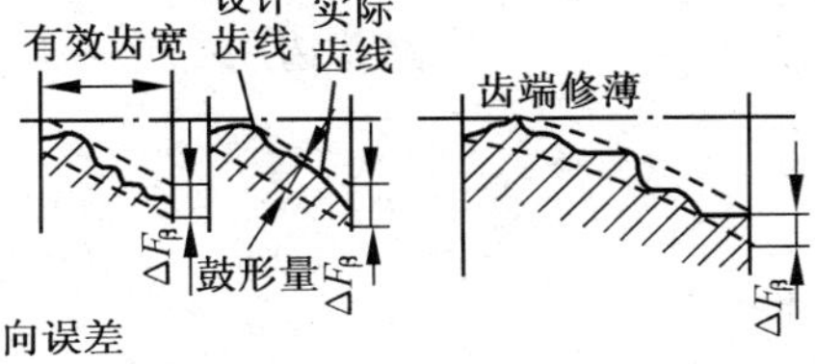 齿向误差	ΔF_β F_β	在分度圆柱面上，齿宽有效部分的范围内（端部倒角部分除外），包容实际齿线的两条设计齿轮之间的端面距离 设计齿线可以是修正的圆柱螺旋线，包括鼓形线、齿端修薄及其他修形曲线
齿厚偏差 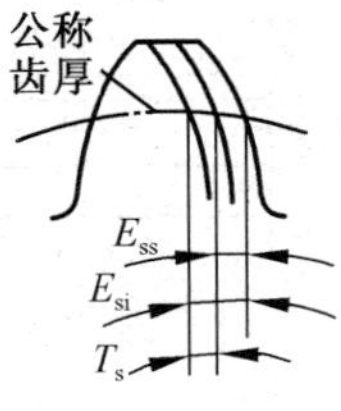 齿厚极限偏差 上偏差 下偏差 公　差	ΔE_s E_{ss} E_{si} T_s	分度圆柱面上[②]，齿厚实际值与公称值之差 对于斜齿轮，指法向齿厚

续表

名　称	代号	定　义
公法线平均长度偏差 公法线平均长度极限偏差 上偏差 下偏差 公　差	ΔE_{wm} E_{wms} E_{wmi} T_{wm}	在齿轮一周内，公法线长度平均值与公称值之差
齿轮副的中心距偏差 齿轮副的中心距极限偏差	Δf_a $\pm f_a$	在齿轮副的齿宽中间平面内，实际中心距与公称中心距之差
轴线的平行度误差 x方向轴线的平行度误差 y方向轴线的平行度误差 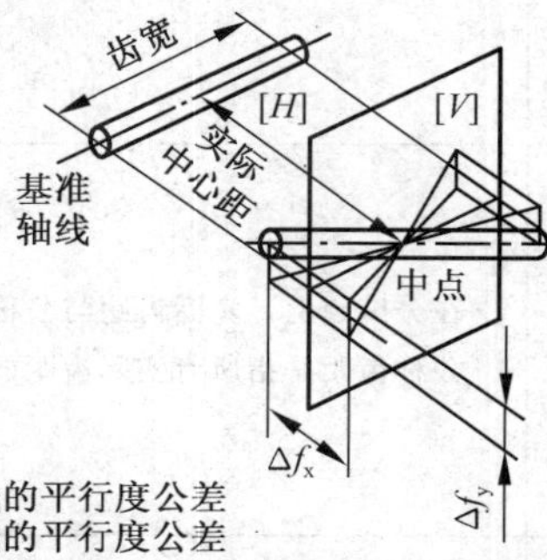 x方向轴线的平行度公差 y方向轴线的平行度公差	Δf_x Δf_y f_x f_y	一对齿轮的轴线在其基准平面［H］上投影的平行度误差 在等于齿宽的长度上测量 一对齿轮的轴线，在垂直于基准平面，并且平行于基准轴线的平面［V］上投影的平行度误差 在等于齿宽的长度上测量 注：包含基准轴线，并通过由另一轴线与齿宽中间平面相交的点所形成的平面，称为基准平面，两条轴线中任何一条轴线都可作为基准轴线

① 允许用检查被测齿轮和测量蜗杆啮合时齿轮齿面上的接触迹线（可称为“啮合齿形”）代替，但应按基圆切线方向计值。

② 允许在齿高中部测量，但仍按分度圆柱面上计值。

4. 齿轮副的检验与公差要求

齿轮副公差主要是指齿轮副侧隙，一般通过选择适当的中心距、齿厚极限偏差或公法线平均长度等来保证。齿轮标准中规定了 14 种齿厚偏差，分别用代号 C，D，E，…，S 来表示，如表 9-76 所示。若某齿轮上偏差选用 $F(=-4f_{pt})$，下偏差选用 $L(=-16f_{pt})$，则齿厚极限偏差用代号 FL 表示，如图 9-1 所示。

表 9-76　齿厚极限偏差

$C=+1f_{pt}$	$G=-6f_{pt}$	$L=-16f_{pt}$	$R=-40f_{pt}$
$D=0$	$H=-8f_{pt}$	$M=-20f_{pt}$	$S=-50f_{pt}$
$E=-2f_{pt}$	$J=-10f_{pt}$	$N=-25f_{pt}$	
$F=-4f_{pt}$	$K=-12f_{pt}$	$P=-32f_{pt}$	

注：对外啮合齿轮；

公法线平均长度上偏差 $E_{wms}=E_{ss}\cos\alpha-0.72F_r\sin\alpha$；

公法线平均长度下偏差 $E_{wms}=E_{si}\cos\alpha+0.72F_r\sin\alpha$；

公法线平均长度公差 $T_{wm}=T_s\cos\alpha-1.44F_r\sin\alpha$。

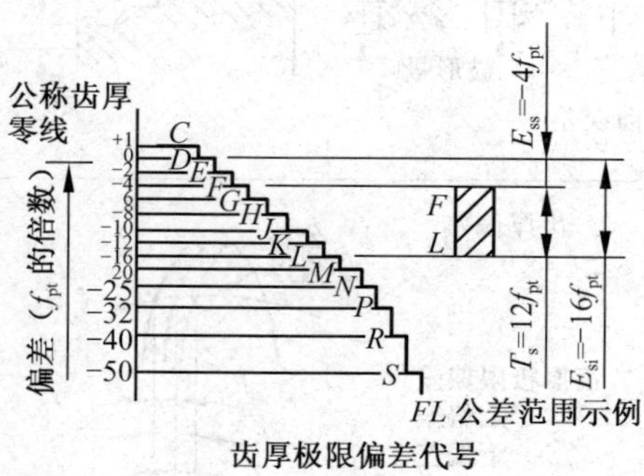

图 9-1　齿厚极限偏差代号

5. 齿轮精度的主要数据表

表 9-77　齿厚极限偏差 E_s 参考值

II组精度	法向模数 m_n/mm	分度圆直径/mm							
		≤80	>80~125	>125~180	>180~250	>250~315	>315~400	>400~500	>500~630
7	≥1~3.5	$HK\binom{-112}{-168}$	$HK\binom{-112}{-168}$	$HK\binom{-128}{-192}$	$HK\binom{-128}{-192}$	$JL\binom{-160}{-256}$	$KL\binom{-192}{-256}$	$JL\binom{-180}{-288}$	$KM\binom{-216}{-360}$
	>3.5~6.3	$GJ\binom{-108}{-180}$	$GJ\binom{-108}{-180}$	$GJ\binom{-120}{-200}$	$HK\binom{-160}{-240}$	$HK\binom{-160}{-240}$	$HK\binom{-160}{-240}$	$JL\binom{-200}{-320}$	$JL\binom{-200}{-320}$
	>6.3~10	$GH\binom{-120}{-160}$	$GH\binom{-120}{-160}$	$GJ\binom{-132}{-220}$	$GJ\binom{-132}{-220}$	$HK\binom{-176}{-264}$	$HK\binom{-176}{-264}$	$HK\binom{-200}{-300}$	$HK\binom{-200}{-300}$
8	≥1~3.5	$GJ\binom{-120}{-200}$	$GJ\binom{-120}{-200}$	$GJ\binom{-132}{-220}$	$HK\binom{-176}{-264}$	$HK\binom{-176}{-264}$	$HK\binom{-176}{-264}$	$HK\binom{-200}{-300}$	$HK\binom{-200}{-300}$
	>3.5~6.3	$FG\binom{-100}{-150}$	$GH\binom{-150}{-200}$	$GJ\binom{-168}{-280}$	$GJ\binom{-168}{-280}$	$GJ\binom{-168}{-280}$	$GJ\binom{-168}{-280}$	$HK\binom{-224}{-336}$	$HK\binom{-224}{-336}$
	>6.3~10	$FG\binom{-112}{-168}$	$FG\binom{-112}{-168}$	$FH\binom{-128}{-256}$	$GH\binom{-192}{-256}$	$GH\binom{-192}{-256}$	$GH\binom{-192}{-256}$	$GH\binom{-216}{-288}$	$GJ\binom{-216}{-360}$
9	≥1~3.5	$FH\binom{-112}{-224}$	$GJ\binom{-168}{-280}$	$GJ\binom{-192}{-320}$	$GJ\binom{-192}{-320}$	$GJ\binom{-192}{-320}$	$HK\binom{-256}{-384}$	$HK\binom{-288}{-432}$	$HK\binom{-288}{-432}$
	>3.5~6.3	$FG\binom{-144}{-216}$	$FG\binom{-144}{-216}$	$FH\binom{-160}{-320}$	$FH\binom{-160}{-320}$	$GJ\binom{-240}{-400}$	$GJ\binom{-240}{-400}$	$GJ\binom{-240}{-400}$	$GJ\binom{-240}{-400}$
	>6.3~10	$FG\binom{-160}{-240}$	$FG\binom{-160}{-240}$	$FG\binom{-180}{-270}$	$FG\binom{-180}{-270}$	$FG\binom{-180}{-270}$	$GH\binom{-270}{-360}$	$GH\binom{-300}{-400}$	$GH\binom{-300}{-400}$

注：本表不属于 GB/T 10095—2001，仅供参考。表中偏差值适用于一般传动。

表 9-78　最小侧隙 $j_{n\,min}$ 参考值

中心距/mm		≤80	>80~125	>125~180	>180~250	>250~315	>315~400	>400~500	>500~630	>630~800	>800~1 000	>1 000~1 250	>1 250~1 600
类别	较小侧隙	74	87	100	115	130	140	155	175	200	230	260	310
	中等侧隙	120	140	160	185	210	230	250	280	320	360	420	500
	较大侧隙	190	220	250	290	320	360	400	440	500	550	660	780

注：1. 中等侧隙所规定的最小侧隙，对于钢或铸铁齿轮传动，当齿轮和壳体温差为 25℃时，不会由于发热而卡住。
　　2. 本表不属于 GB/T 10095—2001，仅供参考。

表 9-79　接触斑点

接触斑点	单　位	精度等级		
		7	8	9
按高度不小于	%	45（35）	40（30）	30
按长度不小于	%	60	50	40

注：1. 接触斑点的分布位置应趋近齿面中部，齿顶和两端部棱边处不允许接触。
　　2. 括号内数值，用于轴向重合度 $\varepsilon_\beta>0.8$ 的斜齿轮。

表 9-80　中心距极限偏差$\pm f_a$值

<table>
<tr><td colspan="3">第II公差组精度等级</td><td>7，8</td><td>9</td></tr>
<tr><td colspan="3">f_a</td><td>$\frac{1}{2}$IT8</td><td>$\frac{1}{2}$IT9</td></tr>
<tr><td rowspan="9">齿轮副中心距 a/mm</td><td>大于 30</td><td>到 50</td><td>19.5</td><td>31</td></tr>
<tr><td>50</td><td>80</td><td>23</td><td>37</td></tr>
<tr><td>80</td><td>120</td><td>27</td><td>43.5</td></tr>
<tr><td>120</td><td>180</td><td>31.5</td><td>50</td></tr>
<tr><td>180</td><td>250</td><td>36</td><td>57.5</td></tr>
<tr><td>250</td><td>315</td><td>40.5</td><td>65</td></tr>
<tr><td>315</td><td>400</td><td>44.5</td><td>70</td></tr>
<tr><td>400</td><td>500</td><td>48.5</td><td>77.5</td></tr>
<tr><td>500</td><td>630</td><td>55</td><td>87</td></tr>
</table>

表 9-81　轴线平行度公差

<table>
<tr><td>x 方向轴线平行度公差 $f_x=F_\beta$</td><td rowspan="2">F_β 见表 9-82</td></tr>
<tr><td>y 方向轴线平行度公差 $f_y=\frac{1}{2}F_\beta$</td></tr>
</table>

表 9-82　齿轮有关 F_r、F_w、f_t、f_{pt}、f_{pb}及 F_β 值

<table>
<tr><td colspan="2">分度圆直径/mm</td><td rowspan="4">法向模数 m_n/mm</td><td colspan="6">第I公差组</td><td colspan="9">第II公差组</td><td colspan="5">第III公差组</td></tr>
<tr><td rowspan="3">大于</td><td rowspan="3">到</td><td colspan="3">齿圈径向跳动公差 F_r</td><td colspan="3">公法线长度变动公差 F_w</td><td colspan="3">齿形公差 f_f</td><td colspan="3">齿距极限偏差$\pm f_{pt}$</td><td colspan="3">基节极限偏差$\pm f_{pb}$</td><td colspan="5">齿向公差 F_β</td></tr>
<tr><td colspan="15">精　度　等　级</td><td colspan="2" rowspan="2">齿轮宽度/mm</td><td colspan="3">精度等级</td></tr>
<tr><td>7</td><td>8</td><td>9</td><td>7</td><td>8</td><td>9</td><td>7</td><td>8</td><td>9</td><td>7</td><td>8</td><td>9</td><td>7</td><td>8</td><td>9</td><td>7</td><td>8</td><td>9</td></tr>
<tr><td rowspan="3">—</td><td rowspan="3">125</td><td>≥1～3.5</td><td>36</td><td>45</td><td>71</td><td rowspan="3">28</td><td rowspan="3">40</td><td rowspan="3">56</td><td>11</td><td>14</td><td>22</td><td>14</td><td>20</td><td>28</td><td>13</td><td>18</td><td>25</td><td rowspan="3">—</td><td rowspan="3">40</td><td rowspan="3">11</td><td rowspan="3">18</td><td rowspan="3">28</td></tr>
<tr><td>>3.5～6.3</td><td>40</td><td>50</td><td>80</td><td>14</td><td>20</td><td>32</td><td>18</td><td>25</td><td>36</td><td>16</td><td>22</td><td>32</td></tr>
<tr><td>>6.3～10</td><td>45</td><td>56</td><td>90</td><td>17</td><td>22</td><td>36</td><td>20</td><td>28</td><td>40</td><td>18</td><td>25</td><td>36</td></tr>
<tr><td rowspan="3">125</td><td rowspan="3">400</td><td>≥1～3.5</td><td>50</td><td>63</td><td>80</td><td rowspan="3">36</td><td rowspan="3">50</td><td rowspan="3">71</td><td>13</td><td>18</td><td>28</td><td>16</td><td>22</td><td>32</td><td>14</td><td>20</td><td>30</td><td rowspan="2">40</td><td rowspan="2">100</td><td rowspan="2">16</td><td rowspan="2">25</td><td rowspan="2">40</td></tr>
<tr><td>>3.5～6.3</td><td>56</td><td>71</td><td>100</td><td>16</td><td>22</td><td>36</td><td>20</td><td>28</td><td>40</td><td>18</td><td>25</td><td>36</td></tr>
<tr><td>>6.3～10</td><td>63</td><td>86</td><td>112</td><td>19</td><td>28</td><td>45</td><td>22</td><td>32</td><td>45</td><td>20</td><td>30</td><td>40</td><td rowspan="2">100</td><td rowspan="2">160</td><td rowspan="2">20</td><td rowspan="2">32</td><td rowspan="2">50</td></tr>
<tr><td rowspan="3">400</td><td rowspan="3">800</td><td>≥1～3.5</td><td>63</td><td>80</td><td>100</td><td rowspan="3">45</td><td rowspan="3">63</td><td rowspan="3">90</td><td>17</td><td>25</td><td>40</td><td>18</td><td>25</td><td>36</td><td>16</td><td>22</td><td>32</td></tr>
<tr><td>>3.5～6.3</td><td>71</td><td>90</td><td>112</td><td>20</td><td>28</td><td>45</td><td>20</td><td>28</td><td>40</td><td>18</td><td>25</td><td>36</td><td rowspan="2">160</td><td rowspan="2">250</td><td rowspan="2">24</td><td rowspan="2">38</td><td rowspan="2">60</td></tr>
<tr><td>>6.3～10</td><td>80</td><td>100</td><td>125</td><td>24</td><td>36</td><td>56</td><td>25</td><td>36</td><td>50</td><td>22</td><td>32</td><td>45</td></tr>
</table>

表 9-83　齿轮的 F''_i 及 f''_i 值

<table>
<tr><td colspan="2">分度圆直径/mm</td><td rowspan="3">法向模数/mm</td><td colspan="3">径向综合公差 F''_i</td><td colspan="3">一齿径向综合公差 f''_i</td></tr>
<tr><td rowspan="2">大于</td><td rowspan="2">到</td><td colspan="6">精 度 等 级</td></tr>
<tr><td>7</td><td>8</td><td>9</td><td>7</td><td>8</td><td>9</td></tr>
<tr><td rowspan="3">—</td><td rowspan="3">125</td><td>1～3.5</td><td>50</td><td>63</td><td>90</td><td>20</td><td>28</td><td>36</td></tr>
<tr><td>>3.5～6.3</td><td>56</td><td>71</td><td>112</td><td>25</td><td>36</td><td>45</td></tr>
<tr><td>>6.3～10</td><td>63</td><td>80</td><td>125</td><td>28</td><td>40</td><td>50</td></tr>
</table>

续表

分度圆直径/mm		法向模数/mm	径向综合公差 F_i''			一齿径向综合公差 f_i''		
			精度等级					
大于	到		7	8	9	7	8	9
125	400	1～3.5	71	90	112	22	32	40
		>3.5～6.3	80	100	140	28	40	50
		>6.3～10	90	112	160	32	45	56
		>10～16	100	125	180	36	50	63
400	800	1～3.5	90	112	140	25	36	45
		>3.5～6.3	100	125	160	28	40	50
		>6.3～10	112	140	180	32	45	56
		>10～16	125	160	224	40	56	71
800	1600	1～3.5	100	125	160	28	40	50
		>3.5～6.3	112	140	180	32	45	56
		>6.3～10	125	160	200	36	50	63
		>10～16	140	180	224	40	56	71

表 9-84　公法线长度 W'（$m=1$，$\alpha_0=20°$）

齿轮齿数 z	跨测齿数 k	公法线长度 W'	齿轮齿数 z	跨测齿数 k	公法线长度 W'	齿轮齿数 z	跨测齿数 k	公法线长度 W'	齿轮齿数 z	跨测齿数 k	公法线长度 W'	齿轮齿数 z	跨测齿数 k	公法线长度 W'
			21	3	674 4	41	5	13.858 8	61	7	043 2	81	10	29.179 7
			22	3	688 4	42	5	872 8	62	7	057 2	82	10	29.193 7
			23	3	702 4	43	5	386 8	63	8	23.023 3	83	10	207 7
4	2	4.484 2	24	3	716 5	44	5	900 8	64	8	23.037 3	84	10	221 7
5	2	4.498 2	25	3	730 5	45	6	16.867 0	65	8	051 3	85	10	235 7
6	2	4.512 2	26	3	744 5	46	6	16.881 0	66	8	065 3	86	10	249 7
7	2	4.526 2	27	4	10.710 6	47	6	895 0	67	8	079 3	87	10	263 7
8	2	4.540 2	28	4	10.724 6	48	6	909 0	68	8	093 3	88	10	277 7
9	2	4.554 2	29	4	738 6	49	6	923 0	69	8	107 3	89	10	291 7
10	2	4.568 3	30	4	752 6	50	6	937 0	70	8	121 3	90	11	32.257 9
11	2	4.582 3	31	4	766 6	51	6	951 0	71	8	135 3	91	11	32.271 8
12	2	596 3	32	4	780 6	52	6	966 0	72	9	26.101 5	92	11	285 8
13	2	610 3	33	4	794 6	53	6	979 0	73	9	26.115 5	93	11	299 8
14	2	624 3	34	4	808 6	54	7	19.945 2	74	9	129 5	94	11	313 8
15	2	638 3	35	4	822 6	55	7	19.959 1	75	9	143 5	95	11	327 9
16	2	652 3	36	5	13.788 8	56	7	973 1	76	9	157 5	96	11	341 9
17	2	666 3	37	5	13.802 8	57	7	987 1	77	9	171 5	97	11	355 9
18	3	7.632 4	38	5	816 8	58	7	20.001 1	78	9	185 5	98	11	369 9
19	3	7.646 4	39	5	830 8	59	7	015 2	79	9	199 5	99	12	35.336 1
20	3	7.660 4	40	5	844 8	60	7	029 2	80	9	213 5	100	12	35.350 0

续表

齿轮齿数 z	跨测齿数 k	公法线长度 W'	齿轮齿数 z	跨测齿数 k	公法线长度 W'	齿轮齿数 z	跨测齿数 k	公法线长度 W'	齿轮齿数 z	跨测齿数 k	公法线长度 W'	齿轮齿数 z	跨测齿数 k	公法线长度 W'
101	12	364 0	121	14	41.548 4	141	16	732 7	161	18	53.917 1	181	21	63.053 6
102	12	378 0	122	14	562 4	142	16	746 8	162	19	56.888 8	182	21	067 6
103	12	392 0	123	14	576 4	143	16	760 8	163	19	56.897 2	183	21	081 6
104	12	406 0	124	14	590 4	144	17	50.727 0	164	19	911 3	184	21	095 6
105	12	420 0	125	14	604 4	145	17	50.740 9	165	19	925 3	185	21	109 6
106	12	434 0	126	15	44.570 6	146	17	754 9	166	19	939 3	186	21	123 6
107	12	448 1	127	15	44.584 6	147	17	768 9	167	19	953 3	187	21	137 6
108	13	38.414 2	128	15	598 6	148	17	782 9	168	19	967 3	188	21	151 6
109	13	38.428 2	129	15	612 6	149	17	796 9	169	19	981 3	189	22	66.1 179
110	13	442 2	130	15	626 6	150	17	810 9	170	19	995 3	190	22	66.131 8
111	13	456 2	131	15	640 6	151	17	824 9	171	20	59.961 5	191	22	145 8
112	13	470 2	132	15	654 6	152	17	838 9	172	20	59.975 4	192	22	159 8
113	13	484 2	133	15	668 6	153	18	53.805 1	173	20	989 4	193	22	173 8
114	13	498 2	134	15	682 6	154	18	53.819 1	174	20	60.003 4	194	22	187 8
115	13	512 2	135	16	47.649 0	155	18	833 1	175	20	017 4	195	22	201 8
116	13	526 2	136	16	662 7	156	18	847 1	176	20	031 4	196	22	215 8
117	14	41.492 4	137	16	676 7	157	18	861 1	177	20	045 5	197	22	229 8
118	14	41.506 4	138	16	690 7	158	18	875 1	178	20	059 5	198	23	69.196 1
119	14	520 4	139	16	704 7	159	18	889 1	179	20	073 5	199	23	69.210 1
120	14	534 4	140	16	718 7	160	18	903 1	180	21	63.039 7	200	23	224 1

注：1. 对标准直齿圆柱齿轮，公法线长度 $W=W'm$；W'为 $m=1\text{mm}$、$\alpha_0=20°$时的公法线长度。

2. 对变位直齿圆柱齿轮，当变位系数较小，$|x|<0.3$ 时，跨测齿数 k 不变，按照表 9-84 查出；而公法线长度 $W=(W'+0.684x)m$，x—变位系数；当变位系数 x 较大，$|x|>0.3$ 时跨测齿数为 k'，可按下式计算

$$k' = z\frac{\alpha_x}{180°}+0.5$$

式中 $\alpha_x = \arccos\dfrac{2d\cos\alpha_0}{d_a+d_f}$；而公法线长度为

$$W=[2.9521(k'-0.5)+0.014z+0.684x]m$$

3. 斜齿轮的公法线长度 W_n 在法面内测量，其值也可按表 9-84 确定，但必须根据当量齿数 z'查表，z'可按下式计算

$$z' = k\beta z$$

式中 K_β 为与分度圆上齿的螺旋角 β 有关的当量齿数系数，见表 9-85。当量齿数常为非整数，其小数部分 $\Delta z'$所对应的公法线长度 $\Delta W'$可查表 9-86，故总的公法线长度

$$W_n=(W'+\Delta W')m_n$$

式中 m_n 为法向模数；W'为与当量齿数 z'整数部分相对应的公法线长度，查表 9-84。

表 9-85　当量齿数系数 K_β（$\alpha_{0n}=20°$）

β	K_β	差值	β	K_β	差值	β	K_β	差值	β	K_β	差值
1°	1.000	0.002	16°	1.119	0.017	31°	1.548	0.047	46°	2.773	0.143
2°	1.002	0.002	17°	1.136	0.018	32°	1.595	0.051	47°	2.916	0.155
3°	1.004	0.003	18°	1.154	0.019	33°	1.646	0.054	48°	3.071	0.168
4°	1.007	0.004	19°	1.173	0.021	34°	1.700	0.058	49°	3.239	0.184
5°	1.011	0.005	20°	1.194	0.022	35°	1.758	0.062	50°	3.423	0.200
6°	1.016	0.006	21°	1.216	0.024	36°	1.820	0.067	51°	3.623	0.220
7°	1.022	0.006	22°	1.240	0.026	37°	1.887	0.072	52°	3.843	0.240
8°	1.028	0.008	23°	1.266	0.027	38°	1.959	0.077	53°	4.083	0.264
9°	1.036	0.009	24°	1.293	0.030	39°	2.036	0.083	54°	4.347	0.291
10°	1.045	0.009	25°	1.323	0.031	40°	2.119	0.088	55°	4.638	0.320
11°	1.054	0.011	26°	1.354	0.034	41°	2.207	0.096	56°	4.958	0.354
12°	1.065	0.012	27°	1.388	0.036	42°	2.303	0.105	57°	5.312	0.391
13°	1.077	0.013	28°	1.424	0.038	43°	2.408	0.112	58°	5.703	0.435
14°	1.090	0.014	29°	1.462	0.042	44°	2.520	0.121	59°	6.138	0.485
15°	1.114	0.015	30°	1.504	0.044	45°	2.641	0.132			

注：对于 β 中间值的系数 K_β 和差值可按内插法求出。

表 9-86　公法线长度偏差 $\Delta W'$

$\Delta z'$	0.00	0.01	0.02	0.03	0.04	0.05	0.06	0.07	0.08	0.09
0.0	0.000 0	0.000 1	0.000 3	0.000 4	0.000 6	0.000 7	0.000 8	0.001 0	0.001 1	0.001 3
0.1	0.001 4	0.001 5	0.001 7	0.001 8	0.002 0	0.002 1	0.002 2	0.002 4	0.002 5	0.002 7
0.2	0.002 8	0.002 9	0.003 1	0.003 2	0.003 4	0.003 5	0.003 6	0.003 8	0.003 9	0.004 1
0.3	0.004 2	0.004 3	0.004 5	0.004 6	0.004 8	0.004 9	0.005 1	0.005 2	0.005 3	0.005 5
0.4	0.005 6	0.005 7	0.005 9	0.006 0	0.006 1	0.006 3	0.006 4	0.006 6	0.006 7	0.006 9
0.5	0.007 0	0.007 1	0.007 3	0.007 4	0.007 6	0.007 7	0.007 9	0.008 0	0.008 1	0.008 3
0.6	0.008 4	0.008 5	0.008 7	0.008 8	0.008 9	0.009 1	0.009 2	0.009 4	0.009 5	0.009 7
0.7	0.009 8	0.009 9	0.010 1	0.010 2	0.010 4	0.010 5	0.010 6	0.010 8	0.010 9	0.011 1
0.8	0.011 2	0.011 4	0.011 5	0.011 6	0.011 8	0.011 9	0.012 0	0.012 2	0.012 3	0.012 4
0.9	0.012 6	0.012 7	0.012 9	0.013 2	0.013 0	0.013 3	0.013 5	0.013 6	0.013 7	0.013 9

注：查取示例：$\Delta z'=0.65$ 时，由表 9-86 查得 $\Delta W'=0.009\ 1$。

表 9-87　非变位直齿圆柱齿轮分度圆上弦齿厚及弦齿高（$\alpha=20°$，$h_a^*=1$）

弦齿厚 $S_x=K_1m$						弦齿高 $h_x=K_2m$					
齿数 z	K_1	K_2	齿数 z	K_1	K_2	齿数 z	K_1	K_2	齿数 z	K_1	K_2
10	1.564 3	1.061 6	41		1.015 0	73		1.008 5	106		1.005 8
11	1.565 5	1.056 0	42	1.570 4	1.014 7	74	1.570 7	1.008 4	107		1.005 8
12	1.566 3	1.051 4	43		1.014 3	75		1.008 3	108	1.570 7	1.005 7
13	1.567 0	1.047 4	44		1.014 0	76		1.008 1	109		1.005 7
14	1.567 5	1.044 0	45		1.013 7	77		1.008 0	110		1.005 6
15	1.567 9	1.041 1	46		1.013 4	78	1.570 7	1.007 9	111		1.005 6
16	1.568 3	1.038 5	47	1.570 5	1.013 1	79		1.007 8	112		1.005 5
17	1.568 6	1.036 2	48		1.012 8	80		1.007 7	113	1.570 7	1.005 5
18	1.568 8	1.034 2	49		1.012 6	81		1.007 6	114		1.005 4
19	1.569 0	1.032 4	50		1.012 3	82		1.007 5	115		1.005 4
20	1.569 2	1.030 8	51		1.012 1	83	1.570 7	1.007 4	116		1.005 3
21	1.569 4	1.029 4	52		1.011 9	84		1.007 4	117		1.005 3
22	1.569 5	1.028 1	53	1.570 5	1.011 6	85		1.007 3	118	1.570 7	1.005 3
23	1.569 6	1.026 8	54		1.011 4	86		1.007 2	119		1.005 2
24	1.569 7	1.025 7	55		1.011 2	87		1.007 1	120		1.005 2
25	1.569 8	1.024 7	56		1.011 0	88	1.570 7	1.007 0	121		1.005 1
26		1.023 7	57		1.010 8	89		1.006 9	122		1.005 1
27	1.569 9	1.022 8	58	1.570 6	1.010 6	90		1.006 8	123	1.570 7	1.005 0
28		1.022 0	59		1.010 5	91		1.006 8	124		1.005 0
29	1.570 0	1.021 3	60		1.010 2	92		1.006 7	125		1.004 9
30	1.570 1	1.020 6	61		1.010 1	93	1.570 7	1.006 7	126		1.004 9
31		1.019 9	62		1.010 0	94		1.006 6	127		1.004 9
32		1.019 3	63	1.570 6	1.009 8	95		1.006 5	128	1.570 7	1.004 8
33	1.570 2	1.018 7	64		1.009 7	96		1.006 4	129		1.004 8
34		1.018 1	65		1.009 5	97		1.006 4	130		1.004 7
35		1.017 6	66		1.009 4	98	1.570 7	1.006 3	131		1.004 7
36	1.570 3	1.017 1	67	1.570 6	1.009 2	99		1.006 2	132		1.004 7
37		1.016 7	68		1.009 1	100		1.006 1	133	1.570 8	1.004 7
38		1.016 2	69	1.570 7	1.009 0	101		1.006 1	134		1.004 6
39	1.570 4	1.015 8	70		1.008 8	102		1.006 0	135		1.004 6
40		1.015 4	71	1.570 7	1.008 7	103	1.570 7	1.006 0	140		1.004 4
			72		1.008 6	104		1.005 9	145	1.570 81	1.004 2
						105		1.005 9	150		1.004 1
									齿条		1.000 0

注：1. 对于斜齿圆柱和圆锥齿轮，使用表 9-87 时，应以当量齿数 z_v 代替 z $\left(\text{斜齿轮：} z_v=\dfrac{z}{\cos^3\beta}\text{；锥齿轮：} z_v=\dfrac{z}{\cos\delta}\right)$。

2. z_v 非整数时，可用插值法求出。

6. 齿轮精度等级图样标记和公法线长度计算举例

在齿轮工作图中应标注齿轮的精度等级和齿厚极限偏差的字母代号。以下是两个标注示例：

（1）齿轮第 I 公差组精度为 8 级，第 II 公差组精度为 7 级，第 III 公差组精度为 7 级，齿厚上偏差为 G，下偏差为 J。

8 7 7 G J GB/T 10095—2001

- J：齿厚下偏差
- G：齿厚上偏差
- 7：第 III 公差组的精度等级
- 7：第 II 公差组的精度等级
- 8：第 I 公差组的精度等级

（2）齿轮的三个公差组精度同为 7 级，其齿厚上偏差为 H，下偏差为 K。

7 H K GB/T 10095—2001

- K：齿厚下偏差
- H：齿厚上偏差
- 7：第 I、II、III 公差组的精度等级

例 某齿轮减速器中一标准直齿圆柱齿轮模数 $m=2.5$，齿数 $z=80$，齿形角 $\alpha=20°$，按正常齿制制造，精度等级取 8-8-7。试确定齿轮公法线长度极限偏差。

解 （1）$d=mz=2.5\times80=200\text{mm}$，查表 9-77 取齿厚极限偏差为 HK。

查表 9-82，$F_r=0.063\text{mm}$，$f_{pt}=0.022\text{mm}$

查表 9-76

$$E_{ss}=H=-8f_{pt}=-8\times0.022=-0.176(\text{mm})$$

$$E_{si}=K=-12f_{pt}=-12\times0.022=-0.264(\text{mm})$$

齿厚公差

$$T_s=E_{ss}-E_{si}=0.088(\text{mm})$$

（2）计算公法线平均长度的极限偏差。

公法线平均长度的上偏差

$$E_{Wms}=E_{ss}\cdot\cos\alpha-0.72F_r\cdot\sin\alpha=-0.180(\text{mm})$$

公差

$$T_{Wm}=T_s\cos\alpha-1.44F_r\sin\alpha=0.052(\text{mm})$$

公法线平均长度下偏差

$$E_{Wmi}=E_{Wms}-T_{Wm}=-0.180-0.052=-0.232(\text{mm})$$

查表 9-84

$$W'=26.2135(\text{mm})$$

则公法线长度

$$W=W'm=26.2135\times2.5=65.534(\text{mm})$$

所以公法线平均长度极限偏差为 $65.534_{-0.232}^{-0.180}$。

9.9 蜗杆传动精度

1. 精度等级和公差组

与齿轮相同，标准对蜗杆传动规定了12个精度等级，按公差特性对传动性能的影响将蜗杆传动公差分成三个公差组，根据使用要求允许各组选用不同的精度等级，但在同一公差组中，各项公差与极限偏差应保持相同的精度等级。

表 9-88 蜗杆、蜗轮及其传动的公差组

<table>
<tr><th rowspan="3">公差组</th><th colspan="2">蜗　杆</th><th colspan="2">蜗　轮</th><th colspan="2">传　动</th></tr>
<tr><th colspan="6">公差及极限偏差项目</th></tr>
<tr><th>名　称</th><th>代号</th><th>名　称</th><th>代号</th><th>名　称</th><th>代号</th></tr>
<tr><td rowspan="5">I</td><td rowspan="5">—</td><td rowspan="5">—</td><td>蜗轮切向综合公差</td><td>F'_i</td><td rowspan="5">蜗杆副的切向综合公差</td><td rowspan="5">F'_{ic}</td></tr>
<tr><td>蜗轮径向综合公差</td><td>F''_i</td></tr>
<tr><td>蜗轮齿距累积公差</td><td>F_p</td></tr>
<tr><td>蜗轮 K 个齿距累积公差</td><td>F_{pk}</td></tr>
<tr><td>蜗轮齿圈径向跳动公差</td><td>F_r</td></tr>
<tr><td rowspan="5">II</td><td>蜗杆一转螺旋线公差</td><td>f_h</td><td>蜗轮一齿切向综合公差</td><td>f'_i</td><td rowspan="5">蜗杆副的一齿切向综合公差</td><td rowspan="5">f'_{ic}</td></tr>
<tr><td>蜗杆螺旋线公差</td><td>f_{hL}</td><td>蜗轮一齿径向综合公差</td><td>f''_i</td></tr>
<tr><td>蜗杆轴向齿距极限偏差</td><td>$\pm f_{px}$</td><td>蜗轮齿距极限偏差</td><td>$\pm f_{pt}$</td></tr>
<tr><td>蜗杆轴向齿距累积公差</td><td>f_{pxL}</td><td rowspan="2"></td><td rowspan="2"></td></tr>
<tr><td>蜗杆齿槽径向跳动公差</td><td>f_r</td></tr>
<tr><td rowspan="4">III</td><td rowspan="4">蜗杆齿形公差</td><td rowspan="4">f_{f1}</td><td rowspan="4">蜗轮齿形公差</td><td rowspan="4">f_{f2}</td><td>接触斑点</td><td></td></tr>
<tr><td>蜗杆副的中心距极限偏差</td><td>$\pm f_a$</td></tr>
<tr><td>蜗杆副的中间平面极限偏差</td><td>$\pm f_x$</td></tr>
<tr><td>蜗杆副的轴交角极限偏差</td><td>$\pm f_\Sigma$</td></tr>
</table>

表 9-89 蜗杆传动的加工方法及应用范围

<table>
<tr><th colspan="2">精度等级</th><th>7</th><th>8</th><th>9</th></tr>
<tr><td colspan="2">蜗轮圆周速度</td><td>≤7.5m/s</td><td>≤3m/s</td><td>≤1.5m/s</td></tr>
<tr><td rowspan="2">加工方法</td><td>蜗杆</td><td>渗碳淬火或淬火后磨削</td><td>淬火磨削或车削、铣削</td><td>车削或铣削</td></tr>
<tr><td>蜗轮</td><td>滚削或飞刀加工后珩磨（或加载配对跑合）</td><td>滚削或飞刀加工后加载配对跑合</td><td>滚削或飞刀加工</td></tr>
<tr><td colspan="2">应用范围</td><td>中等精度工业运转机构的动力传动。如机床进给、操纵机构，电梯曳引装置</td><td>每天工作时间不长的一般动力传动。如起重运输机械减速器，纺织机械传动装置</td><td>低速传动或手动机构。如舞台升降装置，塑料蜗杆传动</td></tr>
</table>

表 9-90　蜗杆、蜗轮部分误差的代号和定义

名　　称	代　　号	定　　义
蜗杆轴向齿距偏差 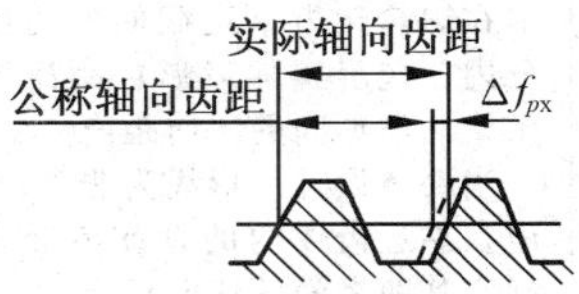 蜗杆轴向齿距极限偏差　上偏差 下偏差	Δf_{px} $+f_{px}$ $-f_{px}$	在蜗杆轴向截面上实际齿距与公称齿距之差
蜗杆轴向齿距累积误差 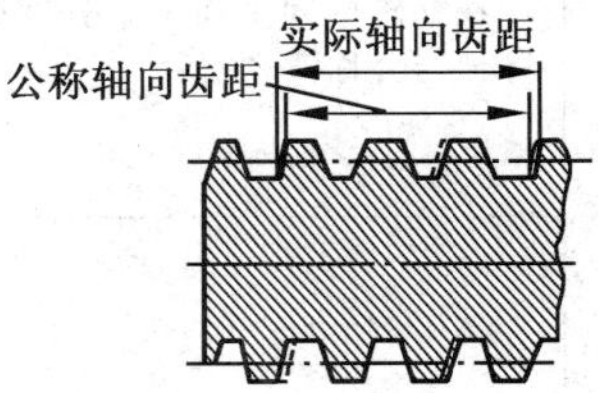 蜗杆轴向齿距累积公差	Δf_{pxL} f_{pxL}	在蜗杆轴向截面上的工作齿宽范围（两端不完整齿部分应除外）内，任意两个同侧齿面间实际轴向距离与公称轴向距离之差的最大绝对值
蜗杆齿槽径向跳动 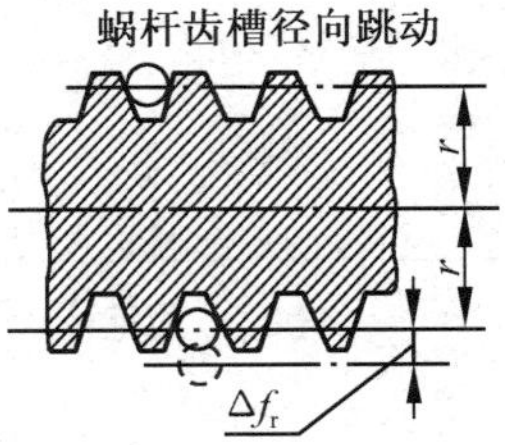 蜗杆齿槽径向跳动公差	Δf_r f_r	在蜗杆任意一转范围内，测头在齿槽内与齿高中部的齿面双面接触，其测头相对于蜗杆轴线的径向最大变动量
蜗杆齿形误差 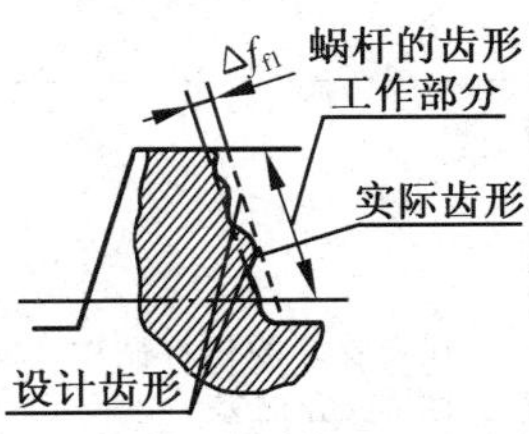 蜗杆齿形公差	Δf_{f1} f_{f1}	在蜗杆轮齿给定截面上的齿形工作部分内，包容实际齿形且距离为最小的两条设计齿形间的法向距离 当两条设计齿形线为非等距离的曲线时，应在靠近齿体内的设计齿形线的法线上确定其两者间的法向距离
蜗杆齿厚偏差 蜗杆齿厚极限偏差　上偏差 下偏差 蜗杆齿厚公差	ΔE_{s1} E_{ss1} E_{si1} T_{s1}	在蜗杆分度圆柱上，法向齿厚的实际值与公称值之差

续表

名　　称	代　　号	定　　义
蜗轮齿形误差 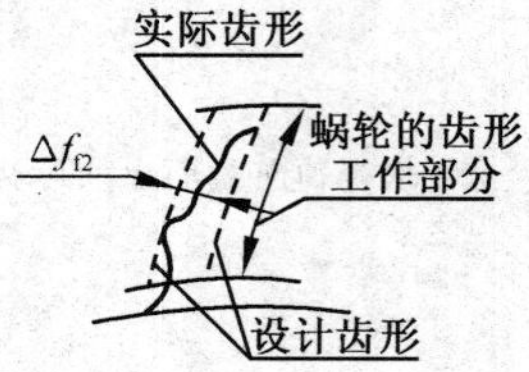 **蜗轮齿形公差**	Δf_{f2} f_{f2}	在蜗轮轮齿给定截面上的齿形工作部分内，包容实际齿形且距离为最小的两条设计齿形间的法向距离 当两条设计齿形线为非等距离曲线时，应在靠近齿体内的设计齿形线的法线上确定其两者间的法向距离
蜗轮齿厚偏差 蜗轮齿厚极限偏差　上偏差 　　　　　　　　　下偏差 蜗轮齿厚公差	ΔE_{s2} E_{ss2} E_{si2} T_{s2}	在蜗轮中间平面上，分度圆齿厚的实际值与公称值之差
蜗杆副的中心距偏差 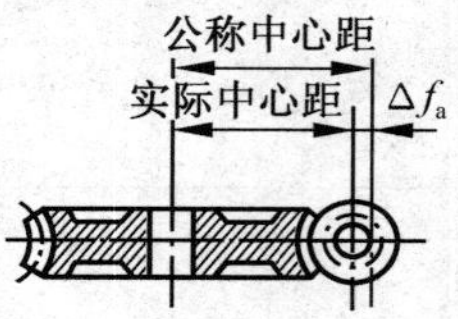 **蜗杆副的中心距极限偏差　上偏差** **下偏差**	Δf_a $+f_a$ $-f_a$	在安装好的蜗杆副中间平面内，实际中心距与公称中心距之差
蜗杆副的中间平面偏移 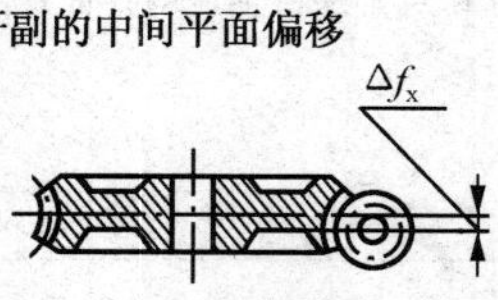 **蜗杆副的中间平面极限偏差上偏差** **下偏差**	Δf_x $+f_x$ $-f_x$	在安装好的蜗杆副中，蜗轮中间平面与传动中间平面之间的距离
蜗杆副的轴交角偏差 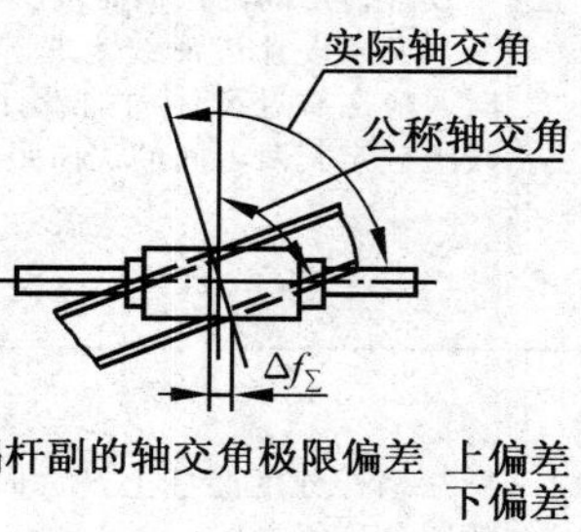 **蜗杆副的轴交角极限偏差　上偏差** **下偏差**	Δf_Σ $+f_\Sigma$ $-f_\Sigma$	在安装好的蜗杆副中，实际轴交角与公称轴交角之差 偏差值按蜗轮齿宽确定，以其线性值计

注：推荐的检验项目中的 F_p、F_r、f_{pt}、j_{nmin} 和接触斑点的定义与圆柱齿轮类似。

2. 蜗杆、蜗轮及传动的检验公差

标准中规定了蜗杆、蜗轮及其传动的检验要求，根据蜗杆传动的工作要求和生产规模，在各公差组中选定一个检验组来评定和验收蜗杆、蜗轮的精度。对于动力传动的一般圆柱蜗杆传动推荐的检验项目见表 9-91，各检验项目的公差值和极限偏差值见表 9-92 和表 9-93。

表 9-91　推荐的蜗杆、蜗轮及其传动检测项

类　别		蜗　杆			蜗　轮			传　动
精度等级		7	8	9	7	8	9	
公差组	I	—			F_p		F_p 或 F_r	接触斑点 $\pm f_a$，$\pm f_x$ 和 $\pm f_\Sigma$
	II	$\pm f_{px}$，f_{pxL}，与 f_r			$\pm f_{pt}$			
	III	f_{f1}			f_{f2}			
侧　隙		E_{ss1}，E_{si1}			E_{ss2}，E_{si2}			j_{nmin}
齿坯公差		蜗杆、蜗轮齿坯尺寸和形状公差，基准面径向和端面跳动公差						

表 9-92　蜗杆的公差和极限偏差 f_h、f_{hL}、f_{px}、f_{pxL}、f_{f1}、f_r

名称代号	模数 m/mm	精度等级 6	7	8	9	10
蜗杆一转螺旋线公差 f_h	1～3.5	11	14	—	—	—
	>3.5～6.3	14	20	—	—	—
	>6.3～10	18	25	—	—	—
	>10～16	24	32	—	—	—
	>16～25	32	45	—	—	—
蜗杆螺旋线公差 f_{hL}	1～3.5	22	32	—	—	—
	>3.5～6.3	28	40	—	—	—
	>6.3～10	36	50	—	—	—
	>10～16	45	63	—	—	—
	>16～25	63	90	—	—	—
蜗杆轴向齿距极限偏差 $\pm f_{px}$	1～3.5	7.5	11	14	20	28
	>3.5～6.3	9	14	20	25	36
	>6.3～10	12	17	25	32	48
	>10～16	16	22	32	46	63
	>16～25	22	32	45	63	85
蜗杆轴向齿距累积公差 f_{pxL}	1～3.5	13	18	25	36	—
	>3.5～6.3	16	24	34	48	—
	>6.3～10	21	32	45	63	—
	>10～16	28	40	56	80	—
	>16～25	40	53	75	100	—
蜗杆齿形公差 f_{f1}	1～3.5	11	16	22	32	45
	>3.5～6.3	14	22	32	45	60
	>6.3～10	19	28	40	53	75
	>10～16	25	36	53	75	100
	>16～25	36	53	75	100	140

名称代号	分度圆直径 d_1/mm	模数 m/mm	精度等级 6	7	8	9	10
蜗杆齿槽径向跳动公差 f_r	≤10	1～3.5	11	14	20	28	40
	>10～18	1～3.5	12	15	21	29	41
	>18～31.5	1～6.3	12	16	22	30	42
	>31.5～50	1～10	13	17	23	32	45
	>50～80	1～16	14	18	25	36	48
	>80～125	1～16	16	20	28	40	56
	>125～180	1～25	18	25	32	45	63
	>180～250	1～25	22	28	40	53	75
	>250～315	1～25	25	32	45	63	90
	>315～400	1～25	28	36	53	71	100

注：当基准蜗杆齿形角 α 不等于 120°时，本标准规定的 f_r 值乘以系数 $\sin 20°/\sin\alpha$。

表 9-93　蜗轮的 F_p、F_{pk}、$\pm f_{pt}$、f_{pt}、f_{r2}

蜗轮齿距累积公差 F_p 和 K 个齿距累积公差 F_{pk}					
分度圆弧长 L/mm	精度等级 6	7	8	9	10
≤11.2	11	16	22	32	45
>11.2～20	16	22	32	45	63
>20～32	20	28	40	56	80
>32～50	22	32	45	63	90
>50～80	25	36	50	71	100
>80～160	32	45	63	90	125
>160～315	45	63	90	125	180
>315～630	63	90	125	180	250
>630～1 000	80	112	160	224	315
>1 000～1 600	100	140	200	280	400
>1 600～2 500	112	160	224	315	450

分度圆直径 d_2/mm	模数 m/mm	蜗轮齿距极限偏差 $\pm f_{pt}$ 精度等级 6	7	8	9	10	蜗轮齿形公差 f_{r2} 精度等级 6	7	8	9	10
≤125	1～3.5	10	14	20	28	40	8	11	14	22	36
	>3.5～6.3	13	18	25	36	50	10	14	20	32	50
	>6.3～10	14	20	28	40	56	12	17	22	36	56
>125～400	1～3.5	11	16	22	32	45	9	13	18	28	45
	>3.5～6.3	14	20	28	40	56	11	16	22	36	56
	>6.3～10	16	22	32	45	63	13	19	28	45	71
	>10～16	18	25	36	50	71	16	22	32	50	80
>400～800	1～3.5	13	18	25	36	50	12	17	25	40	63
	>3.5～6.3	14	20	28	40	56	14	20	28	45	71
	>6.3～10	18	25	36	50	71	16	24	36	56	90
	>10～16	20	28	40	56	80	18	26	40	63	100
	>16～25	25	36	50	71	100	24	36	56	90	140
>800～1 600	1～3.5	14	20	28	40	56	17	24	36	56	90
	>3.5～6.3	16	22	32	45	63	18	28	40	63	100
	>6.3～10	18	25	36	50	71	20	30	45	71	112
	>10～16	20	28	40	56	80	22	34	50	80	125
	>16～25	25	36	50	71	100	28	42	63	100	160

注：1. 查 F_p 时，取 $L=\frac{1}{2}\pi d_2=\frac{1}{2}\pi m x_2$；查 F_{pk} 时，取 $L=K\pi m$（K 为 2 到小于 $x_2/2$ 的整数）。

2. 除特殊情况外，对于 F_{pk}，K 值规定取为小于 $x_2/6$ 的最大整数。

表 9-94　蜗轮的 F_r、F_i'、f_i'

分度圆直径 d_2/mm	模数 m/mm	蜗轮齿圆径向跳动公差 F_r 6	7	8	9	10	蜗轮径向综合公差 F_i' 6	7	8	9	10	蜗轮一齿径向综合公差 f_i' 6	7	8	9	10
		精度等级														
≤125	1～3.5	28	40	50	63	80	—	56	71	90	112	—	20	28	36	45
	>3.5～6.3	36	50	63	80	100		71	90	112	140		25	36	45	56
	>6.3～10	40	56	71	90	112		80	100	125	160		28	40	50	63
>125～400	1～3.5	32	45	56	71	90	—	63	80	100	125	—	22	32	40	50
	>3.5～6.3	40	56	71	90	112		80	100	125	160		28	40	50	63
	>6.3～10	45	63	80	100	125		90	112	140	180		32	45	56	71
	>10～16	50	71	90	112	140		100	125	160	200		36	50	63	80
>400～800	1～3.5	45	63	80	100	125	—	90	112	140	180	—	25	36	45	56
	>3.5～6.3	50	71	90	112	140		100	125	160	200		28	40	50	63
	>6.3～10	56	80	100	125	160		112	140	180	224		32	45	56	71
	>10～16	71	100	125	160	200		140	180	224	280		40	56	71	90
	>16～25	90	125	160	200	250		180	224	280	355		50	71	90	112
>800～1 600	1～3.5	50	71	90	112	140	—	100	125	160	200	—	28	40	50	63
	>3.5～6.3	56	80	100	125	160		112	140	180	224		32	45	56	71
	>6.3～10	63	90	112	140	180		125	160	200	250		36	50	63	80
	>10～16	71	100	125	160	200		140	180	224	280		40	56	71	90
	>16～25	90	125	160	200	250		180	224	280	355		50	71	90	112

注：当基准蜗杆齿形角 α 不等于 20°时，本标准规定的公差值乘以系数 $\sin 20°/\sin\alpha$。

表 9-95　蜗杆副接触斑点的要求

精度等级	接触面积的百分比/%		接触形状	接触位置
	沿齿高不小于	沿齿长不小于		
5 和 6	65	60	接触斑点在齿高方向无断缺，不允许成带状条纹	接触斑点痕迹的分布位置靠近齿面中部，允许略偏于啮入端。在齿顶和啮入、啮出端的棱边处不允许接触
7 和 8	55	50	不作要求	接触斑点痕迹应偏于啮出端，但不允许在齿顶和啮入、啮出端的棱边接触
9 和 10	45	40		

注：采用修形齿面的蜗杆传动，接触斑点的要求可不受本标准规定的限制。

表 9-96　蜗杆副的 $\pm f_a$、$\pm f_x$、$\pm f_\Sigma$ 值

传动中心距 a/mm	蜗杆副中心距极限偏差 $\pm f_a$			蜗杆副中间平面极限偏移 $\pm f_x$		
	精度等级					
	6	7、8	9、10	6	7、8	9、10
≤30	17	26	42	14	21	34
30～50	20	31	50	16	25	40
50～80	23	37	60	18.5	30	48
80～120	27	44	70	22	36	56
120～180	32	50	80	27	40	64
180～250	36	58	92	29	47	74
250～315	40	65	105	32	52	85
315～400	45	70	115	36	56	92
400～500	50	78	125	40	63	100
500～630	55	87	140	44	70	112
630～800	62	100	160	50	80	130
800～1 000	70	115	180	56	92	145
1 000～1 250	82	130	210	66	105	170
1 250～1 600	97	155	250	78	125	200

蜗杆副轴交角极限偏差 $\pm f_\Sigma$					
蜗轮齿宽 b_2/mm	精度等级				
	6	7	8	9	10
≤30	10	12	17	24	34
>30～50	11	14	19	28	38
>50～80	13	16	22	32	45
>80～120	15	19	24	36	53
>120～180	17	22	28	42	60
>180～250	20	25	32	48	67
>250	22	28	36	53	75

3．蜗杆传动的侧隙

标准按蜗杆最小法向侧隙的大小，用侧隙种类代号（字母）表示，共分 a、b、c、d、e、f、g、h 八种。其中，以 a 为最大，h 为零，如图 9-2 所示，其值见表 9-98。侧隙种类与精度等级无关，根据工作条件和使用要求选择。

表 9-97　齿厚偏差计算公式

齿厚偏差名称		计算公式
蜗杆齿厚	上偏差	$E_{ss1}=-(j_{nmin}/\cos\alpha_n+E_{s\Delta})$
	下偏差	$E_{si1}=E_{ss1}-T_{s1}$
蜗轮齿厚	上偏差	$E_{ss2}=0$
	下偏差	$E_{si2}=-T_{s2}$

注：1. $E_{s\Delta}$ 为制造误差的补偿部分，见表 9-99。
2. T_{s1}、T_{s2} 分别为蜗杆、蜗轮齿厚公差，见表 9-100。

传动的最小法向侧隙由蜗杆齿厚的减薄量来保证，即取蜗杆齿厚上偏差 $E_{ss1}=E_{ss1}-(j_{nmin}/\cos\alpha_n+E_{s\Delta})$，齿厚下偏差 $E_{si1}=E_{ss1}-T_{s1}$，$E_{s\Delta}$为制造误差的补偿部分。蜗轮齿厚上偏差 $E_{ss2}=0$，下偏差$E_{si2}=-T_{s2}$。对于可调中心距传动或不要求互换的传动，对蜗轮的齿厚公差可不作规定。T_{s1}、T_{s2}、$E_{s\Delta}$值见表 9-99 和表 9-100。

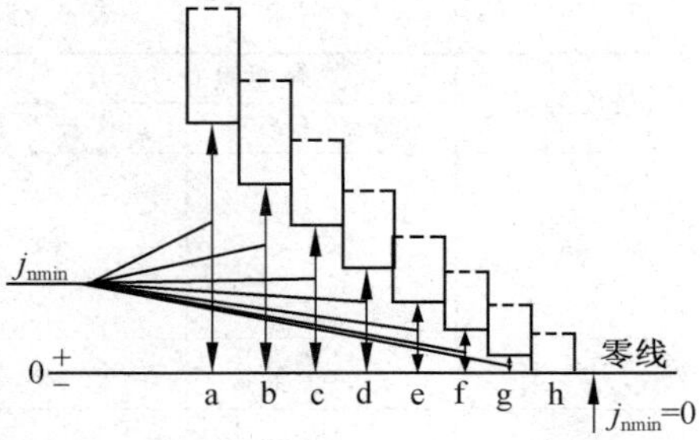

图 9-2　蜗杆副最小法向间隙种类

表 9-98　蜗杆副最小法向间隙 j_{nmin} 值

传动中心距 a/mm	侧隙种类							
	h	g	f	e	d	c	b	a
＞30～50	0	11	16	25	39	62	100	160
＞50～80	0	13	19	30	46	74	120	190
＞80～120	0	15	22	35	54	87	140	220
＞120～180	0	18	25	40	63	100	160	250
＞180～250	0	20	29	46	72	115	185	290
＞250～315	0	23	32	52	81	130	210	320
＞315～400	0	25	36	57	89	140	230	360

注：1. 表中数值系蜗杆传动在 20℃时的情况，未计入传动发热和传动弹性变形的影响。

2. 传动的最小圆周侧隙 $j_{nmin}\approx j_{nmin}/(\cos\gamma'\cos\alpha_n)$，式中 γ'为蜗杆节圆柱导程角；α_n 为蜗杆法向齿形角。

表 9-99　蜗杆齿厚上偏差（E_{ss1}）中的误差补偿部分 $E_{s\Delta}$ 值

第 II 公差组精度等级	模数 m/mm	传动中心距 a/mm													
		≤30	＞30～50	＞50～80	＞80～120	＞120～180	＞180～250	＞250～315	＞315～400	＞400～500	＞500～630	＞630～800	＞800～1 000	＞1 000～1 250	＞1 250～1 600
6	1～3.5	30	30	32	36	40	45	48	50	56	60	65	75	85	100
	＞3.5～6.3	32	36	38	40	45	48	50	56	60	63	70	75	90	100
	＞6.3～10	42	45	45	48	50	52	56	60	63	68	75	80	90	105
	＞10～16	—	—	—	58	60	63	65	68	71	75	80	85	95	110
	＞16～25	—	—	—	—	75	78	80	85	85	90	95	100	110	120
7	1～3.5	45	48	50	56	60	71	75	80	85	95	105	120	135	160
	＞3.5～6.3	50	56	58	63	68	75	80	85	90	100	110	125	140	160
	＞6.3～10	60	63	65	71	75	80	85	90	95	105	115	130	140	165
	＞10～16	—	—	—	80	85	90	95	100	105	110	125	135	150	170
	＞16～25	—	—	—	—	115	120	120	125	130	135	145	155	165	185
8	1～3.5	50	56	58	63	68	75	80	85	90	100	110	125	140	160
	＞3.5～6.3	68	71	75	78	80	85	90	95	100	110	120	130	145	170
	＞6.3～10	80	85	90	90	95	100	100	105	110	120	130	140	150	175

续表

第II公差组精度等级	模数 m/mm	传动中心距 a/mm													
		≤30	>30~50	>50~80	>80~120	>120~180	>180~250	>250~315	>315~400	>400~500	>500~630	>630~800	>800~1 000	>1 000~1 250	>1 250~1 600
8	>10~16	—	—	—	110	115	115	120	125	130	135	140	155	165	185
	>16~25	—	—	—	—	150	155	155	160	160	170	175	180	190	210
9	1~3.5	75	80	90	95	100	110	120	130	140	155	170	190	220	260
	>3.5~6.3	90	95	100	105	110	120	130	140	150	160	180	200	225	260
	>6.3~10	110	115	120	125	130	140	145	155	160	170	190	210	235	270
	>10~16	—	—	—	160	165	170	180	185	190	200	220	230	255	290
	>16~25	—	—	—	—	215	220	225	230	235	245	255	270	290	320
10	1~3.5	100	105	110	115	120	130	140	145	155	165	185	200	230	270
	>3.5~6.3	120	125	130	135	140	145	155	160	170	180	200	210	240	280
	>6.3~10	155	160	165	170	175	180	185	190	200	205	220	240	260	290
	>10~16	—	—	—	210	215	220	225	230	235	240	260	270	290	320
	>16~25	—	—	—	—	280	285	290	295	300	305	310	320	340	370

表 9-100　蜗轮齿厚公差 T_{s1}、蜗杆齿厚公差 T_{s2}

T_{s2}						
分度圆直径 d_2/mm	模数 m/mm	精度等级				
		6	7	8	9	10
≤125	1~3.5	71	90	110	130	160
	>3.5~6.3	85	110	130	160	190
	>6.3~10	90	120	140	170	210
>125~400	1~3.5	80	100	120	140	170
	>3.5~6.3	90	120	140	170	210
	>6.3~10	100	130	160	190	230
	>10~16	110	140	170	210	260
	>16~25	130	170	210	260	320
>400~800	1~3.5	85	110	130	160	190
	>3.5~6.3	90	120	140	170	210
	>6.3~10	100	130	160	190	230
	>10~16	120	160	190	230	290
	>16~25	140	190	230	290	350
>800~1 600	1~3.5	90	120	140	170	210
	>3.5~6.3	100	130	160	190	230
	>6.3~10	110	140	170	210	260
	>10~16	120	160	190	230	290
	>16~25	140	190	230	290	350

T_{s1}					
模数 m/mm	精度等级				
	6	7	8	9	10
1~3.5	36	45	53	67	95
>3.5~6.3	45	56	71	90	130
>6.3~10	60	71	90	110	160
>10~16	80	95	120	150	210
>16~25	110	130	160	200	280

注：1. 精度等级分别按蜗轮、蜗杆第 II 公差组确定。

2. 在最小法向侧隙能保证的条件下，T_{s2} 公差带允许采用对称分布。

3. 对传动最大法向侧隙 j_{nmax} 无要求时，允许蜗杆齿厚公差 T_{s1} 增大，最大不超过两倍。

4. 齿坯公差和蜗杆、蜗轮的表面粗糙度

表 9-101　齿坯公差值

蜗杆、蜗轮齿坯尺寸和形状公差						
精度等级		6	7	8	9	10
孔	尺寸公差	IT6	IT7		IT8	
孔	形状公差	IT5	IT6		IT7	
轴	尺寸公差	IT5	IT6		IT7	
轴	形状公差	IT4	IT5		IT6	
齿顶圆直径	作测量基准	IT8			IT9	
齿顶圆直径	不作测量基准	尺寸公差按 IT11 确定，但不大于 0.1mm				

蜗杆、蜗轮齿坯基准面径向和端面跳动公差			
基准面直径 d/mm	精度等级		
	6	7～8	9～10
≤31.5	4	7	10
>31.5～63	6	10	16
>63～125	8.5	14	22
>125～400	11	18	28
>400～800	14	22	36
>800～1 600	20	32	50

注：1. 当三个公差组的精度等级不同时，按最高精度等级确定公差。

2. 当以齿顶圆作为测量标准时，也即为蜗杆、蜗轮的齿坯基准面。

3. IT4～IT11 值见表 9-88。

表 9-102　蜗杆、蜗轮的表面粗糙度 R_a 推荐值　　（单位：μm）

蜗杆					蜗轮				
精度等级		7	8	9	精度等级		7	8	9
R_a	齿面	0.8	1.6	3.2	R_a	齿面	0.8	1.6	3.2
R_a	顶圆	1.6	1.6	3.2	R_a	顶圆	3.2	3.2	6.3

5. 图样标注

在蜗杆、蜗轮工作图上，应分别标注精度等级、齿厚极限偏差或相应的侧隙种类代号和本标准代号。对传动，应标出相应的精度等级、侧隙种类代号和本标准代号。

标注比例：

(1) 蜗杆的第 II、III 公差组的精度为 8 级，齿厚极限偏差为标准值，相配的侧隙种类为 c，则标注为

蜗杆 8 c GB 10089—1988

本标准代号

侧隙种类代号

第 II、III 公差组的精度等级

若蜗杆齿厚极限偏差为非标准值，如上偏差为－0.27，下偏差为－0.40，则标注为

$$\text{蜗杆}\quad 8\begin{pmatrix}-0.27\\-0.40\end{pmatrix}\quad \text{GB 10089—1988}$$

(2) 蜗轮的第 I 公差组的精度为 7 级，第 II、III 公差组的精度为 8 级，齿厚极限偏差为标准值，相配的侧隙种类为 c，则标注为

7—8—8 c GB 10089—1988
本标准代号
侧隙种类代号
第 III 公差组的精度等级
第 II 公差组的精度等级
第 I 公差组的精度等级

若蜗轮的三个公差组的精度同为 8 级，其他同上，则标注为

8c GB 10089—1988

若蜗轮齿厚无公差要求，则标注为

7—8—8 GB 10089—1988

（3）传动的第 I 公差组的精度为 7 级，第 II、III 公差组的精度为 8 级，侧隙种类为 c，则标注为

传动 7—8—8 c GB 10089—1988
本标准代号
侧隙种类代号
第 III 公差组的精度等级
第 II 公差组的精度等级
第 I 公差组的精度等级

若传动的三个公差组的精度同为 8 级，侧隙种类为 c，则标注为

传动8c GB 10089—1988

若侧隙为非标准值时，如 $j_{tmin}=0.03$mm，$j_{tmax}=0.06$mm，则标注为

$$\text{传动 } 7—8—8\begin{pmatrix}0.03\\0.06\end{pmatrix}\quad \text{GB 10089—1988}$$

9.10 电 动 机

表 9-103 Y 系列（IP44）三相异步电动机（JB/T 9616—1999）技术参数

型号	额定功率/kW	满载时				堵转转矩/额定转矩	堵转电流/额定电流	最大转矩/额定转矩	噪声(声功率级)/dB(A)		振动速度/(mm/s)	转动惯量/(kg·m²)	质量(B3)/kg
		额定电流/A	转速/(r/min)	效率/%	功率因数 cosφ				1 级	2 级			
同步转速 3 000r/min													
Y801-2	0.75	1.8	2 830	75.0	0.84	2.2	6.5	2.3	66	71	1.8	0.000 75	17
Y802-2	1.1	2.5	2 830	77.0	0.86	2.2	7.0	2.3	66	71	1.8	0.000 9	18
Y90S-2	1.5	3.4	2 840	78.0	0.85	2.2	7.0	2.3	70	75	1.8	0.001 2	22
Y90L-2	2.2	4.8	2 840	80.5	0.86	2.2	7.0	2.3	70	75	1.8	0.001 4	25

续表

型号	额定功率/kW	满载时				堵转转矩/额定转矩	堵转电流/额定电流	最大转矩/额定转矩	噪声(声功率级)/dB(A)		振动速度/(mm/s)	转动惯量/(kg·m²)	质量(B3)/kg
		额定电流/A	转速/(r/min)	效率/%	功率因数 cosφ				1级	2级			
同步转速 3 000r/min													
Y100L-2	3	6.4	2 880	82.0	0.87	2.2	7.0	2.3	74	79	1.8	0.002 9	34
Y112M-2	4	8.2	2 890	85.5	0.87	2.2	7.0	2.3	74	79	1.8	0.005 5	45
Y132S1-2	5.5	11.1	2 900	85.5	0.88	2.0	7.0	2.3	78	83	1.8	0.010 9	67
Y132S2-2	7.5	15.0	2 900	86.2	0.88	2.0	7.0	2.3	78	83	1.8	0.012 6	72
Y160M1-2	11	21.8	2 930	87.2	0.88	2.0	7.0	2.3	82	87	2.8	0.037 7	115
Y160M2-2	15	29.4	2 930	88.2	0.88	2.0	7.0	2.3	82	87	2.8	0.044 9	125
Y160L-2	18.5	35.5	2 930	89.0	0.89	2.0	7.0	2.2	82	87	2.8	0.055	145
Y180M-2	22	42.2	2 940	89.0	0.89	2.0	7.0	2.2	87	92	2.8	0.075	173
Y200L1-2	30	56.9	2 950	90.0	0.89	2.0	7.0	2.2	90	95	2.8	0.124	232
Y200L2-2	37	69.8	2 950	90.5	0.89	2.0	7.0	2.2	90	95	2.8	0.139	250
Y225M-2	45	84.0	2 970	91.5	0.89	2.0	7.0	2.2	90	97	2.8	0.233	312
Y250M-2	55	103	2 970	91.5	0.89	2.0	7.0	2.2	92	97	4.5	0.312	387
Y280S-2	75	139	2 970	92.0	0.89	2.0	7.0	2.2	94	99	4.5	0.597	515
Y280M-2	90	166	2 970	92.5	0.89	2.0	7.0	2.2	94	99	4.5	0.62	566
Y315S-2	110	203	2 980	92.5	0.89	1.8	6.8	2.2	99	104	4.5	1.18	922
Y315M-2	132	242	2 980	93.0	0.89	1.8	6.8	2.2	99	104	4.5	1.72	1 010
Y315L1-2	160	292	2 980	93.5	0.89	1.8	6.8	2.2	99	104	4.5	1.82	1 085
Y315L2-2	200	365	2 980	93.5	0.89	1.8	6.8	2.2	99	104	4.5	2.18	1 220
同步转速 1 500r/min													
Y801-4	0.55	1.5	1 390	73.0	0.76	2.4	6.0	2.3	56	67	1.8	0.001 8	17
Y802-4	0.75	2	1 390	74.5	0.76	2.3	6.0	2.3	56	67	1.8	0.002 1	17
Y90S-4	1.1	2.7	1 400	78.0	0.78	2.3	6.5	2.3	61	67	1.8	0.002 1	25
Y90L-4	1.5	3.7	1 400	79.0	0.79	2.3	6.5	2.3	62	67	1.8	0.002 7	26
Y100L1-4	2.2	5	1 430	81.0	0.82	2.2	7.0	2.3	65	70	1.8	0.005 4	34
Y100L2-4	3	6.8	1 430	82.5	0.81	2.2	7.0	2.3	65	70	1.8	0.006 7	35
Y112M-4	4	8.8	1 440	84.5	0.82	2.2	7.0	2.3	68	74	1.8	0.009 5	47
Y132S-4	5.5	11.6	1 440	85.5	0.84	2.2	7.0	2.3	70	78	1.8	0.021 4	68
Y132M-4	7.5	15.4	1 440	87.0	0.85	2.2	7.0	2.3	71	78	1.8	0.029 6	79
Y160M-4	11	22.6	1 460	88.0	0.84	2.2	7.0	2.3	75	82	1.8	0.074 7	122
Y160L-4	15	30.3	1 460	88.5	0.85	2.2	7.0	2.3	77	82	1.8	0.091 8	142
Y180M-4	18.5	35.9	1 470	91.0	0.86	2.0	7.0	2.2	77	82	1.8	0.139	174
Y180L-4	22	42.5	1 470	91.5	0.86	2.0	7.0	2.2	77	82	1.8	0.158	192
Y200L-4	30	56.8	1 470	92.2	0.87	2.0	7.0	2.2	79	84	1.8	0.262	253
Y225S-4	37	70.4	1 480	91.8	0.87	1.9	7.0	2.2	79	84	1.8	0.406	294
Y225M-4	45	84.2	1 480	92.3	0.88	1.9	7.0	2.2	79	84	1.8	0.469	327
Y250M-4	55	103	1 480	92.6	0.88	2.0	7.0	2.2	81	86	2.8	0.64	381

续表

型号	额定功率/kW	满载时				堵转转矩/额定转矩	堵转电流/额定电流	最大转矩/额定转矩	噪声(声功率级)/dB(A)		振动速度/(mm/s)	转动惯量/(kg·m²)	质量(B3)/kg
		额定电流/A	转速/(r/min)	效率/%	功率因数cosφ				1 级	2 级			
同步转速 1 500r/min													
Y280S-4	75	140	1 480	92.7	0.88	1.9	7.0	2.2	85	90	2.8	1.10	535
Y280M-4	90	164	1 480	93.5	0.89	1.9	7.0	2.2	85	90	2.8	1.45	634
Y315S-4	110	201	1 480	93.5	0.89	1.8	6.8	2.2	93	98	2.8	3.11	912
Y315M-4	132	240	1 480	94.0	0.89	1.8	6.8	2.2	96	101	2.8	3.62	1 048
Y315L1-4	160	289	1 480	94.5	0.89	1.8	6.8	2.2	96	101	2.8	4.13	1 105
Y315L2-4	200	361	1 480	94.5	0.89	1.8	6.8	2.2	96	101	2.8	4.5	1 260
同步转速 1 000r/min													
Y90S-6	0.75	2.3	910	72.5	0.70	2.0	5.5	2.2	56	65	1.8	0.002 9	21
Y90L-6	1.1	3.2	910	73.5	0.72	2.0	5.5	2.2	56	65	1.8	0.003 5	24
Y100L-6	1.5	4	940	77.5	0.74	2.0	6.0	2.2	62	67	1.8	0.006 9	35
Y112M-6	2.2	5.6	940	80.5	0.74	2.0	6.0	2.2	62	67	1.8	0.013 8	45
Y132S-6	3	7.2	960	83.0	0.76	2.0	6.5	2.2	66	71	1.8	0.028 6	66
Y132M1-6	4	9.4	960	84.0	0.77	2.0	6.5	2.2	66	71	1.8	0.035 7	75
Y132M2-6	5.5	12.6	960	85.3	0.78	2.0	6.5	2.2	66	71	1.8	0.044 9	85
Y160M-6	7.5	17	970	86.0	0.78	2.0	6.5	2.0	69	75	1.8	0.088 1	116
Y160L-6	11	24.6	970	87.0	0.78	2.0	6.5	2.0	70	75	1.8	0.116	139
Y180L-6	15	31.4	970	89.5	0.81	1.8	6.5	2.0	70	78	1.8	0.207	182
Y200L1-6	18.5	37.2	970	89.8	0.83	1.8	6.5	2.0	73	78	1.8	0.315	228
Y200L2-6	22	44.6	970	90.2	0.83	1.8	6.5	2.0	73	78	1.8	0.360	246
Y225M-6	30	59.5	980	90.2	0.85	1.7	6.5	2.0	76	81	1.8	0.547	294
Y250M-6	37	72	980	90.8	0.86	1.8	6.5	2.0	76	81	2.8	0.834	395
Y280S-6	45	85.4	980	92.0	0.87	1.8	6.5	2.0	79	84	2.8	1.39	505
Y280M-6	55	104	980	92.0	0.87	1.8	6.5	2.0	79	84	2.8	1.65	566
Y315S-6	75	141	980	92.8	0.87	1.6	6.5	2.0	87	92	2.8	4.11	850
Y315M-6	90	169	980	93.2	0.87	1.6	6.5	2.0	87	92	2.8	4.78	965
Y315L1-6	110	206	980	93.5	0.87	1.6	6.5	2.0	87	92	2.8	5.45	1 028
Y315L2-6	132	246	980	93.8	0.87	1.6	6.5	2.0	87	92	2.8	6.12	1 195
同步转速 750r/min													
Y132S-8	2.2	5.8	710	80.5	0.71	2.0	5.5	2.0	61	66	1.8	0.031 4	66
Y132M-8	3	7.7	710	82.0	0.72	2.0	5.5	2.0	61	66	1.8	0.039 5	76
Y160M1-8	4	9.9	720	84.0	0.732	2.0	6.0	2.0	64	69	1.8	0.075 3	105
Y160M2-8	5.5	13.3	720	85.0	0.74	2.0	6.0	2.0	64	69	1.8	0.093 1	115
Y160L-8	7.5	17.7	720	86.0	0.75	2.0	5.5	2.0	67	72	1.8	0.126	140
Y180L-8	11	24.8	730	87.5	0.77	1.7	6.0	2.0	67	72	1.8	0.203	180
Y200L-8	15	34.1	730	88.0	0.76	1.8	6.0	2.0	70	75	1.8	0.339	228
Y225S-8	18.5	41.3	730	89.5	0.76	1.7	6.0	2.0	70	75	1.8	0.491	265

续表

<table>
<tr><th rowspan="3">型号</th><th rowspan="3">额定功率/kW</th><th colspan="4">满载时</th><th rowspan="3">堵转转矩/额定转矩</th><th rowspan="3">堵转电流/额定电流</th><th rowspan="3">最大转矩/额定转矩</th><th colspan="2">噪声(声功率级)/dB(A)</th><th rowspan="3">振动速度/(mm/s)</th><th rowspan="3">转动惯量/(kg·m²)</th><th rowspan="3">质量(B3)/kg</th></tr>
<tr><th rowspan="2">额定电流/A</th><th rowspan="2">转速/(r/min)</th><th rowspan="2">效率/%</th><th rowspan="2">功率因数cosφ</th><th colspan="2"></th></tr>
<tr><th>1级</th><th>2级</th></tr>
<tr><td colspan="14">同步转速　750r/min</td></tr>
<tr><td>Y225M-8</td><td>22</td><td>47.6</td><td>730</td><td>90.0</td><td>0.78</td><td>1.8</td><td>6.0</td><td>2.0</td><td>70</td><td>75</td><td>1.8</td><td>0.547</td><td>296</td></tr>
<tr><td>Y250M-8</td><td>30</td><td>63</td><td>730</td><td>90.5</td><td>0.80</td><td>1.8</td><td>6.0</td><td>2.0</td><td>73</td><td>78</td><td>2.8</td><td>0.834</td><td>391</td></tr>
<tr><td>Y280S-8</td><td>37</td><td>78.2</td><td>740</td><td>91.0</td><td>0.79</td><td>1.8</td><td>6.0</td><td>2.0</td><td>73</td><td>78</td><td>2.8</td><td>1.39</td><td>500</td></tr>
<tr><td>Y280M-8</td><td>45</td><td>93.2</td><td>740</td><td>91.7</td><td>0.80</td><td>1.8</td><td>6.0</td><td>2.0</td><td>73</td><td>78</td><td>2.8</td><td>1.65</td><td>562</td></tr>
<tr><td>Y315S-8</td><td>55</td><td>114</td><td>740</td><td>92.0</td><td>0.80</td><td>1.6</td><td>6.5</td><td>2.0</td><td>82</td><td>87</td><td>2.8</td><td>4.79</td><td>875</td></tr>
<tr><td>Y315M-8</td><td>75</td><td>152</td><td>740</td><td>92.5</td><td>0.81</td><td>1.6</td><td>6.5</td><td>2.0</td><td>82</td><td>87</td><td>2.8</td><td>5.58</td><td>1 008</td></tr>
<tr><td>Y315L1-8</td><td>90</td><td>179</td><td>740</td><td>93.0</td><td>0.82</td><td>1.6</td><td>6.5</td><td>2.0</td><td>82</td><td>87</td><td>2.8</td><td>6.37</td><td>1 065</td></tr>
<tr><td>Y315L2-8</td><td>110</td><td>218</td><td>740</td><td>93.3</td><td>0.82</td><td>1.6</td><td>6.3</td><td>2.0</td><td>82</td><td>87</td><td>2.8</td><td>7.23</td><td>1 195</td></tr>
<tr><td colspan="14">同步转速　600r/min</td></tr>
<tr><td>Y315S-10</td><td>45</td><td>101</td><td>590</td><td>91.5</td><td>0.74</td><td>1.4</td><td>6.0</td><td>2.0</td><td>82</td><td>87</td><td>2.8</td><td>4.79</td><td>838</td></tr>
<tr><td>Y315M-10</td><td>55</td><td>123</td><td>590</td><td>92.0</td><td>0.74</td><td>1.4</td><td>6.0</td><td>2.0</td><td>82</td><td>87</td><td>2.8</td><td>6.37</td><td>960</td></tr>
<tr><td>Y315L2-10</td><td>75</td><td>164</td><td>590</td><td>92.5</td><td>0.75</td><td>1.4</td><td>6.0</td><td>2.0</td><td>82</td><td>87</td><td>2.8</td><td>7.15</td><td>1 180</td></tr>
</table>

注：1. 质量和转动惯量不是标准 JB/T 9616 规定的数据，仅供参考，各厂家稍有不同。

2. S、M、L 后面的数字 1、2 分别代表同一机座号和转速下不同的功率。

3. 其他性能、结构特点、工作条作件等见厂家电机说明书。

4. 安装型式见电机说明书。

5. 标准号 JB/T 5274 规定了机座号 355 带散热筋式笼型电动机的技术参数与安装尺寸，其功率如下（括号内不推荐采用）。

<table>
<tr><td colspan="3">同步转速/(r/min)</td><td>3 000</td><td>1 500</td><td>1 000</td><td>750</td><td>600</td></tr>
<tr><td rowspan="4">机座号</td><td rowspan="2">355M</td><td rowspan="4">功率/kW</td><td>(220)</td><td>(220)</td><td rowspan="2">160
(185)
200</td><td>132</td><td>90</td></tr>
<tr><td>250</td><td>250</td><td>160</td><td>110</td></tr>
<tr><td rowspan="2">355L</td><td>(280)</td><td>(280)</td><td>(220)</td><td>185</td><td>—</td></tr>
<tr><td>315</td><td>315</td><td>250</td><td>200</td><td>132</td></tr>
</table>

表 9-104　机座带底脚、端盖上无凸缘的安装及外形尺寸　　(单位：mm)

B3(机座号 80~315)
B6、B7、B8、V5、V6(机座号 80~160)

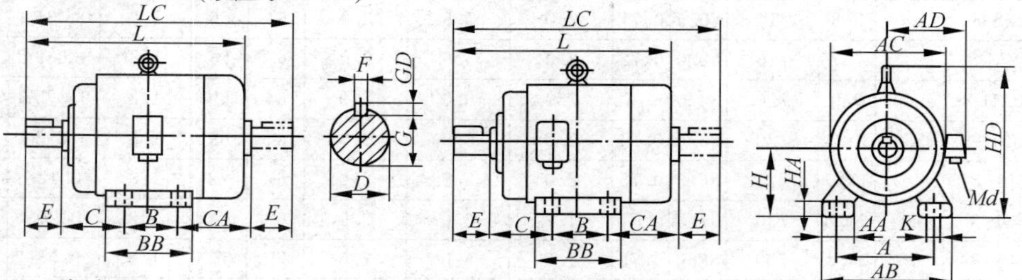

机座号 80~132　　机座号 160~315

续表

机座号	安装尺寸															
	H	A	B	C	CA	D		E		F		G		GD		K
						2极	4、6、8、10极	2极	4、6、8、10极	2极	4、6、8、10极	2极	4、6、8、10极	2极	4、6、8、10极	
80	$80^{0}_{-0.5}$	125	100	50		$19^{+0.009}_{-0.004}$		40		6		15.5		6		10
90S	$90^{0}_{-0.5}$	140	100	56		$24^{+0.009}_{-0.004}$		50		8		20		7		10
90L	$90^{0}_{-0.5}$	140	125	56		$24^{+0.009}_{-0.004}$		50		8		20		7		10
100L	$100^{0}_{-0.5}$	160	140	63		$28^{+0.009}_{-0.004}$		60		8		24		7		12
112M	$112^{0}_{-0.5}$	190	140	70	133	$28^{+0.009}_{-0.004}$		60		8		24		7		12
132S	$132^{0}_{-0.5}$	216	140	89	168	$38^{+0.018}_{+0.002}$		80		10		33		8		12
132M	$132^{0}_{-0.5}$	216	178	89	168	$38^{+0.018}_{+0.002}$		80		10		33		8		12
160M	$160^{0}_{-0.5}$	254	210	108	184	$42^{+0.018}_{+0.002}$		110		12		37		8		15
160L	$160^{0}_{-0.5}$	254	254	108	184	$42^{+0.018}_{+0.002}$		110		12		37		8		15
180M	$180^{0}_{-0.5}$	279	241	121	203	$48^{+0.018}_{+0.002}$		110		14		42.5		9		15
180L	$180^{0}_{-0.5}$	279	279	121	203	$48^{+0.018}_{+0.002}$		110		14		42.5		9		15
200L	$200^{0}_{-0.5}$	318	305	133	224	$55^{+0.030}_{+0.011}$		110		16		49		10		19
225S	$225^{0}_{-0.5}$	356	286	149	249	—	$60^{+0.030}_{+0.011}$	—	140	—	18	—	53	—	11	19
225M	$225^{0}_{-0.5}$	356	311	149	249	$55^{+0.030}_{+0.011}$	$60^{+0.030}_{+0.011}$	110	140	16	18	49	53	10	11	19
250M	$250^{0}_{-0.5}$	406	349	168	273	$60^{+0.030}_{+0.011}$	$65^{+0.030}_{+0.011}$	140		18		53	58	11		24
280S	$280^{0}_{-1.0}$	457	368	190	306	$65^{+0.030}_{+0.011}$	$75^{+0.030}_{+0.011}$	140		18	20	58	67.5	11	12	24
280M	$280^{0}_{-1.0}$	457	419	190	306	$65^{+0.030}_{+0.011}$	$75^{+0.030}_{+0.011}$	140		18	20	58	67.5	11	12	24
315S	$315^{0}_{-1.0}$	508	406	216	405	$65^{+0.030}_{+0.011}$	$80^{+0.030}_{+0.011}$	140	170	18	22	58	71	11	14	28
315M	$315^{0}_{-1.0}$	508	457	216	405	$65^{+0.030}_{+0.011}$	$80^{+0.030}_{+0.011}$	140	170	18	22	58	71	11	14	28
315L	$315^{0}_{-1.0}$	508	508	216	354 443	$65^{+0.030}_{+0.011}$	$80^{+0.030}_{+0.011}$	140	170	18	22	58	71	11	14	28

机座号	外形尺寸											
	AA	AC	AB	AD	BB	HA	HD	L		LC		Md
								2极	4、6、8、10极	2极	4、6、8、10极	
80	37	165	165	150	135	13	170	285				M24×1.5-6H
90S	39	175	180	155	135	13	190	310				M24×1.5-6H

续表

机座号	外形尺寸											
	AA	*AC*	*AB*	*AD*	*BB*	*HA*	*HD*	*L*		*LC*		M*d*
								2极	4、6、8、10极	2极	4、6、8、10极	
90L	39	175	180	155	160	13	190	335				M24×1.5-6H
100L	42	205	205	180	180	15	245	380				M30×2-6H
112M	52	230	245	190	185	18	265	400		463		M30×2-6H
132S	63	270	280	210	205	20	315	470		557		M30×2-6H
132M	63	270	280	210	243	20	315	508		595		M30×2-6H
160M	73	325	330	255	275	22	385	600		722		M36×2-6H
160L	73	325	330	255	320	22	385	645		766		M36×2-6H
180M	73	360	355	285	315	24	430	670		785		M36×2-6H
180L	73	360	355	285	353	24	430	710		823		M36×2-6H
200L	73	400	395	310	380	27	475	770		882		M48×2-6H
225S	83	450	435	345	375	30	530	—	815	—	964	M48×2-6H
225M	83	450	435	345	400	30	530	810	840	929	989	M48×2-6H
250M	88	495	490	385	460	32	575	925		1 070		M64×2-6H
280S	90	555	550	410	525	38	640	1 000		1 144		M64×2-6H
280M	90	555	550	410	576	38	640	1 050		1 195		M64×2-6H
315S	125	645	640	550	615	48	770	1 155	1 185	1 307	1 367	2-M64×2-6H
315M	125	645	640	550	665	48	770	1 210	1 240	1 358	1 418	2-M64×2-6H
315L	125	645	640	550	745	48	770	1 210 1 295	1 240 1 325	1 358 1 445	1 418 1 505	2-M64×2-6H

注：1. 机座号 80、90 无吊环螺钉。

2. M*d* 为接线盒进线口螺纹直径。

3. 安装尺寸符合标准 JB/T 9616，外形尺寸各厂家稍有不同。

表 9-105　机座带底脚、端盖上有凸缘的安装及外形尺寸　　（单位：mm）

B35（机座号 80~315）
V15、V36（机座号 80~160）

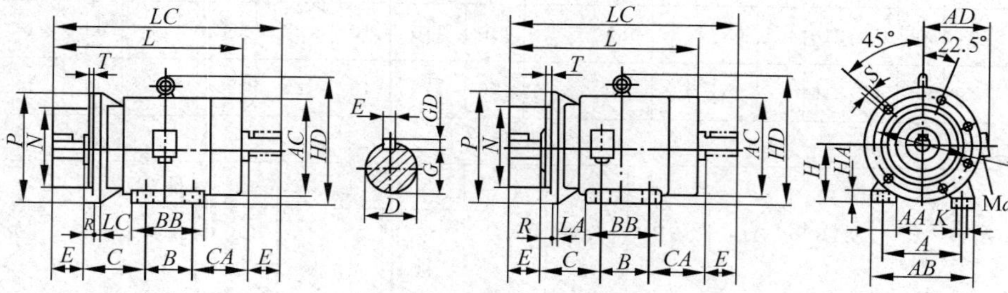

机座号 80~132　　机座号 160~315

续表

机座号	安装尺寸																
	H	*A*	*B*	*C*	*CA*	*D*		*E*		*F*		*G*		*GD*		*K*	*M*
						2极	4、6、8、10极	2极	4、6、8、10极	2极	4、6、8、10极	2极	4、6、8、10极	2极	4、6、8、10极		
80	$80^{0}_{-0.5}$	125	100	50		$19^{+0.009}_{-0.004}$		40		6		15.5		6		10	165
90S	$90^{0}_{-0.5}$	140	100	56		$24^{+0.009}_{-0.004}$		50		8		20		7		10	165
90L	$90^{0}_{-0.5}$	140	125	56		$24^{+0.009}_{-0.004}$		50		8		20		7		10	165
100L	$100^{0}_{-0.5}$	160	140	63		$28^{+0.009}_{-0.004}$		60		8		24		7		12	215
112M	$112^{0}_{-0.5}$	190	140	70	133	$28^{+0.009}_{-0.004}$		60		8		24		7		12	215
132S	$132^{0}_{-0.5}$	216	140	89	168	$38^{+0.018}_{+0.002}$		80		10		33		8		12	265
132M	$132^{0}_{-0.5}$	216	178	89	168	$38^{+0.018}_{+0.002}$		80		10		33		8		12	265
160M	$160^{0}_{-0.5}$	254	210	108	184	$42^{+0.018}_{+0.002}$		110		12		37		8		15	300
160L	$160^{0}_{-0.5}$	254	254	108	184	$42^{+0.018}_{+0.002}$		110		12		37		8		15	300
180M	$180^{0}_{-0.5}$	279	241	121	203	$48^{+0.018}_{+0.002}$		110		14		42.5		9		15	300
180L	$180^{0}_{-0.5}$	279	279	121	203	$48^{+0.018}_{+0.002}$		110		14		42.5		9		15	300
200L	$200^{0}_{-0.5}$	318	305	133	224	$55^{+0.030}_{+0.011}$		110		16		49		10		19	350
225S	$225^{0}_{-0.5}$	356	286	149	249	—	$60^{+0.030}_{+0.011}$	—	140	—	18	—	53	—	11	19	400
225M	$225^{0}_{-0.5}$	356	311	149	249	$55^{+0.030}_{+0.011}$	$60^{+0.030}_{+0.011}$	110	140	16	18	49	53	10	11	19	400
250M	$250^{0}_{-0.5}$	406	349	168	273	$60^{+0.030}_{+0.011}$	$65^{+0.030}_{+0.011}$	140		18		53	58	11		24	500
280S	$280^{0}_{-1.0}$	457	368	190	306	$65^{+0.030}_{+0.011}$	$75^{+0.030}_{+0.011}$	140		18	20	58	67.5	11	12	24	500
280M	$280^{0}_{-1.0}$	457	419	190	306	$65^{+0.030}_{+0.011}$	$75^{+0.030}_{+0.011}$	140		18	20	58	67.5	11	12	24	500
315S	$315^{0}_{-1.0}$	508	406	216	405	$65^{+0.030}_{+0.011}$	$80^{+0.030}_{+0.011}$	140	170	18	22	58	71	11	14	28	600
315M	$315^{0}_{-1.0}$	508	457	216	405	$65^{+0.030}_{+0.011}$	$80^{+0.030}_{+0.011}$	140	170	18	22	58	71	11	14	28	600
315L	$315^{0}_{-1.0}$	508	508	216	354 443	$65^{+0.030}_{+0.011}$	$80^{+0.030}_{+0.011}$	140	170	18	22	58	71	11	14	28	600

续表

机座号	安装尺寸					外形尺寸												Md
	N	P	R	S	T	AA	AB	BB	AC	AD	HA	HD	LA	L		LC		
														2极	4、6、8、10极	2极	4、6、8、10极	
80	$130^{+0.014}_{-0.011}$	200	0	4-ϕ12	3.5	37	165	135	165	150	13	170	12	285				M24×1.5-6H
90S	$130^{+0.014}_{-0.011}$	200	0	4-ϕ12	3.5	39	180	135	175	155	13	190	12	310				M24×1.5-6H
90L	$130^{+0.014}_{-0.011}$	200	0	4-ϕ12	3.5	39	180	160	175	155	13	190	12	335				M24×1.5-6H
100L	$180^{+0.014}_{-0.011}$	250	0	4-ϕ15	4	42	205	180	205	180	15	245	14	380				M30×2-6H
112M	$180^{+0.014}_{-0.011}$	250	0	4-ϕ15	4	52	245	185	230	190	18	265	14	400		463		M30×2-6H
132S	$230^{+0.016}_{-0.013}$	300	0	4-ϕ15	4	63	280	205	270	210	20	315	14	470		557		M30×2-6H
132M	$230^{+0.016}_{-0.013}$	300	0	4-ϕ15	4	63	280	243	270	210	20	315	14	508		595		M30×2-6H
160M	$250^{+0.016}_{-0.013}$	350	0	4-ϕ19	5	73	330	275	325	255	22	385	16	600		722		M36×2-6H
160L	$250^{+0.016}_{-0.013}$	350	0	4-ϕ19	5	73	330	320	325	255	22	385	16	645		766		M36×2-6H
180M	$250^{+0.016}_{-0.013}$	350	0	4-ϕ19	5	73	355	315	360	285	24	430	18	670		785		M36×2-6H
180L	$250^{+0.016}_{-0.013}$	350	0	4-ϕ19	5	73	355	353	360	285	24	430	18	710		823		M36×2-6H
200L	300±0.016	400	0	4-ϕ19	5	73	395	380	400	310	27	475	18	770		882		M48×2-6H
225S	350±0.018	450	0	8-ϕ19	5	83	435	375	450	345	30	530	20	—	815	—	964	M48×2-6H
225M	350±0.018	450	0	8-ϕ19	5	83	435	400	450	345	30	530	20	810	840	929	989	M48×2-6H
250M	450±0.020	550	0	8-ϕ19	5	88	490	460	495	385	32	575	22	925		1 070		M64×2-6H
280S	450±0.020	550	0	8-ϕ19	5	90	550	525	555	410	38	640	22	1 000		1 144		M64×2-6H
280M	450±0.020	550	0	8-ϕ19	5	90	550	576	555	410	38	640	22	1 050		1 195		M64×2-6H
315S	550±0.022	660	0	8-ϕ24	6	125	640	615	645	550	48	770	22	1 155	1 185	1 307	1 367	2-M64×2-6H
315M	550±0.022	660	0	8-ϕ24	6	125	640	665	645	550	48	770	22	1 210	1 240	1 358	1 418	2-M64×2-6H
315L	550±0.022	660	0	8-ϕ24	6	125	640	745	645	550	48	770	22	1 210 1 295	1 240 1 325	1 358 1 445	1 418 1 505	2-M64×2-6H

表 9-106　机座不带底脚、端盖上有凸缘电动机的安装及外形尺寸　　　　(单位: mm)

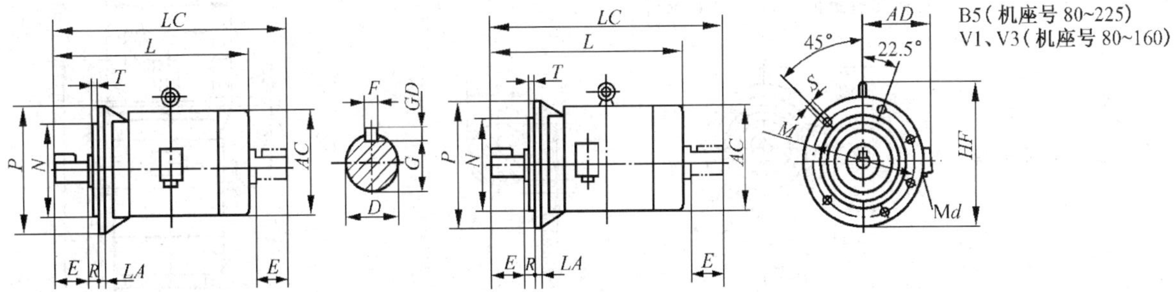

机座号 80~132　　机座号 160~225

机座号	安装尺寸																外形尺寸								
	M	N	P	R	S	T	D		E		F		G		GD		AC	AD	LA	L		LC		HF	Md
							2极	4、6、8、10极	2极	4、6、8、10极	2极	4、6、8、10极	2极	4、6、8、10极	2极	4、6、8、10极				2极	4、6、8、10极	2极	4、6、8、10极		
80	165	$130^{+0.014}_{-0.011}$	200	0	4-φ12	3.5	$19^{+0.009}_{-0.004}$		40		6		15.5		6		165	150	12	285				185	M64×1.5-6H
90S	165	$130^{+0.014}_{-0.011}$	200	0	4-φ12	3.5	$24^{+0.009}_{-0.004}$		50		8		20		7		175	155	12	310				195	M64×1.5-6H
90L	165	$130^{+0.014}_{-0.011}$	200	0	4-φ12	3.5	$24^{+0.009}_{-0.004}$		50		8		20		7		175	155	12	335				195	M64×1.5-6H
100L	215	$180^{+0.014}_{-0.011}$	250	0	4-φ15	4	$28^{+0.009}_{-0.004}$		60		8		24		7		205	180	14	380				245	M30×2-6H
112M	215	$180^{+0.014}_{-0.011}$	250	0	4-φ15	4	$28^{+0.009}_{-0.004}$		60		8		24		7		230	190	14	400		463		265	M30×2-6H
132S	265	$230^{+0.016}_{-0.013}$	300	0	4-φ15	4	$38^{+0.018}_{+0.002}$		80		10		33		8		270	210	14	470		557		315	M30×2-6H
132M	265	$230^{+0.016}_{-0.013}$	300	0	4-φ15	4	$38^{+0.018}_{+0.002}$		80		10		33		8		270	210	14	508		595		315	M30×2-6H
160M	300	$250^{+0.016}_{-0.013}$	350	0	4-φ19	5	$42^{+0.018}_{+0.002}$		110		12		37		8		325	255	16	600		722		385	M36×2-6H

续表

机座号	安装尺寸																外形尺寸								
	M	N	P	R	S	T	D		E		F		G		GD		AC	AD	LA	L		LC		HF	Md
							2极	4、6、8、10极	2极	4、6、8、10极	2极	4、6、8、10极	2极	4、6、8、10极	2极	4、6、8、10极				2极	4、6、8、10极	2极	4、6、8、10极		
160L	300	$250^{+0.016}_{-0.013}$	350	0	4-ϕ19	5	$42^{+0.018}_{+0.002}$		110		12		37		8		325	255	16	645		766		385	M36×2-6H
180M	300	$250^{+0.016}_{-0.013}$	350	0	4-ϕ19	5	$48^{+0.018}_{+0.002}$		110		14		42.5		9		360	285	18	670		785		430	M36×2-6H
180L	300	$250^{+0.016}_{-0.013}$	350	0	4-ϕ19	5	$48^{+0.018}_{+0.002}$		110		14		42.5		9		360	285	18	710		823		430	M36×2-6H
200L	350	300±0.016	400	0	4-ϕ19	5	$55^{+0.030}_{+0.011}$		110		16		49		10		400	310	18	770		882		475	M48×2-6H
225S	400	350±0.018	450	0	8-ϕ19	5	—	$60^{+0.030}_{+0.011}$	—	140	—	18	—	53	—	11	450	345	20		815	—	964	530	M48×2-6H
225M	400	350±0.018	450	0	8-ϕ19	5	$55^{+0.030}_{+0.011}$	$60^{+0.030}_{+0.011}$	110	140	16	18	49	53	10	11	450	345	20	810	840	929	989	530	M48×2-6H

表 9-107　机座不带底脚、端盖上有凸缘、轴伸向下安装及外形尺寸　　（单位：mm）

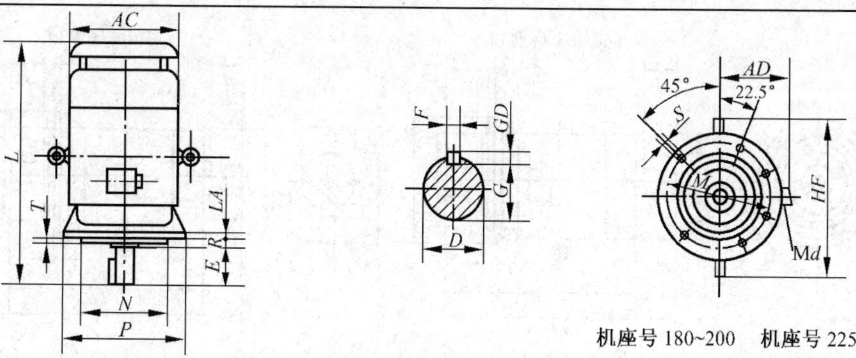

V1（机座号 180~315）

机座号 180~200　机座号 225~315

续表

机座号	安装尺寸																外形尺寸						
	M	N	P	R	S	T	D		E		F		G		GD		AC	AD	LA	L		HF	Md
							2 极	4、6、8、10 极	2 极	4、6、8、10 极	2 极	4、6、8、10 极	2 极	4、6、8、10 极	2 极	4、6、8、10 极				2 极	4、6、8、10 极		
180M	300	$250^{+0.016}_{-0.013}$	350	0	4-ϕ19	5	$48^{+0.018}_{+0.002}$		110		14		42.5		9		360	285	18	730		500	M36×2-6H
180L	300	$250^{+0.016}_{-0.013}$	350	0	4-ϕ19	5	$48^{+0.018}_{+0.002}$		110		14		42.5		9		360	285	18	770		500	M36×2-6H
200L	350	300±0.016	400	0	4-ϕ19	5	$55^{+0.030}_{+0.011}$		110		16		49		10		400	310	18	850		550	M48×2-6H
225S	400	350±0.018	450	0	8-ϕ19	5	—	$60^{+0.030}_{+0.011}$	—	140	—	18	—	53	—	11	450	345	20	—	910	610	M48×2-6H
225M	400	350±0.018	450	0	8-ϕ19	5	$55^{+0.030}_{+0.011}$	$60^{+0.030}_{+0.011}$	110	140	16	18	49	53	10	11	450	345	20	905	935	610	M48×2-6H
250M	500	450±0.020	550	0	8-ϕ19	5	$60^{+0.030}_{+0.011}$	$65^{+0.030}_{+0.011}$	140		18		53	58	11		495	385	22	1 020		650	M64×2-6H
280S	500	450±0.020	550	0	8-ϕ19	5	$65^{+0.030}_{+0.011}$	$75^{+0.030}_{+0.011}$	140		18	20	58	67.5	11	12	555	410	22	1 100		720	M64×2-6H
280M	500	450±0.020	550	0	8-ϕ19	5	$65^{+0.030}_{+0.011}$	$75^{+0.030}_{+0.011}$	140		18	20	58	67.5	11	12	555	410	22	1 150		720	M64×2-6H
315S	600	550±0.022	660	0	8-ϕ24	6	$65^{+0.030}_{+0.011}$	$80^{+0.030}_{+0.011}$	140	170	18	22	58	71	11	14	645	550	22	1 310	1 340	900	2-M64×2-6H
315M	600	550±0.022	660	0	8-ϕ24	6	$65^{+0.030}_{+0.011}$	$80^{+0.030}_{+0.011}$	140	170	18	22	58	71	11	14	645	550	22	1 360	1 390	900	2-M64×2-6H
315L	600	550±0.022	660	0	8-ϕ24	6	$65^{+0.030}_{+0.011}$	$80^{+0.030}_{+0.011}$	140	170	18	22	58	71	11	14	645	550	22	1 360 1 450	1 390 1 480	900	2-M64×2-6H

主要参考文献

陈立德. 2013. 机械设计基础课程设计指导书 [M]. 北京：高等教育出版社.

成大先. 2010. 机械设计手册 [M]. 北京：化学工业出版社.

机械设计手册编写组 . 2008. 机械设计手册（新编）[M]. 北京：机械工业出版社.

斯波茨 M F. 2003. 机械零件设计 [M]. 北京：机械工业出版社.

吴宗泽. 2011. 机械设计课程设计 [M]. 北京：高等教育出版社.

张建中. 2010. 机械设计基础课程设计 [M]. 徐州：中国矿业大学出版社.